刘振华　主编
张建明、赵青豪、姜卫红(执行)　副主编

品牌强国战略研究与思考

Research and Thinking on the Strategy for Strengthening China Through Brand

东方出版中心

图书在版编目（CIP）数据

品牌强国战略研究与思考 / 刘振华主编；张建明，赵胄豪副主编. 一上海：东方出版中心，2022.7
ISBN 978-7-5473-2001-3

Ⅰ.①品… Ⅱ.①刘… ②张… ③赵… Ⅲ.①品牌战略—研究—中国 Ⅳ.①F279.23

中国版本图书馆 CIP 数据核字(2022)第 122681 号

品牌强国战略研究与思考

主　　编　刘振华
副 主 编　张建明　赵胄豪　姜卫红（执行）
责任编辑　朱荣所
封面设计　钟　颖

出版发行　东方出版中心有限公司
地　　址　上海市仙霞路 345 号
邮政编码　200336
电　　话　021-62417400
印 刷 者　上海颛辉印刷厂有限公司

开　　本　710mm×1000mm　1/16
印　　张　18.5
字　　数　216 千字
版　　次　2022 年 7 月第 1 版
印　　次　2022 年 7 月第 1 次印刷
定　　价　90.00 元

目　录

第三章　我国品牌强国的理论与政策

第四章　构建我国品牌强国体系（上）

第五章　构建我国品牌强国体系（下）

第六章　我国品牌强国战略要素

序言
我国建设品牌强国面临的形势与任务

刘振华

品牌是现代强国综合实力的象征之一。在当今以及未来世界,品牌成为国与国竞争的越来越重要的组成部分,是一国硬实力与软实力的具体体现。品牌是各种要素的枢纽,同时又是市场竞争的载体。一国品牌的强弱成为国家综合实力的晴雨表。自近代以来,在中西交互中,由于缺乏现代工业品牌以及现代服务业品牌,我国国势孱弱,长期处于被动挨打的局面。一部近代史便是一部打造中国现代品牌,以崭新姿态重新自立于世界民族之林的奋斗史。“为有牺牲多壮志,敢教日月换新天。”时至今日,我国经济总量位居世界第二,并依然处于强劲的上升态势,一批现代企业品牌快速崛起。

2001 年,中国加入世界贸易组织。这一年,入选《财富》世界 500 强榜单的中国企业仅有 11 家,2019 年上榜数量达 129 家,首次超过美国,位居世界第一。2021 年上榜数量达 143 家,较上年增加 10 家,再次超过美国(122 家),蝉联榜首。2005 年中国入围世界品牌 500 强的企业只有 4 家,到 2021 年中国大陆达到 77 家,位居全球第二,而美国拥有 197 家。从这一点看,17 年来我们虽然成为经济大国、品牌大国,但依然不是品牌强国,我国的经济以及综合国力虽然取得长足进步,但与美国仍然存在很大差距。在经济全球化背景下,品牌的影响力空前扩大,品牌作为"移动的国土"的特征越来越显著。品牌全球化不仅是企业经营和产品销售的全球化,更是资源、文化、生活方式的全球化。21 世纪中华民族要高质量发展,要全面建成小康社会,实现民族伟大复兴,自然离不开品牌建设。须知,品牌建设是实现这一伟大目标的重要路径与标志,即通过制订并实施品牌强国战略,打造一批强势型世界性品牌,全面推进国家品牌、区域品牌、城市品牌、产业品牌、企业品牌和产品品牌协同发展。当前,世界政治、经济发展的态势越发纷繁复杂,我国与世界一起面临新一轮百年未有之大变局,我国实施品牌强国战略既是新的国际形势的外在要求,同时也是我国构建现代化经济体系的内在要求,任重道远,在当前以及未来一段时期内主要表现为以下几个方面:

1. 疫情背景下全球经济发展下行压力陡然增大。当前,受新冠疫情影响,全球经济和贸易增速明显下降,主要发达经济体增速下行,导致国际贸易保护主义、单边主义进一步加剧;全球性、地域性政经摩擦乃至军事冲突所导致的不确定性急剧上升,全球经济下行压力进一步加剧,国际格局处于急剧变化之中。新冠疫情对我国经济发展已造成巨大冲击,尤其对我国对外贸易增速形成拖累,2020 年上半年我国经济发展明显放缓,许多产业为负增长,许多品牌企业的生产和经营面临严重威胁,店铺关门数、公司倒闭数、失业人数均明显增加。好在我国政府对疫情作出强有力的防控,让疫情对我国经济发展的影响减到最小。在这一过程中,良好的企业品牌发挥了中流砥柱作用,它们不仅勇担社会责任,并且积极复工复产,危机中显生机,树立起良好的品牌形象,有力地提振了市场信心。

2. 经济向高质量发展方向持续推进。自党的十八大以来,党中央高度重视品牌建设，并将之作为推动经济高质量发展、构建现代化经济体系的有力抓手。2014 年 5 月，习近平总书记明确提出“推动中国制造向中国创造转变、中国速度向中国质量转变、中国产品向中国品牌转变”，标志着中国品牌建设进入新时期。2017 年 4 月 24 日，国务院同意将每年 5 月 10 日设立为“中国品牌日”，目的是进一步宣传中国自主品牌，提高中国自主品牌的影响力、知名度和竞争力。2018 年 5 月 10 日，经党中央、国务院批准，国家发展改革委、中宣部、工业和信息化部、农业农村部、商务部、国家市场监督管理总局、国家知识产权局、上海市人民政府在上海展览中心联合举办首届中国自主品牌博览会，主题为“中国品牌，世界共享”，向国内外展示了我国自主品牌建设的阶段性成果。

党的十九大报告明确要求贯彻“创新、协调、绿色、开放、共享”新发展理念，建设现代化经济体系，报告指出“我国经济已由高速增长阶段转向高质量发展阶段，正处在转变发展方式、优化经济结构、转换增长动力的攻关期，建设现代化经济体系是跨越关口的迫切要求和我国发展的战略目标”。纵观我国自改革开放以来不同时间段的经济特征，大力推进品牌建设恰是当前以及未来一段时期的主体性经济特征，是我国改革开放以来所取得的成就以及道路探索的必然体现，同时也是我国处于当前攻关期持续实现高质量发展的重要抓手。对此，2016 年 6 月，国务院办公厅印发《坚持以品牌为引领，推动供需结构升级的意见》，它深刻地表明品牌建设究其实质是一种深刻的经济发展方式的变化，即坚持品牌引领，大力推进科技强国、质量强国、人才强国、文化强国、诚信中国建设等一系列强国战略，打造一批特色鲜明、竞争力强、附加值高的中国优势品牌，以此充分体现中国经济发展的质量变革、效率变革、动力变革，提高全要素生产率，进而牢牢把握世界经济发展长期向好趋势，加快我国现代化经济体系建设。

3. 代表未来科技发展的新兴自主品牌不断诞生。自改革开放以来，我国在全球产业链以及价值链分工中，长期处于价值低端，成为世界工厂，但也因此一步一个脚印，成为全球第二大经济体，经济总量在世界占比不断上升。在这一过程中，我国无数企业通过自身努力，紧紧抓住技术变革、产业变革的机遇，创新发展，从价值链低端逐步做到价值链中高端，成为享誉世界的品牌。这里有雄踞世界500强的企业，也有小而强的隐形冠军。当前，新一代人工智能和信息技术正在全球范围内风起云涌，5G、大数据、人工智能等技术与各行各业深度融合发展，有效地推动产业转型升级，增强了企业竞争力，创造了新供给，激发了新需求，持续不断地破解发展中的各种难题。对此，我国通过深入实施创新驱动战略，瞄准制约我国产业升级的关键领域、核心技术，大力发展新一代信息技术、数字技术、人工智能等新兴技术，领先的科技成果必然转化为强势的企业品牌和产品品牌，成为我国进一步打造国际竞争力的重要支撑。

4. 有效增强维护经济全球化成果的能力。随着国际贸易保护主义抬头，世界贸易规则重建，中国品牌在国际市场上面临的竞争越发激烈。这种竞争不仅包括企业品牌和产品品牌的市场竞争，还包括国家品牌、区域品牌、城市品牌、产业品牌等的全面竞争。在这一体系化的全面竞争中，随着我国在2010年超越日本成为世界第二大经济体，在全球治理体系中逐步由参与者、跟跑者向引领者转变，即在角色转换的全面竞争中，中国品牌应进一步发挥后发优势。中美之间的战略竞争关系日益凸显，对我国进行战略打压已经成为美国各界的基本共识。特朗普政府时期，美国政府非常明确地把中国定位为美国的“竞争者”，相继发动贸易战、科技战等，对美国科技以及经济构成优势的中国品牌企业、品牌产品被不遗余力地打压。紧接着，拜登政府的对华政策更精细、系统、专业，其“规锁”战略，试图将中国锁定在全球价值链中低端，将意识形态冲突内化为不公平竞争、政府补贴、国有企业、劳工权益等技术—贸易—产业问题，为打造去中国化的全球技术供应链造势。[①] 中国不仅

① 王义桅：《中美叙事之争：是什么，为什么，怎么办？》，《美国研究》2021年第4期。

要快速回应这些持续打压，同时要针对世界规则给出中国解决方案，在韬光养晦、有所作为的基础上，在与美国的狭路相逢中奋发有为，以此彰显中国力量。对此，中国坚持高举对外开放旗帜，坚持“一带一路”倡议，构建人类命运共同体，持续推进经济全球化进程，维护多边贸易体制，推动构建开放型世界经济，这些必须有一批世界级中国品牌作支撑。世界级中国品牌是中国提升对外开放水平、全球化程度，有效维护全球化成果的生力军，是中国经济稳中求进、增强全球竞争力以及自主发展的最直接的执行者。

5. 牢牢把握未来世界大趋势。自新中国成立以来，特别是经过改革开放四十多年来的建设，我国自主品牌在探索中一步步做大做强，在产品质量、科技创新、形象设计、知识产权等各方面均大幅提升，不少品牌产品不仅畅销国内，同时畅销全球，较好地实现了从贴牌生产到创建自主品牌，从模仿生产、代加工和组装到自主创新并拥有核心科技，从名不见经传的弱势品牌到全球知名的优势品牌的身份转换，从而既显示中国经济以及中国文化的微观活力，也夯实中国经济以及中国文化的微观基础，较好地体现了国家品牌、区域品牌、城市品牌、产业品牌和企业品牌的强劲的国际竞争力。这些都为未来世界竞争奠定了良好基础。同时，我们必须充分认识到目前加快构建并实施品牌强国战略的紧迫性、重要性、艰巨性和复杂性；充分认识到品牌强国是我国历年来推进科技强国、知识产权强国、人才强国、文化强国、质量强国、制造强国、诚信中国建设等一系列强国战略的集成；充分认识到在纷繁复杂的国际政治、经济、文化的激烈竞争中，品牌强国是世界各国在世界竞争大棋局中掌握主导权的关键性举措。强国间的品牌竞争是未来世界巅峰之战的深刻表现，具体反映为科技战、知识产权战、人才战、文化战、质量战、诚信战和法治战等一系列白热化竞争；充分认识到实施品牌强国战略是我国维护改革开放以来取得的来之不易的成就，牢牢把握世界发展趋势，坚定不移地推动创新发展，建设创新型国家，实现中华民族伟大复兴的必然之举；充分认识到实施品牌强国战略是引导中国经济走向以国内大循环为主体、国内国际双循环相互促进的经济形态，从而达到高质量发展水平，促进经济结构深度调整，形成强大内生动力，抢占国际创新链、供应链、产业链和价值链制高点的关键举措，从而向世界展示全新的中国形象。

6. 关于本书。本书从品牌强国战略的提出与重要意义，品牌强国的历史回顾，我国品牌强国的理论研究、政策实践以及企业实践，我国品牌强国体系结构，我国品牌强国的战略要素、文化要素以及技术要素等多个维度，系统性地阐述我国品牌强国的历史与时代背景、我国实施品牌强国的策略、途径以及方法，并且选择了具有一定典型性和示范性的案例进行精当分析，试图深度反映我国品牌强国建设取得的成就、经验与存在的问题，并对我国在“十四五”时期以及未来更长一段时期内，品牌强国战略的实施提供参考。

第一章

品牌强国战略的提出与重要意义

品牌是我国波澜壮阔的现代化探索以及现代化成就的重要标志。品牌化是工业化、信息化、城镇化和农业现代化同步发展、交互发展的重要推动方式，是对传统经济增长理论下生产关系以及生产力的重大优化。品牌强国显然是我国社会主义现代化建设中建立全国统一市场，在全国乃至全球范围内优化资源和商品配置，促进生产要素流动，转变经济发展方式，追求可持续发展、高水平发展和高价值发展，保持稳定的上升态势，满足人们物质新需求以及精神文化新需求，走中国式现代化新道路，促进全球范围内市场分割状况与流动壁垒改善，影响世界发展的重要路径，同时呈现人类现代文明新的发展形态。

第一节　品牌建设与我国现代化建设的关系

"现代化"一直是我国近代以来民族自强的基本途径，现代化建设承担了中华民族伟大复兴的梦想。1840 年，西方列强用洋枪洋炮叩开中国大门，国人一下子从天朝大国的美梦中惊醒，突然发现远远落后于西方世界。于是，有识之士纷纷寻求变革，一开始是寻求技术的现代化，典型地反映为魏源提出的"师夷长技以制夷"。他们轰轰烈烈地开展洋务运动，学习西方先进的技术和经济发展模式以图自强，由此诞生了中国最早的一批现代工业品牌以及现代服务业品牌。但是由于制度落后，洋务运动终以失败告终，这表明如果缺乏必要的制度现代化作支撑则器物现代化难以为继，那些现代工业品牌以及现代服务业品牌黯然失色，并显示出某种悲壮。随后，维新变法、辛亥革命、北伐运动等相继发生，先行者们试图寻求国家制度的根本变革，即实现制度现代化。然而，随着清朝政府被推翻，中国陷入战乱纷争，列强趁机进一步瓜分中国，及至全面抗日战争爆发。制度现代化之路处于寻寻觅觅之中，中国民族品牌因此起落沉浮，品牌强弱与国运密切关联。国运兴则品牌兴，品牌兴则国运兴；国运弱则品牌弱，品牌弱则国运弱。

1921 年 7 月，中国共产党成立。星星之火，终成燎原之势，经过 28 年的浴血奋战，中国共产党带领全国人民推翻了压在中国人民身上的帝国主义、封建主义和官僚资本主义三座大山，取得了新民主主义革命的伟大胜利，建立了新中国。[①] 1949 年 10 月，中华人民共和国成立，中国制度现代化给出了最佳答案。中国进入社会主义革命和社会主义建设时期，提出建设“四个现代化”，并顺应历史发展潮流，对之不断修正完善。1954 年，第一届全国人民代表大会第一次会议明确提出“实现工业、农业、交通运输业和国防的四个现代化”。1964 年 12 月召开的第三届全国人民代表大会第一次会议提出，在二十世纪内，把中国建设成为一个具有现代农业、现代工业、现代国防和现代科学技术的社会主义强国的发展目标。党的十一届三中全会后，全国更是把工作重心转移到现代化建设上来。1979 年，邓小平把“四个现代化”量化为“到二十世纪末，争取国民生产总值达到人均 1 000 美元，实现小康水平”。2012 年，中国共产党第十八次全国代表大会提出了“坚持走中国特色新型工业化、信息化、城镇化、农业现代化道路，推动信息化和工业化深度融合、工业化和城镇化良性互动、城镇化和农业现代化相互协调，促

① 曲青山：《新时代在党史、新中国史上的重要地位和意义》，《求是》2019 年第 19 期。

进工业化、信息化、城镇化、农业现代化同步发展”。工业化、信息化、城镇化、农业现代化被称为“新四化”。2013 年，习近平在十八届三中全会上将全面深化改革总目标设定为“完善和发展中国特色社会主义制度，推进国家治理体系和治理能力现代化”，目的是通过国家治理体系的变革，为其他“四个现代化”建设铺平道路、清除障碍。

十九大报告明确提出构建现代化经济体系，这是紧扣新时代中国社会主要矛盾转化、落实中国特色社会主义经济建设布局的内在要求，是决胜全面建成小康社会、开启全面建设社会主义现代化国家新征程的基本途径，也是适应中国经济由高速增长阶段转向高质量发展阶段，转变经济发展方式、转换发展动能和全面均衡发展的迫切需要，品牌建设进入新的历史时期。2014 年 5 月，习近平总书记在河南考察中铁工程装备集团时明确提出，“中国制造向中国创造转变、中国速度向中国质量转变、中国产品向中国品牌转变”，这无疑是中国品牌建设在现阶段以及未来发展的基本方向。

一、 品牌强弱是我国现代化建设的晴雨表

品牌是企业进行市场竞争的重要载体，同时也是各种要素的综合体现，品牌是产品质量的象征、企业信誉的凝结、城市发展的名片、产业竞争力的体现，一个国际品牌侧面反映了其国家的实力和形象。国家品牌的强弱成为国家建设及国家强弱的晴雨表，就我国而言，我国品牌的强弱俨然是现代化建设的晴雨表。

新中国成立 70 多年来，我国品牌从小到大，从弱到强，逐步走向国际，并涌现了一批国内外知名品牌。与我国现代化强国建设轨迹相对应，不同时期的品牌是不同时期科技发展、经济发展和文化发展的成就的具体体现。中国企业品牌在海外的形象已经发生很大变化。海外市场的中国品牌市场占有率不断提升，2013 年，中国超过美国成为全球第一大货物贸易国；从 2017 年起，中国连续保持货物贸易第一大国地位。2020 年，中国服务贸易

进出口规模达45 642.7亿元,在全球出口中所占比重已近15%,位居世界第一。中国贸易伙伴扩展至230多个国家和地区。据统计,2020年我国机电产品出口占比达59.8%,出口金额稳步增长,同比增长5.7%。2020年,跨境电商综合试验区增至105个,区内企业建设海外仓超1 800个。市场采购贸易方式试点增至31个,出口规模增长3倍。众多中国品牌成为全球创新资源、生产资源和市场资源的集成者,成为名副其实的世界级品牌。例如华为公司是一个具有成本优势的优质供应商,但它的品牌形象并不是廉价的。它有附加值,它提供的产品体系是经过深思熟虑和市场检验的,远比其竞争者思科公司有优势。类似品牌还包括振华港机、徐工、海尔、联想等,奥美集团全球董事长兼首席执行官杨名皓对此评价:"五到十年前,尤其在欧美市场,中国品牌基本就是廉价的代名词,这个印象已经有了很大改变。联想就是这样的一个例子,它做得非常好,制造优秀的电脑产品,事实上它的市场份额显著增长表明它跟戴尔、惠普或任何其他品牌一样好。……人们认识到中国比看起来要更多面。例如,中国的设计师,这是以前从来没有谈到的。现在很多杂志写了关于它的内容。你打开一个西方的设计杂志,会看到关于中国设计师的文章:时装设计师、平面设计师、家具设计师等。中国建筑师开始成为众所周知的人物,我认为形象已经从单一的维度变得全面,这也有助于中国的形象。"①

中国品牌正经历跨越式发展,表明中国现代化建设强劲的发展态势,但与美国等发达国家相比,差距依然极其明显。例如,2020年,在BrandZ(英国著名的品牌评估公司)评估的全球最具价值品牌100强中中国占17家,在上榜数量方面位居第二,但与美国上榜51家相比,仅为美国的三分之一,差距巨大。中国品牌普遍处于大而不强状态,与其经济总量不相吻合,但总体上又呈现出快速上升态势,这也说明中国现代化建设任重而道远。

---

① [美]比尔·盖茨等著,胡舒立编:《世界经济与中国机会》,中国文史出版社,2015年11月第1版,第401页。

二、品牌经济是现代化经济体系建设的关键支撑

现代化经济体系建设有其主要要求，包括经济从高速增长转向高质量发展、建立更加完善的市场经济体制、建立更加全面的对外开放格局、建立更加完善的现代化工业体系，这一切与品牌经济发展密切相关，“品牌经济是后工业时代以及相对应的现代农业时代，品牌作为一种稀缺性优质资源，整合各种经济、社会和文化要素，推动经济实现高市场化、高品质化、高价值化发展的一种经济形态”①。显然，品牌是供给侧和需求侧的最佳结合点。

对于企业而言，品牌是其塑造形象、扩大销售、抢占市场的重要抓手，企业品牌以及产品品牌是品牌经济的微观基础，也是现代化经济体系的重要的微观支撑。对于国家来说，品牌在一定程度上是一个国家科技实力、经济实力、文化实力的综合体现，是国家构建现代化经济体系能力的标志。自改革开放以来，我国从抓工业产品质量，提高优质产品比重入手，着力开展品牌建设。“七五”规划明确指出，要扩大优质名牌产品生产能力。品牌建设由此正式纳入国家经济社会发展战略。之后，每一个“五年”规划中关于品牌建设的内容越来越多，主要目标是以国际化为导向，打造拥有自主知识产权的品牌。“十五”规划提出积极发展名特优农产品。“十一五”规划进一步明确要求实施品牌战略，且由工业品牌向旅游品牌延伸。“十二五”规划提出，推进服务业品牌化发展，打造服务业企业品牌，品牌建设全面覆盖一二三产业。“十三五”规划给品牌建设赋予了新的任务，致力于促进两岸交流与合作，要求共创品牌、共拓市场，并进一步提出打造扶贫公益品牌，品牌建设向政治以及社会领域延伸。“十四五”规划提出开展中国品牌创建行动，包括推动制造业产品“增品种、提品质、创品牌”，保护发展中华老字号，率先在化妆品、服装、家纺、电子产品等消费品领域培育一批高端品牌，推动

① 姜卫红，安翊青主编：《中国品牌经济与知识产权研究》，社会科学文献出版社，2019 年 8 月第 1 版，第 9—10 页。

中国产品、服务、技术、品牌、标准走出去，着力提升自主品牌影响力和竞争力；并首次提出实施文化品牌战略，打造一批有影响力、代表性的文化品牌；加强区域旅游品牌和服务整合；扩大“丝路海运”品牌影响。

品牌建设不仅是一种经济现象，而且是一种社会现象、文化现象，甚至是一种政治现象。品牌泛化现象越来越突出，成为一种大势所趋，这显然是建设现代化经济体系题中的应有之义。大力发展品牌经济是构建现代化经济体系的重要举措，它要求企业充分发挥品牌引领作用，抢占新技术蓝海，创新投资模式、商业拓展模式，进行全球市场拓展，努力打造具有世界影响力的品牌。当前，要加快发展先进制造业，推动互联网、大数据、人工智能和实体经济深度融合的产业模式，形成若干世界级先进制造业集群品牌和先进生产性服务业品牌，较好地树立创新、优质、高效的新兴产业品牌形象，这既是当前品牌经济发展方式的重要体现，更是现代化经济体系建设的重要反映。

三、 品牌建设是实现现代化强国的必然路径

一个国家品牌的多少与强弱，不仅表明一个国家在世界经济格局中的地位与作用，更能反映出一个国家现代化建设水平，及其满足人民群众对美好生活需求的能力。党的十九大提出，从 2035 年到 21 世纪中叶，把我国建成富强、民主、文明、和谐、美丽的社会主义现代化强国。社会主义现代化强国离不开品牌强国建设，对此，应加快形成一大批具有自主知识产权、产品质量优异、附加值高、具有世界市场影响力的产品品牌，培育一批跨国公司和国际知名品牌，如此才能有效推动我国向制造强国、贸易强国和经济强国迈进，并辐射“一带一路”的发展。

中国虽然地大物博，但有一个不争的事实是人口多、耕地少。改革开放伊始的 1978 年，中国 GDP 为 3 678.7 亿元人民币，位居世界第十位，占世界经济的 1.8%；人均 GDP 约 385 元人民币，位居世界第 134 位，城镇化率约

17.9%。在此基础上,我国开启了社会主义现代化建设的新征程,党和国家的工作重心转移到经济建设上来,从高度集中统一的计划经济体制向社会主义市场经济体制转变,同时推进国有企业改革,鼓励非公有制经济发展,实行多种所有制经济共同发展。到 2000 年,中国 GDP 为 10.03 万亿元人民币,首次突破 1 万亿美元,位居世界第六位,成为百年来第一个 GDP 达到美国经济总量 7 成以上的国家,占世界经济比重为 3.27%;人均 GDP 约 5 909.98 元人民币,位居世界第 112 位,城镇化率约 36.22%。入世以后加速融入全球经济发展浪潮,2010 年,中国 GDP 为 40.15 万亿元人民币,一举超越日本,成为世界第二大经济体。中国是世界最大工业国,拥有联合国所有工业分类的工业部门,形成了可以自主升级的工业体系。美国 GDP 也在快速增长,在此消彼长中,彼时中国 GDP 仍相当于美国 GDP 的 40.2%,占世界经济比重为 9.5%;人均 GDP 为 2.97 万元人民币,位居世界第 94 位,城镇化率约 49.90%。2015 年,中国超过美国,成为世界上最大的高科技工业国。2020 年,中国 GDP 为 101.36 万亿元人民币,相当于美国 GDP 的 70.3%,占世界经济比重约 17.4%;人均 GDP1.04 万美元,在 2019 年人均 GDP 首次突破 1 万美元之后,继续处于 1 万美元以上,位列世界 58 位,首次超过俄罗斯,进入世界前 60 强。高技术制造业、装备制造业的增加值继续快速增长,分别占工业增加值的 15.1%、6.6%。主要工业产品中,钢材、发电机组、大中型拖拉机、集成电路、微型计算机设备、工业机器人、冰箱产量增速超过 10%。城镇化率达 63.89%。2021 年 2 月 25 日,习近平总书记在全国脱贫攻坚总结表彰大会上庄严宣告,在迎来中国共产党成立一百周年的重要时刻,中国完成了消除绝对贫困的艰巨任务,创造了又一个彪炳史册的人间奇迹。中国由此进入全面乡村振兴新时期。

上述数据说明,中国经济总量的增长以及人均产出率的同比例增长,工业产品以及高科技产业的快速增长,意味着中国已是名副其实的产品大国。与此同时,中国也快速成为品牌大国,并且工业产品的科技含量快速提高,高科技品牌处于快速成长期，廉价劳动力以及资源对经济的贡献在明显缩小，“汗水”因素让位于“灵感”因素，[①]这就要求中国经济必须实现新的增长方式，即创新、资本和高端劳动力作用的增加。城镇化率的提高意味着更多人口进入城市，其消费方式以及对消费品的需求将迥异于乡村的消费方式以及对消费品的需求，即需求侧发生了深刻变化。中国的发展动力、发展方式、发展基础、发展空间、发展目的及发展质量进入一场全局性的深刻变革。[②]罗斯托的经济增长阶段论认为，现代化三个阶段，包括向成熟推进阶段、高额群众消费阶段、追求生活质量阶段。库兹涅茨的现代经济增长理论认为，现代经济增长阶段的表现，包括工业化和城市化，科技在经济中的广泛应用，特别是收入差距趋向缩小的倒 U 形曲线。[③]因此，中国必须实现高质量、高科技化发展，才能保持经济高速增长以及满足消费者新需求。我们要以这种增长方式践行习近平总书记提出的“推动共建‘一带一路’沿着高质量发展方向不断前进”。[④]这就要求我国加快品牌化建设步伐，实现高附加值化发展，从构建现代化经济体系要求出发，按照品牌经济发展规律，重新梳理我国现行经济体制机制，在一系列强国实践中，坚持品牌引领，让品牌强国成为我国建设社会主义现代化强国的必然路径选择。

第二节　中国建设品牌强国的急迫性

当前全球化进程出现重大转折，全球化与逆全球化交织进行，不同国家、不同地区的经济贸易既有合作，又充满纷争。从历史上看，中国在国际

① 程名望，贾晓佳，仇焕广：《中国经济增长（1978—2015）：灵感还是汗水》，《经济研究》2019 年第 7 期。
② 韩庆祥：《强国时代》，红旗出版社，2018 年 5 月第 1 版，第 24 页。
③ 洪银兴：《中国式现代化新道路创造了人类文明新形态》，《理论与现代化》2021 年第 6 期。
④ 习近平：《习近平谈治国理政》第三卷，外文出版社，2020 年 6 月第 1 版，第 491 页。

上的竞争优势是靠质优价廉的产品，中国产品长期以来处于产业链、价值链中下游，品牌竞争力匮乏。从当前以及未来发展看，世界竞争更多地表现为品牌竞争，同时经济竞争、政治竞争、文化竞争交织进行，且将愈演愈烈，由此形成全新的竞争形态。

一、世界竞争体现在对产业链标准、供应链纽带和价值链枢纽的控制

当今的全球经济已形成全球资源配置、全球生产、全球销售的格局，跨国公司品牌在这一格局中处于枢纽地位。一个世界级品牌往往不仅拥有本国市场，而且也会在全球市场有一定的知名度，具有过硬的全球性竞争力，能在全球市场中打拼出一方天地。世界级品牌竞争手段不仅在于传统的对资本和技术的控制，更多的在于对产业链标准、供应链纽带和价值链枢纽的控制，及对产业链关键节点的把控。在此情况下，就跨国企业品牌竞争来说，国家间的竞争不仅是资本、核心技术的竞争，更是对产业链集群的标准的控制能力，对产业链纽带的组织能力，对众多企业结算枢纽的把握能力的竞争。因此，一个国家单独做成一种复杂产品将变得困难，往往需要多个国家、多个企业协同，各自生产相关零部件，最后组装成一个产品；同时它的市场也往往是全球性的。其中处于价值链低端的企业想实现突围，困难重重。在这样的背景下，优秀的品牌必须具有全球视野，拥有在全球范围内配置资源的能力，拥有对旧有产业颠覆的能力，形成全球性独特的产业链、供应链和价值链，如此才能不断提升品牌竞争力，雄踞价值链高端。

二、国际上20%的知名品牌占据80%的市场份额

品牌竞争与国家竞争交织进行，且表现越来越明显，甚至互为表里。发达国家早已迈入品牌经济时代。据统计，国际上20%的知名品牌占据了

80%的市场份额。从国际市场上看，据联合国发展计划署统计，跨国名牌在全球品牌中所占比例不到3%，但市场占有率却高达40%，销售额超过50%，个别行业（如计算机软件）超过90%。[①] 发达国家的强势品牌凭借其全球化的经济和技术优势、产业资源配置优势、销售渠道优势，同时借助其强大的品牌影响力与品牌感召力，快速占据其他国家市场，对目标国家的本土品牌构成威胁。为了与这些国际知名品牌抗衡，本土品牌往往热衷引进、移植，甚至仿造，这种做法反而导致民族品牌在消费者心目中的地位下降，最终与"品牌大国""品牌强国"的目标越来越远。例如，自我国改革开放以来，欧美品牌打入我国，我国没有及时打造与之相抗衡的民族品牌，一味追求利润，没有有效大力提高核心技术、产品质量，未构建自身独特的品牌文化，有的品牌甚至任由竞争品牌收购雪藏，导致相关品牌不能在市场上占据重要地位，使得消费者难以获得持续的品牌认知；有的品牌被国际资本收购或长期租赁后，成为它们攫取中国市场的载体，致使消费者始终认为美国、欧洲和日本的品牌知名度高、质量高，从而在购物时首选这些国外品牌，导致我国品牌在某种程度上成为价廉质次的代名词，因此既难守住本土市场，更难开拓国际市场。这是我国在品牌发展中的时代局限，表现了某一时期的认识水平以及品牌运营水平。

三、 中美全面竞争成为长期态势

当前，中国在全球化合作中面临的第一阻力来自美国，美国视中国为全面竞争对象，美国对中国发动的贸易战、科技战和文化战正日益加剧。2018年7月，美国政府突然宣布对从中国进口的约2 000亿美元商品加征10%关税，8月2日又将加征税率提高至25%。2019年5月9日，美国政府宣布，自2019年5月10日起，对从中国进口的2 000亿美元清单商品加征的

① 卢燕明，王帅：《实施出口名牌战略势在必行——访中国商务部部长助理傅自应》，《世界机电经贸信息》2004年第7期。

关税税率由 10%提高到 25%。美国对中国具有相对优势的领域增加关税，理由是美中贸易逆差大。实际上，中国虽然贸易顺差大，但美国资本的收益却很高，中国利用劳动力优势从事加工制造，解决基层就业问题，处于价值链低端，而美国利用技术垄断和品牌优势，在全球配置资源，获得的资本报酬更高。以美国苹果手机为例，每售一台价格为 549 美元的苹果手机，美国获得 334 美元，剩余部分主要属于各个零部件供应商，中国的生产组装环节只获得 10 美元的收益。通用汽车 2017 年年报显示，该公司在中国卖了 400 万辆汽车，超过在美国销售的 360 万辆。但根据我国海关贸易数据，2017 年中国汽车进口量总共只有 120 万辆，通用汽车通过在中国的公司组装和销售的汽车产品占大部分。

美国政府奉行“美国第一”的理念，对中国如此，对欧洲等其他地区与国家也挥舞大棒，不顾及美欧、中美等之间业已形成的产业发展差异，从贸易逆差和国家安全的视角看待经贸摩擦，改变过去在一定规则内解决贸易争端的做法，采用无差别的打击方式，对中国尤甚。

除关税制裁外，美国对中兴、华为、腾讯等中国企业进行了制裁，为此不惜动用国家力量和政治影响力。这些崛起中的中国企业往往是高新技术企业，在产品创新和科技研发方面走在全球前列，美国认为它们严重威胁到美国的科技垄断地位，因此对它们实施“精准打击”。须知，美国自中国加入世贸组织时，已将中国高科技企业以及相关机构列入实体清单。近年来，美国通过实体清单制裁中国企业、相关机构乃至个人，制裁数量从 2018 年 8 月的 44 家上升到 2020 年 9 月的 296 家，而截至 2021 年底，这项数据达到 611 家。数量不断攀升，涉及范围不断扩展，力度逐步加深，频率也在提高。如果中国政府不以国家力量给予必要加持，单个企业品牌将难以抗衡。这些现象深刻表明，国家之间的竞争究其实质乃国与国之间品牌体系的全面竞争，这种竞争构成了目前以及未来相当长时期内世界经济巅峰之战的常态。

第三节 品牌建设的基础与面临的问题

一、我国实施品牌强国战略已具备良好基础

21 世纪以来,我国品牌建设迅猛发展,品牌数量迅速增长,世界知名品牌逐步涌现。我国企业积极推动技术创新,不断攻克核心技术,大力弘扬工匠精神、企业家精神;国家层面不断出台品牌扶持政策,大力打击假冒伪劣产品,培育知名企业品牌和产品品牌。随着 2017 年中国品牌日的设立,中国自主品牌在全球范围内的美誉度不断提升,品牌强国建设不断迈出坚实步伐,我国品牌建设迎来了历史上前所未有的最好机遇期。

我国实施品牌强国战略已具备良好基础。一是良好的消费基础。“消费对 GDP 的增长的贡献率超过 60%,已经成为拉动经济增长的第一动力。”[①]中等收入群体达 4 亿人。受疫情影响,我国居民收入增长率有所下滑,但收入值依然在增长。2020 年,全年全国居民人均可支配收入 32 189 元,比上年增长 4.7%,扣除价格因素,实际增长 2.1%。其中,城镇居民人均可支配收入 43 834 元,比上年增长 3.5%,扣除价格因素,实际增长 1.2%;农村居民人均可支配收入 17 131 元,比上年增长 6.9%,扣除价格因素,实际增长 3.8%。二是良好的创新基础。自 2013 年起,我国成为仅次于美国的世界第二大研发经费投入国家,居发展中国家首位。根据世界知识产权组织发布的《2020 年全球创新指数(GII)报告》,中国在全球 131 个经济体中创新指数榜单排名第 14 名,与 2019 年持平,位居中等收入经济体之首,是世界上进步最快的国家之一。中国有 17 个科技集群进入全球科技集群百强

① 马建堂:《中国经济长期稳定发展的潜力来自何处》,《求是》2019 年第 20 期。

之列，数量仅次于美国，排名世界第 2 位。

代表科技竞争力以及创新能力的知识产权的拥有量，中国已毫无争议地站上高位，专利年申请量、商标年申请量和注册商标总量均居世界第一。其中专利申请量连续 7 年稳居世界首位。2008 年，中国专利受理量 82.8 万件，至 2018 年则达到 432.3 万件，环比增长达 14.5%。据世界知识产权组织在 2020 年 4 月 7 日发布的数据，2019 年，中国首次超越美国成为该组织受理的国际申请的最大来源国。中国提交的国际专利申请达 58 990 件，全球是 265 800 件，占比 22.19%。2020 年，中国专利申请量 68 720 件，继续领跑。使用地理标志专用标志企业直接产值达 6 398 亿元。三是良好的产业基础。自新中国成立以来，我国已经形成比较全面的产业体系。2020 年，我国三次产业增加值占国内生产总值比重为 7.7∶37.8∶54.5，服务业产业规模超过经济总量的一半。产业品牌已较好地实现以制造业品牌、服务业品牌为主，特色区域品牌日益增多，国际知名企业品牌逐步增多，在世界领先的 5 000 个品牌中，中国占 408 个，占比达 8.16%，总价值达 1.16 万亿美元，[①]由此为未来参与世界品牌竞争打下重要基础。这些品牌业已成为世界品牌之巅的重要组成部分，同时处于上升势头。四是良好的法治化基础，支撑品牌发展的法律法规、政策、标准、监管等体系架构初步形成。五是企业品牌建设意识不断增强。在国家争创名优、中国名牌推荐、中国驰名商标推选、质量品牌培育等不同时期所实行的品牌建设工作引导下，企业争创品牌的积极性达到前所未有的水平。

二、 品牌强国战略面临的问题和挑战

面对现代化经济体系建设要求，我们应看到，与发达国家品牌发展相比，中国品牌发展还存在巨大差距，存在诸多问题和挑战，对此要有

① 申长雨：《走好中国特色知识产权发展之路》，《求是》2021 年第 3 期。

客观认识。

（一） 品牌强国建设缺乏系统的理论研究和顶层设计

当前我国品牌建设理论研究，更多地倾向于品牌管理、品牌价值、品牌营销以及品牌传播等研究，相关理论体系源于欧美的品牌理论体系，原创性的中国品牌理论研究较为缺乏。随着中国品牌建设的快速推进，尤其是品牌强国战略的践行，亟须适合中国特色社会主义要求的品牌建设理论体系。

从近年来我国出台的品牌建设政策看，一如过去，一般由政府管理部门根据自己职能出台相关品牌政策。例如，国务院于2012年2月印发的《质量发展纲要（2011—2020年）》中，作为质量发展的有机组成部分，品牌建设受到重视。《纲要》明确指出，要"培育一批具有国际竞争力的自有品牌，品牌价值和效益明显提升"。2016年12月，国家质量技术监督总局印发了《质量品牌提升"十三五"规划》，该规划侧重于品牌的质量提升建设，品牌的质量建设是品牌强国战略的有机组成部分。2017年，国家工商总局发布《关于深入实施商标品牌战略 推进中国品牌建设的意见》，明确提出了全国工商和市场监管部门在"十三五"时期实施商标品牌战略的主要目标和任务，推动我国从商标大国向商标强国转变，进而推动中国产品向中国品牌转变；将品牌建设列为商标建设的重要组成部分，以此角度构建全面推进品牌建设工作体系。因此，要了解中国品牌建设政策，必须要完整了解相关政府职能部门出台的政策。2016年，国务院办公厅先后发布《关于发挥品牌引领作用 推动供需结构升级的意见》《关于开展消费品工业"三品"专项行动营造良好市场环境的若干意见》等文件，在更高层面上对我国品牌建设作出阶段性部署。

上述重要文件，尚未见到品牌强国的相关表述，可知品牌建设在政府系统的顶层设计层级还不够高，品牌政策体系化还明显不足，品牌强国建设的范畴和边界还不够清晰，这些都与品牌强国的重要性不够匹配。然而，在城市、区域、产业和企业等层面，各类品牌规划显著增多，并成为一种趋势，当然跨行政边界的经济区以及国家层面的品牌规划还未出现，亟须切实可行的品牌理论指导以及品牌政策规范引导。品牌建设是一项系统工程，涉及国民经济社会以及文化的方方面面，不同层面的品牌都需要制订相应的品牌规划，这样才能构成一个较为完整的品牌建设系统。因此，中国品牌建设亟须加强理论设计、顶层设计，以便统筹经济、社会、文化等各种相关资源，系统推进，唯如此才能迸发强大的内生动力。

（二） 中国是商标大国，但还不是品牌强国

从品牌的外在标志——商标的注册量来看，中国已是名副其实的商标大国。改革开放以来，中国经济飞速发展，商标注册年申请量连续20年居世界第一，中国有效商标注册量占世界商标总量的40%。作为“汽车等200多种工业品产量居世界第一”[①]的全球制造业第一大国，我国于2018年又“成为全球货物贸易第一大国，服务贸易第二大国，对外投资第二大国，正在实行从引进来为主向引进来和走出去并重转变”[②]。但是从世界品牌500强以及BrandZ全球最具价值品牌100强等各种权威榜单来看，中国在品牌方面与世界第一品牌大国美国还存在很大差距，我们在品牌数量、品牌影响力、品牌话语权、品牌价值等方面有巨大提升空间。

具体反映在产品品牌主要有以下几个方面的不足：

1. 出口品牌多为初级产品，处于产业链低端。中国出口贸易数量最多的产品有服装、纺织品、鞋类、家具、塑料制品、箱包和玩具等7大类，这些产品都属于劳动密集型产品。我国出口的这方面产品虽然在数量和种类上占有优势，但初级产品居多，科技含量普遍不高，从一个侧面反映了我国的制造业大多数处于国际价值链的最底端，主要依靠巨大的出口数量来赚取极

①② 魏礼群：《新中国70周年经济社会发展回顾与思考》，《求是》2019年第19期。

其微薄的利润，而不是靠品牌竞争力。

2. **产品品牌同质化竞争严重，缺乏核心竞争力**。我国不少产品品牌同质竞争、大打“价格战”，经济效益存在短期化现象，反映出品牌产品创新能力不足、产品质量不高等问题较为突出。例如在手机产品方面，我国是全球最大的手机生产国，全球每两部手机中至少有一部产自中国。然而，这些手机在设计、功能上严重同质化，许多企业走组装生产、贴牌生产的道路，在外观设计、功能方面一味模仿，缺乏自己的核心竞争力以及原创设计能力。这样的同质化产品，很难产生品牌溢价，从而导致同质竞争、利润下滑，许多产品品牌被早早淘汰出局。我国每年都会新增几十万个产品品牌，但是由于缺乏核心技术，企业和品牌的生命周期很短，这是品牌资源的极大浪费。

3. **产品品牌缺乏精准定位，缺乏足够的长期影响力**。品牌定位是一个品牌存在的核心，只有精准定位的品牌才能在目标消费者心目中长期占据一席之地，从而达到与竞争对手的品牌区别开来的效果。然而目前我国许多企业品牌、产品品牌定位不够准确，或定位过度，或干脆没有定位，只生产产品，只卖产品，不能准确定位自己产品的卖点。消费者对这些产品的印象仅停留在产品的功能上，品牌印象模糊不清。有的企业只求宣传产品功能，把产品的所有功能优势都告诉消费者，反而难以在消费者心中留下深刻印象，难以在消费者心中确立认同感，从而缺乏真正的持久的市场影响力。

（三） 国家品牌形象塑造创新因素不强

国家品牌形象是一个国家在国际社会上的口碑和印象。一个国家在国际上拥有知名品牌的多少部分反映出国家的整体实力。这些知名品牌同时展现出一个国家的文化气质、经济架构、意识形态基因以及未来发展趋势等，因其独特的品牌形象，而区别于其他国家品牌的核心价值和精神。美国善于创新，其产品往往体现技术先进；德国严谨，其产品往往体现制作工艺精良；法国浪漫，很多产品新潮时尚；日本往往将技术与艺术结合，产品的工业设计体现出其精细的审美精神。中国在以往的国家形象传播方面更多着力于传统文化方面，例如京剧、中国功夫、中医、瓷器等，有时将中国珍稀动物大熊猫和国家形象联系起来，因此中国国家形象充满古老、神秘色彩。国家品牌形象的塑造不能过多地停留在对自身传统独特性的发掘上，还必须体现对未来的展望。在新一代科技革命爆发的今天，中国品牌形象既要保留传统品牌塑造中的诚信、品质等优秀要素，又要发扬创新精神，实现技术突破和品牌创新。

（四）盲目打造城市品牌“形象工程”

中国要打造更多的世界级品牌，提升国家品牌综合实力，这不仅要靠技术创新和质量提升，还需要品牌建设的专业支撑，即需要在品牌定位、产品设计、品牌营销、品牌管理、品牌文化建设、知识产权保护等方面系统推进，不可顾此失彼。一方面各层次品牌自身的专业能力亟须增强，另一方面一批独立的品牌建设服务机构的专业能力亟须增强。从城市品牌建设情况看，某些地区在没有弄清楚品牌建设内涵的情况下，盲目上马城市品牌“形象工程”，最后与自身城市发展特色和条件脱节，劳民伤财，并且往往由于领导层更换而不可持续，导致品牌建设的效果适得其反。由于经济发展阶段、产业结构和布局以及城市功能定位等因素的差异，每个城市的品牌建设途径多有不同，对此城市主政者要有一定的专业认知，避免盲目性，并应着眼长远避免短期化。

第四节　实施品牌强国战略的意义与路径

新时代强国理论已成体系，并且有一系列强国实践。党的十九大明确提出海洋强国、文化强国、制造强国、体育强国、教育强国、质量强国、网络强国、人才强国、交通强国、贸易强国等一系列强国建设要求。品牌强国与这些强国理论以及实践既有所不同,又密切关联,它们均是建设社会主义现代化强国,让中华民族屹立于世界巅峰的有机组成。

一、品牌强国与其他强国理论以及实践有着内在联系

品牌强国是一个系统工程。无论在理论上,还是实践上,它均与其他强国理论与实践有着必然的交叉点(参见图1-1)。强国理论源于对中国特色社会主义道路自信、理论自信、制度自信、文化自信的深刻建构,在经济建设、政治建设、文化建设、社会建设、生态文明建设"五位一体"的总体布局下,中国由大到强趋势已经明朗,民族复兴前景空前光明[①]。强国"是动词而不是名词,是进行时而不是完成时。是承前启后、继往开来、在新的历史条件下继续夺取中国特色社会主义伟大胜利的时代。是决胜全面建成小康

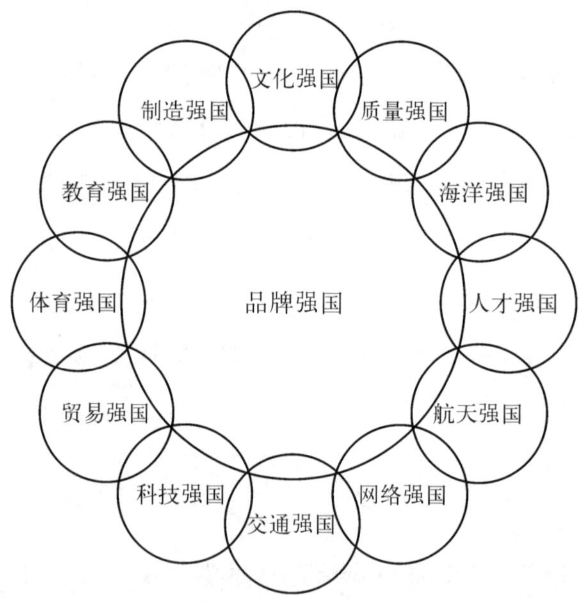

图1-1 品牌强国与其他强国理论关系图

① 邓纯东:《科学建构中国特色强国理论》,《人民日报》2015年10月20日。

社会、进而全面建设社会主义现代化强国的时代。是全国各族人民团结奋斗、不断创造美好生活、逐步实现全体人民共同富裕的时代。是全体中华儿女勠力同心、奋力实现中华民族伟大复兴中国梦的时代。是我国日益走近世界舞台中央、不断为人类作出更大贡献的时代”①。一系列强国战略的实施，便是运用中国智慧解决人民日益增长的美好生活需要和不平衡不充分的发展之间的矛盾。

例如文化强国战略，主要内容包括增强国家文化软实力、中华文化国际影响力等，通过创新与创造进一步解放文化生产力。文化强国与品牌强国相互交织，两者互为支撑。一方面，文化强国的文化内容建设，离不开文化品牌的打造，而传播品牌作为文化品牌的有机组成，又是国家品牌塑造的重要方面。另一方面，文化是品牌之魂。每一个优秀的产品品牌、企业品牌、城市品牌都有着良好的文化内涵。品牌塑造离不开文化内涵的提炼和推广，文化繁荣又催生优秀品牌的产生。再如质量强国战略与品牌强国也是互为支撑的关系。一方面，良好的产品质量是质量强国基石；另一方面，产品质量也是品牌塑造的前提和基础，一旦离开良好稳定的产品质量，产品品牌会成为空中楼阁，面临随时崩塌的风险。质量强国需要品牌强国支撑，品牌强国与质量强国相互依存。再如人才强国战略。人才强国战略的核心是“人才兴国”，在21世纪人才是一个国家非常关键的核心竞争力，只有培养和引进各行各业大量优秀人才，才能实现科技创新突破、促进产业发展，品牌建设同样离不开人才支撑。再如网络强国。信息化、网络化是当今世界最显著的特征之一，网络强国是我国城镇化、现代化的必要条件，是提升国家综合竞争力的必由之路。在此背景下，品牌建设、品牌传播与“互联网+”、信息化建设密切相关，网络强国为品牌强国提供技术加持，品牌传播必须和互联网传播特质深度结合，然而网络强国本身也需要品牌赋能，实现品牌化发展，两者相辅相成。

---

① 韩庆祥：《强国时代与强国理论》，《文化软实力》2018年第3期。

国家层面的"十四五"规划以及相关专项规划明确提出,到2035年建成体育强国、教育强国、文化强国和交通强国等,到2050年建成科技强国等远景目标。显然品牌强国将与之同步,是这一系列强国建设品牌化发展的必然结果。强国梦实现之时便是品牌强国实现之时;品牌强国实现之时,便是社会主义现代化强国建成之时。

二、 品牌强国建设的体系结构与意义

我国品牌强国建设已处于新的历史阶段。推进品牌强国建设,将进一步体现中国特色社会主义现代化强国(参见图1-2)以及中华民族伟大复兴的澎湃活力和强大魅力;将进一步增强国家吸引力、影响力以及凝聚力,强化国人对国家的认同感、归属感、荣誉感,有效增强对我国产品品牌、企业品牌的国际化背书能力;将进一步促进世界科技创新,通过增品种、提品质、创品牌繁荣世界消费市场,在世界范围内满足消费者对多样化、个性化、体验式消费的新需求,并进一步满足国内日益增长的对物质产品和精神文化的新需求,向世界价值链高端迈进,在产品设计、核心技术、品牌营销方面筑牢护城河,用全球化的视野发展品牌,在产业链、供应链、营销链等方面全面提升,覆盖全球;将进一步促进我国改革开放,有效推进我国全方位、多层次和宽领域的全面开放,促进国际间更好地平等交流,构建人类命运共同体,有效提升我国国际地位以及国际影响力。国家品牌、区域品牌、城市品牌、产业品牌、企业品牌和产品品牌全面发力,与其他一系列强国战略相互促

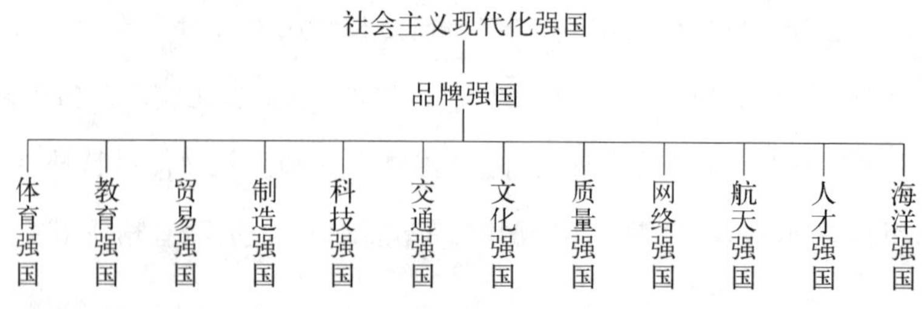

图1-2 社会主义现代化强国与品牌强国关系图

进，整体提升。科技创新、质量建设、信用体系、法治建设、品牌文化建设等实现相互促进，整体提升。品牌创意、品牌标准、品牌传播、品牌教育等品牌建设与制造业实现相互促进、整体提升。

国家层面的一系列强国战略的实施当然离不开各级地方政府的强省、强市、强县战略等的实施。这是一种上下贯通、层层压实责任的政府行为，责任主体通过品牌化战略实施，打造一批体现强国终极成果的品牌。在市场经济活动中，这些强国战略均自成体系，属于形态竞争，具有一定的虚置性，必须借助于实体竞争才能体现其功能价值、市场价值，其实体竞争的载体则直接反映为国家品牌、区域品牌、城市品牌、产业品牌、企业品牌和产品品牌这六个层级的品牌（参见图 1－3），其中国家品牌、城市品牌属于政治主体，区域品牌以及产业品牌属于社会主体，由于我国独特体制的原因，区域品牌建设的主体往往反映为政府主体，或政府多个主体的联合体。产业品牌的推进主体由社会主体担当，例如行业协会等社会组织，但在实践中这些社会组织往往处于辅助地位，例如产业发展规划往往由政府主导，由政府编制或发布，由政府综合协调推进。企业品牌、产品品牌当然是市场主体。品牌强国必须紧紧地将一系列强国战略与国家品牌、区域品牌、城市品牌、产业品牌、企业品牌和产品品牌联结在一起，因而在几者之间具有交互性、支撑性和协同性等关系特征。全球范围内的品牌竞争，一是借助于国家或城市主体的政治品牌竞争，二是借助于企业品牌以及产品品牌为主体的市场竞争，从而形成全球品牌经济发展形式。政治品牌竞争又往往以企业品牌和产品品牌为支撑。在这里，产品品牌乃至于更为微观的品类品牌是国家品牌、区域品牌、城市品牌、产业品牌、企业品牌的底层逻辑，同时也是一系列强国建设的底层逻辑。因此处于国际市场竞争中的品牌，设若没有产品品牌做坚实的基础，其余各层次品牌的建构便显得虚空。而支撑这一形态竞争（参见图 1－4）以及实体竞争的体系即专业体系，它主要由创新、质量、诚信以及品牌资产构成。品牌强国的焦点与基础是企业品牌和产品品牌。

主体竞争
政治主体(单一主体)
国家品牌
城市品牌
政治主体(多主体)
区域品牌
社会主体
产业(行业)品牌
市场主体
企业品牌
产品品牌

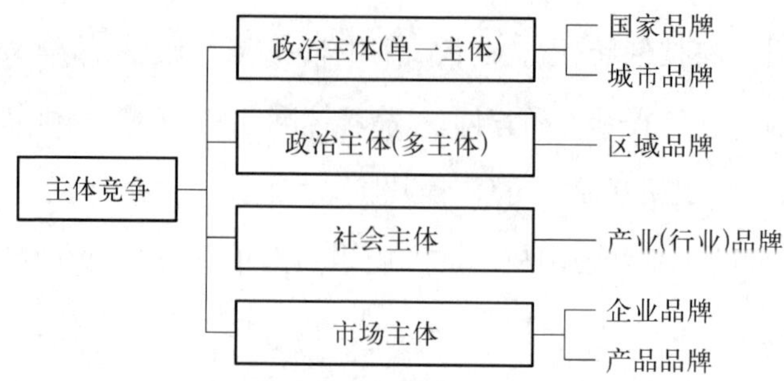

图 1－3　品牌强国主体竞争体系结构图

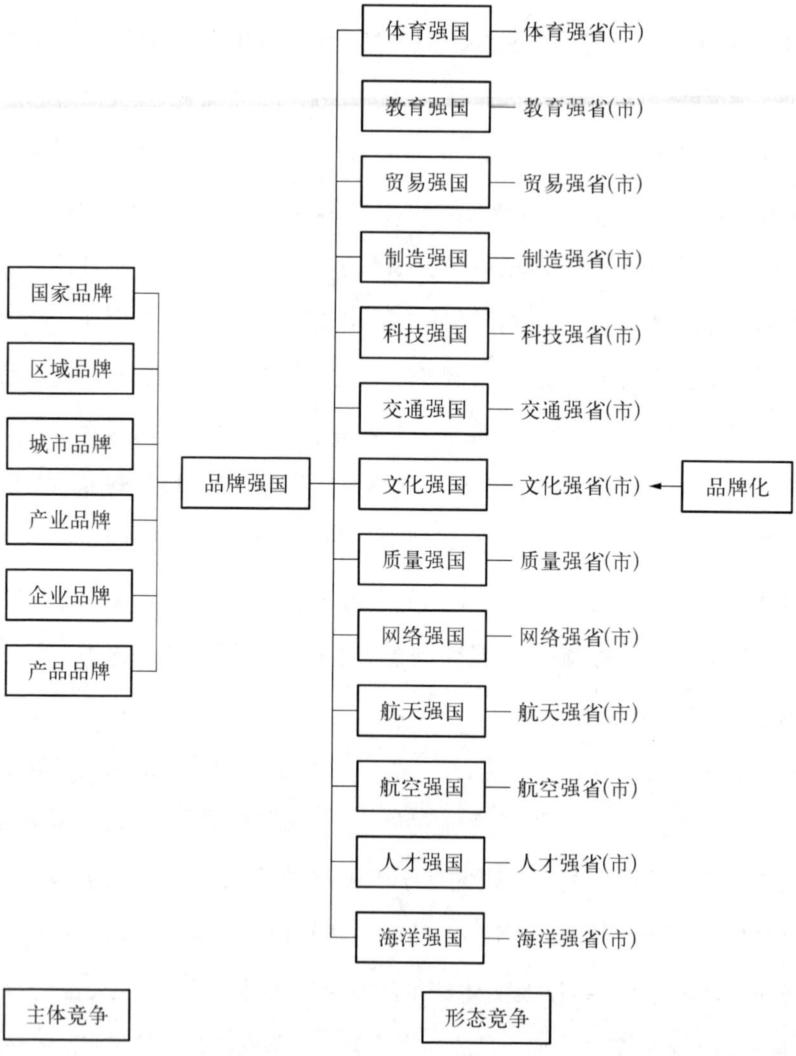

国家品牌
区域品牌
城市品牌
产业品牌
企业品牌
产品品牌
品牌强国
体育强国
体育强省(市)
教育强国
教育强省(市)
贸易强国
贸易强省(市)
制造强国
制造强省(市)
科技强国
科技强省(市)
交通强国
交通强省(市)
文化强国
文化强省(市)
品牌化
质量强国
质量强省(市)
网络强国
网络强省(市)
航天强国
航天强省(市)
航空强国
航空强省(市)
人才强国
人才强省(市)
海洋强国
海洋强省(市)
主体竞争
形态竞争

图 1－4　品牌强国进程体系结构图

三、品牌强国建设的思路与建议

从现代化经济体系构建要求出发，对我国实施品牌强国战略要有一个客观清醒的认识：一是我们的品牌强国是发展中国家的品牌强国；二是我们的品牌强国是坚持公有制经济为主体，多种所有制经济共同发展的社会主义初级阶段基本经济制度下的品牌强国；三是我们的品牌强国是世界经济增长乏力、中美对抗加剧、国际力量对比更趋均衡、全球治理体系和国际秩序加速变革背景下的品牌强国；四是我们的品牌强国是我国综合国力处于上升期，国内社会主要矛盾已经转化为人民日益增长的美好生活需要和不平衡不充分的发展之间的矛盾下的品牌强国。对此，我们必须坚持走中国特色社会主义品牌强国之路，强化品牌强国的顶层设计，加强品牌强国理论研究，并在"十四五"时期以及更长历史时期里将之化为切实可行的具体行动。

1. 加强顶层设计，编制国家品牌战略规划。按照品牌经济发展规律，梳理我国现行经济体制机制，发挥国家发展改革委牵头举办的中国自主品牌博览会的作用，建立国家品牌建设工作联席会议制度，并建立国际化专家咨询委员会，以落实国家品牌战略以及全国人大制定的涉及品牌相关内容的法律法规为己任，统筹推进我国品牌建设，加强政府相关部门之间以及与社会组织之间的工作衔接力度，强化工作的系统性、协同性。坚持品牌引领，编制与一系列强国战略相衔接的国家品牌建设中长期发展战略规划，规划要做到总揽全局、内涵丰富、覆盖全面、结构优化、重点突出、层次递进、分步实施。充分发挥我国社会主义基本经济制度的活力，发挥国资国企在品牌建设中的战略引领与核心支撑作用，促进国资国企品牌、民营企业品牌、混合所有制品牌竞相迸发。努力形成包含国家品牌、城市品牌、区域品牌、产业品牌、企业品牌和产品品牌在内的层次鲜明的品牌发展格局，各层次间形成良好的互为依存和互为支撑的品牌体系。充分发挥党的领导作用，开展党建品牌工作，为促进品牌建设提供坚强的政治保障。发挥产业基金、财税政策的杠杆作用以及导向作用，形成品牌保护与品牌促进相兼顾的政策合力以及社会合力；重点支持、持续支持我国品牌建设专业服务公共平台的专业化以及国际化建设。

2. 切实推进品牌建设法治化。以法治思维法治方式推进品牌建设，这是法治中国的题中应有之义和有机体现。品牌建设法治化涵盖国家层面以及地方层面的品牌立法、品牌司法、品牌执法、品牌普法、品牌守法、品牌督法等环节。由于品牌建设涉及的政府部门众多，较为综合，建议由全国人大常委会牵头在全国率先开展与相关法律法规以及政策相衔接的系统的品牌建设立法可行性研究，同时就品牌定义、企业品牌、产品品牌、品牌资产、品牌类型对法律条文和政府文件中认可的品牌类别进行系统梳理，准确诠释，适时出台加强我国品牌建设的决定，以促进和保障我国品牌战略实施，紧扣市场化、法治化、国际化、高质量、高附加值和高品质等核心内容，切实增强全社会品牌建设意识，引领并推动我国培育本土自主品牌；着力构建我国各类市场主体的品牌全生命周期的培育、创新与保护机制，理顺政府职能之间、政府职能与市场之间的边界，理顺行政执法与司法的关系。明确国家发展改革委、工业和信息化部、商务部、农业农村部、文旅部、国务院国资委、市场监管总局等政府部门工作职责以及联动机制，促进国家品牌、城市品牌、区域品牌、产业品牌、企业品牌和产品品牌协调发展。若在全国层面推进本项工作难度较高，建议利用浦东打造社会主义现代化引领区以及深圳特区建设中国特色社会主义先行示范区等契机，在两地适时出台加强品牌建设的决定，以此作为我国品牌建设法治化的突破口，率先试点垂范，充分发挥地方的主动性和积极性。

与此同时，全国人大加强对已出台的国家层面的法律法规中已有的品牌建设条款的落实督察，并对各省市品牌建设立法工作给予指导。利用全国知识产权宣传周、中国品牌日、世界图书与版权日、世界标准日和质量月等重大节点，促进政府部门、社团组织和企业之间的联动，集中宣传，形成品牌建设良好氛围和正确的价值取向。

3. 加强品牌保护力度。坚持以法律为准绳，以事实为依据，对侵犯知识产权的一切违法犯罪行为进行法律制裁，有效保护品牌的良好声誉以及经济利益。坚持行政保护、司法保护与社会共治相结合，深化以知识产权保护为核心的品牌建设体制机制改革，充分激发企业或相关权利人创建品牌的积极性。一是加大对不正当竞争、侵犯知识产权等重点领域以及群众反映强烈的领域的刑事打击力度和行政执法力度。二是坚持保护品牌权利人权益，例如商标权人、原产地地理标志专用权人的合法权益，依法严厉打击“不以使用为目的”的商标注册行为，最大限度地杜绝商标抢注、攀附知名商标等行为。依法严厉打击各类知识产权侵权行为，建立并健全企业信用制度，构建企业信用体系，以诚信为品牌命脉，严守商业道德操守，完善信用惩戒和诚信奖励制度，贯彻落实恶意侵犯知识产权的惩罚性赔偿制度。三是推进完善社会共治保护。充分发挥电商平台、展会主办方、大型超市、商业百货门店等主体在品牌保护中的积极作用，督促相关市场主体履行主体责任；采取行政指导和行政奖励等举措，推广“销售真牌真品、保护知识产权”工作。引导市场主体建立完善的品牌管理制度，规范原产地地理标志的申请使用管理，运用技术手段完善品牌的溯源管理等。四是结合知识产权行政执法、反不正当竞争行政执法等，出台有关品牌维权的指导意见，不断改善品牌维权环境，优化对调查公司、维权公司、公证处、律师事务所等品牌维权机构的监管方式，杜绝维权过程中对品牌本身造成不良影响的不合规维权手段或方式。五是支持相关行业协会、研究机构或评估公司成立品牌价值鉴定机构，推动品牌价值评价标准化发展，以便企业获取应得赔偿以及品牌资产产权流转价值。六是鼓励企业依托第三方查找或了解品牌维权中可能存在的问题或漏洞，给予其专业支持。引导品牌权利人建立事前防御、事中维权、事后完善的品牌保护体系，坚决维护品牌权益不受侵犯。鼓励品牌权利人主动承担社会责任，树立环境友好型、安全生产型、维护公共安全型、和谐企业型等良好的品牌形象。七是切实做好商标、专利等方面的国外注册工作和版权在国外的登记工作，增强品牌利用国际规则能力以及自我保护能力。建立与国际品牌保护相衔接的国内品牌保护体系，实现企业品牌保护国内外一体化发展。

4. 坚持创新驱动，切实提升品牌创新能力。品牌创新的核心之一是科技创新，品牌引领的核心之一同样是科技引领。要加快科技创新的体制机制和人才机制的建设，造就一大批科技人才和高水平创新团队，不断在科技领域取得创新突破，打造科技含量高、具有自主知识产权的品牌。鼓励企业紧跟世界科技发展前沿以及文化发展前沿，牢牢把握全球新科技革命机遇，争创知识产权优势企业，培育一批契合大国重器、品质生活需要的高科技品牌，让新技术、新产业、新业态、新模式、新品牌不断涌现。建立以科技创新以及文化创意创新为显著特征的品牌竞争力，狠抓品牌创意，让各种奇思妙想不断产生，并付诸实践，且行之有效。不断抢占技术制高点以及文化话语权，打造高科技品牌和中国文化特色鲜明的品牌文化。制订行业标准，掌握行业话语权，体现行业领导力。实现可持续发展和高附加值发展。引导企业层层压实各项考核，深入开发专业化领域以及细分领域新的品类品牌，持续实现产品创新和服务创新，获取品牌溢价，推动品牌升级。培育一批专精特新企业、瞪羚企业、独角兽企业和隐形冠军等。

5. 切实加强品牌质量基础设施建设。强化企业质量主体意识，坚决筑牢质量底线，建立严格的质量管理制度，自觉接受市场监管部门、社会团体以及消费者的质量监督，着力弘扬工匠精神，不断提升产品质量水平和服务质量水平。结合数字技术，建立并不断完善质量追溯体系、缺陷产品召回体系和消费者投诉及时回应体系，杜绝质量安全事故发生。鼓励支持企业加强计量、标准化、认证认可、检验检测等质量基础设施建设，参与质量基础设施公共服务平台建设，推动质量服务业发展。加强优于国家标准的企业标准制订，积极参与并主导团体标准、地方标准、国家标准以及国际标准的制订。鼓励并支持企业争取国家级、市级以及区级质量奖。鼓励并支持各省市开展与国际接轨的第三方品牌认证活动。

6. 弘扬企业家精神，打造国际化专业人才队伍。重视企业家以及专业人才在品牌建设中的关键作用，培育一支具有国际视野、深谙品牌化运作、始终站在人民立场的特殊的企业家队伍、中高层管理人员队伍、专业技术人才队伍，激发品牌建设内生动力。将倡导企业家精神落到实处，唯才是举。与国内外高等院校以及专业机构合作，开展品牌专业教学，选择一批企业中高级人才进修培养，快速提高其品牌管理能力以及品牌创新能力。国有企业打破所有制限制以及科层化的用人机制，克服唯文凭论、唯行政级别论等顽疾，不拘一格，让真正创造业绩的人才脱颖而出。切实解决营造干事创业的良好氛围与是否真正宽容冒险和失败的矛盾，着力培育敢担当的内生性动力，有效摒弃不求有功、但求无过的不良现象。每年表彰一批在品牌建设中创造实际业绩、德才兼备的专业人才。鼓励支持协会等社会组织带领企业通过研讨、座谈、走访参观和培训等常态化活动，加强品牌建设信息与经验交流，为品牌建设专业人才不断充电加油。

7. 坚持在请进来与走出去中促自主品牌发展。世界分割的沟壑正在被科技进步抹平，但正如美国经济学家托马斯·弗里德曼所阐述的“全球化正在滑入扭曲飞行的原因和方式”，全球化从来不会是一条平坦之路。当前，贸易保护主义、孤立主义、民粹主义等思潮不断抬头，中国坚持的引进来、走出去并重的开放策略将在前所未有的困难中负重前行。中国必须在“双循环”中，坚持独立自主、自力更生，做到产权清晰，以国际化、市场化驱动发展，鼓励并支持中国自主品牌走出去，进行全球推广，带动中国管理、中国技术、中国标准走出去，打造国际知名品牌以赢得更大发展空间，让中国企业品牌以及产品品牌成为国家名片。鼓励并支持企业品牌与国际通行规则接轨，主动参与并主导国际规则制订、国际标准制订，赢得国际话语权。

让请进来与走出去中促开放的格局成为趋势，以此引领全球化，有效突破美国等发达国家对中国发展的围堵与遏制，在全球治理体系重建中作出中国贡献。着力增强国有企业品牌全球配置资源能力和开拓国际市场能力，善于利用品牌影响力在全球组织研发、采购和生产，实施并购重组以及品牌授权，建立国际化市场渠道、国际研发基地和国际性原材料资源基地。鼓励并支持国有企业与民营企业以及外国企业合作，抱团拓展国际市场，在更高层次开展品牌竞争与合作。

8. **充分重视区域品牌以及城市品牌建设**。世界经济竞争越来越体现为跨区域的创新链、产业集群以及更大范围内城市群之间的竞争。对此，我国加快实施区域发展战略，基本形成东部率先发展、中部崛起、西部大开发和东北振兴的区域协调发展新格局，京津冀协同发展、长江经济带发展、粤港澳大湾区建设和长三角一体化发展等区域竞相迸发，展现出巨大的区域发展活力，对此要加强跨区域品牌建设，以品牌化促进区域高质量发展，增强国际竞争力。中共中央、国务院印发的《长江三角洲区域一体化发展规划纲要》明确要求推进科技品牌、会展品牌等十二个方面品牌建设，同时在其印发的《粤港澳大湾区发展规划纲要》中也明确提出，支持澳门培育一批具有国际影响力的会议展览品牌、构建大湾区旅游品牌等。推进品牌建设成为我国推进区域一体化发展、高质量发展的重要抓手。对此要充分发挥区域品牌中的城市品牌作用，特别是龙头型城市品牌在区域品牌建设中的主导作用、带动作用。与此同时，充分发挥乡村品牌的支撑作用，大力培育特色小镇品牌、美丽乡村品牌，缩小城乡差距。

9. **着力构建社会化专业服务保障体系**。支持将国家级品牌建设社会组织建设成为我国以及国际性品牌建设综合性、权威性专业服务机构，以此充分发挥各级行业协会、教育研究机构、媒体和品牌咨询策划等各种机构的积极性，对标国际一流水平，对接国际一流专业机构，形成集品牌理论研究、品牌政策研究、品牌咨询与策划、品牌传播与推广、品牌市场渠道建立、品牌知识产权保护、品牌认证、品牌教育培训以及品牌投融资一体化的生态链，助力我国自主品牌建设专业服务外包，提升专业化水平。建立品牌数据库、品牌发展指数评估模型，对我国品牌建设实施动态性评价监测，为政府部门以及企业在数字化、智能化条件下推进品牌建设提供坚实的数据支撑。编制覆盖品牌建设全生命周期的我国企业品牌建设评价指数，真实反映我国品牌建设水平。将国企品牌资产估值纳入国有资产评估规则体系，实现品牌资产保值增值，防止品牌资产被低估或流失。以老字号品牌资产估值为试点，加强品牌资产管理，促进老字号创新发展，使其基业长青。打造全球资产管理中心，支持多层次资本市场建设全球品牌资产交易平台。

10. 深入挖掘与弘扬中国特色品牌文化。中国特色品牌文化应充分体现中华民族自强不息、不屈不挠的民族奋斗精神，充分实现中国传统品牌文化向中国现代品牌文化转变，形成具有普适性的中国特色社会主义品牌文化，让中国品牌成为全世界品牌创新的典范。在中国现代品牌文化构建过程中切忌故步自封，要继承中有创新，在创新中有继承。中国传统品牌既有古老一面，古老给世界带来历史感，同时要告诉消费者它之所以传存至今，是因为它有着强大的创新一面，因此它才得以继往开来。全力塑造中国品牌的时尚感、潮流感以及未来感，形成中国品牌即拥有未来的品牌联想，在全球品牌文化构建中让中国品牌文化拥有突出位置。增强品牌传播能力，善于利用国内外各类媒介，加强对品牌传播的目标规划、议题设置、手段选择、渠道运营、传播拓展等全流程化能力建设，持续放大中国品牌特色。注重中国品牌核心价值理念传播，对内增强国民品牌意识，凝聚国民人心，对外树立品牌形象，提升中国品牌识别度。鼓励并支持中国品牌在异国他乡实施本土化战略，与异质文化融合发展，增强异国他乡民众对中国品牌的整体认知、认同，充分体现中国品牌文化的普适性，弘扬中国优秀品牌文化。

第二章

我国建设品牌强国的历史回顾

从古代贸易史的角度看，中国在当时的品牌强国地位是毫无争议的。丝绸之路就是因中国丝绸、和田玉等奢侈品的进出口孕育而生的。中国品牌在商周时期就已经开始萌芽，地名和能工巧匠的名字经常被用作品牌，来彰显其卓越品质和收藏价值。中国商品在欧洲曾被视作奢侈品，其文明也被认作是先进和开放的，促进了欧洲的启蒙运动发展，催生了洛可可风格，间接推动了法国世界性品牌强国的地位。中国在希腊语中的古名 Seres，和如今的国名 China，分别指代丝绸和瓷器，可见中国商品在国外的受欢迎程度。

但是在鸦片战争发生后，由于政治局势的不稳定和西方工业革命后的赶超，中国品牌地位急转直下，Made in China（中国制造）从代表昂贵奢华的中国风，一度变成了廉价低质商品的代名词，不禁让人唏嘘不已。在清朝末期，通过洋务运动和戊戌变法，清政府一大批有识之士、工商界人士通过实业救国的方式，创建了一大批现代民族工业品牌，其中一部分品牌现在仍活跃在市场上。民国时期，通过举办各种博览会以及提倡国货爱国运动，民族品牌有所发展，但由于军阀混战和抗日战争，民族品牌并没有能够形成与“洋品牌”对抗的核心竞争力。在新中国成立后，由于国内政治经济形势，市场化品牌建设陷入停滞状态。但在改革开放后，随着中国经济稳步发展，中国品牌建设处于上升期，尤其是在中国加入世界贸易组织后，一大批中国品牌脱颖而出,在国际竞争中不落下风,形成了自己的核心竞争力。

第一节 鸦片战争前

在悠久的历史长河中,中国不仅是世界文明古国,也是贸易大国和品牌强国。通过陆上丝绸之路和海上丝绸之路,秦汉的丝绸、漆器、铁器,唐宋及后期的丝绸、瓷器和茶叶享誉全球。丝绸之路,就是因当时的西方、中亚国家对中国丝绸、茶叶、瓷器等"奢侈品"的大量需求而诞生的。由于中国商品畅销全球,当时中国贸易在鸦片战争前期一直处于出超的状态[①],也就是经济学中的贸易顺差。从贸易结构上来看,古代中国的出口商品都是高附加值的奢侈品,和如今中国出口仍以初级产品或低附加值产品有所不同。这体现出了中国在古代的品牌强国地位。

一、 中国的品牌萌芽史

我国早在商朝就有了品牌的萌芽。那时候手工艺人习惯在钟鼎做上标记,比如在良季鼎上有"良季作宝鼎"的字样[②]。这些都是早期商标和品牌的萌芽。和田白玉最早可追溯到夏商时期,作为贡品、礼器和政治地位的象征,和田玉器被视为珍宝上品,只有拥有权力和地位的人才可以拥有。在夏商两代,中国与周围的国家已经开始了经济交往[③]。在今俄罗斯的贝加尔湖、阿尔泰和塞米巴拉金斯克地区发现的卡拉索克文化遗址(约公元前1200—公元前700年)所出土的青铜器,与殷商文化一致,这是今日可见的中国最早的贸易见证。这证明中国早在3 000多年前就开始与周边地区开

---

① 倪方六:《中国古代的对外贸易》,《农村·农业·农民(A版)》2019年第3期。
② 文化布道者:《探索品牌,源头聊起》,http://www.sohu.com/a/313122806_120111754,2019-05-10。
③ 赵立人:《汉代以前的对外贸易》,《广州对外贸易学院学报》1985年第2期。

展国际贸易,输出我国制造的商品。

在春秋战国时期,城市中逐渐形成固定的交易场所,各诸侯国之间的贸易开始蓬勃发展。当时最常用的广告形式是招牌和幌子,品牌意识开始萌芽。战国末年的韩非子在《外储说右上》中这样描写:"宋人有酤酒者,升概甚平,遇客甚谨,为酒甚美,悬帜甚高。"河南登封告城镇出土的春秋战国时期的陶器上刻有"阳城"字迹,被部分学者认为是我国品牌的雏形①,是我国最早的品牌和文字广告。文字首次用于品牌和广告,是品牌发展史和广告发展史上的标志性事件,它标志着品牌已经摆脱了原始的街头叫卖和口碑营销的模式。与此同时,中国的商品在春秋战国时期已经远销希腊。公元前四世纪希腊史学家奥尼斯克利道斯的《沿岸航行记》记载:"西方诸国所用之丝与铁,皆从中国输来。"位于阿尔泰边疆区的巴泽雷克墓出土了中国生产的玉器、漆器、金器、青铜器和整块的中国丝绸、布匹、铜镜等,这证明了中原与周边草原的贸易发展逐步进入鼎盛时期。

在两汉时期,实物招牌广告开始流行。如卖灯笼的店铺就在门楣挂一灯笼,卖酒的多在门口悬挂酒旗或垒一个"当垆",彰显自己的品牌标识。汉代诗人辛延年在《羽林郎》中写到"头上蓝田玉,耳后大秦珠",可见"蓝田玉""大秦珠"是当时公认的彰显地位的品牌首饰。蓝田玉是中国四大名玉之一,早在石器时代,蓝田玉就被先民们开采利用,春秋秦汉时蓝田玉雕开始在贵族阶层和上层社会流行,唐时达到鼎盛②;大秦珠则指罗马帝国产的珠宝。东汉时期市场上流行的著名文具品牌有"张芝笔""左伯纸""韦诞墨"等,都是以能工巧匠为名。史书《三辅决录》记载:"夫工欲善其事,必先利其器,用张芝笔、左伯纸及臣墨。"这说明当时的人们已经懂得用具有鲜明特征的地名和人名来体现商品的卓越价值。此外,汉代已经开始直接在

① 陈培爱:《现代广告学概论(第4版)》,首都经济贸易大学出版社,2018年,第28页。

② 魏阳:《陕西蓝田玉探究》,《上海工艺美术》2019年第4期。

产品上做广告，比如尚方七乳四神镜上写道：“尚方作镜真大好，上有仙人不知老，渴饮玉泉饥食枣……”[①]尚方是汉代为皇室打造物品的机构，标明“尚方”便是清晰地向客户传递商品的品质。这和许多奢侈品企业强调自己的产品是皇室用品异曲同工。

在对外贸易方面，随着张骞出使西域各国，丝绸之路得以快速建立，对外贸易迅猛发展。丝绸由于质量轻、单价高、受众广和受认可度较高，一度成为中国及周边地区与黄金等值的货币，被称为软黄金。传说希腊贵族以拥有丝绸为荣，对遥远的中国爱慕无比。中国被希腊人称为塞留斯(Seres)，其含义就是丝绸之国。而中国现在的英文国名China，意思就包含瓷器。这两种商品在当时的西方社会，就如同现在路易威登(Louis Vuitton)的背包对于中国客户的地位一样，属于当之无愧的奢侈品。在公元2世纪，一磅上等中国丝织品，售价12盎司黄金。仅在丝绸这一项，罗马每年至少花费5 000万赛斯特斯，相当于42.5万金镑。公元301年，罗马皇帝戴克里先强行制定了中国生丝的价格，每磅约合274个金法郎，以此遏制罗马人对丝绸的狂热消费。对于丝绸的消费大大消耗了罗马帝国的外汇储备，使得罗马对外战争接连失败，最后在匈奴人和西哥特人的攻击下覆灭。因此，坊间有学者认为罗马是间接被汉朝所灭亡的，一方面是因为当时出现在欧洲的匈奴人，可能是被当时的汉朝所击溃，被迫西迁到欧洲的；另一方面是罗马帝国对于奢侈品(尤其是来自中国的丝绸)的消耗无度，使得黄金储备枯竭，进而造成国力衰退。

唐朝是我国封建社会的鼎盛时期。各国商人云集长安，集市星罗棋布，商业贸易也异常繁荣。长安是当时世界最大的城市和贸易中心，人口超过了100万人。品牌意识和品牌传播在这个时期内得到了充分的应用和发挥，表现形式为：特色叫卖、酒幌、幡旗、铭牌、挂饰、灯笼、碑刻。这在我国

① 尹钊，刁海军，范婷婷，尚振辉：《由铜镜吉语铭文看汉代广告》，《收藏》2010年第8期。

的品牌史上具有非常重要的意义，说明品牌建设的方式从传统的文字形式，发展到了文字和艺术相结合的方式。我们所说的打幌子，是用来形容某人或某团体打着某些正大光明的招牌，暗地里做一些表里不一的事儿的。但在唐朝时期，幌子是重要的品牌传播工具。幌子，也称“酒幌”“青帘”“酒帘”，周围呈锯齿状的长条旗子，最初多用青白二色布制作，长约一尺，后来发展到用五彩酒旗绣上图案或店名，悬于门头，招揽顾客。李中《江边吟》中的“闪闪酒旗招醉客，深深绿树隐啼莺”的绝句，写出了当时的酒幌广告的发达程度。灯笼广告是另外一种传播模式。灯笼多于夜间悬挂在店铺的门头，灯笼上用文字表明其商号和商业性质，例如酒楼、茶馆、客栈，等等。各种行业的灯笼造型迥异，文字也大相径庭，比如酒楼悬挂的灯笼状如酒瓮，药店的形似药葫芦，上书不同的文字。灯笼在晚上点上非常引人注目，现在很多古镇就完整地保留了这种形式。游客晚上游览古镇的时候，看到这些熠熠生辉的灯笼，会感到梦回唐朝。此外，唐代也出现中国历史上第一家在产品上直接做广告的商家。长沙窑工匠用褐彩为瓷器做装饰，所书文字除诗文、联句、俗语、成语外，还有许多广告宣传文字。

在宋朝，由国家划定市场统一管理的市肆被取消，农民与市场的联系得到加强，鲜明地带有品牌意识的广告遍布城乡。口头广告丰富多彩，招牌广告图文并茂，铺面装修也各有特色。张择端《清明上河图》中，招牌广告遍布汴梁城，有横有竖，有文有图。如卖羊肉的“孙羊店”，卖香料的“刘家上色沉檀楝香”，药材店的“赵太丞家”“杨家应症”，等等。吴自牧的《梦粱录·铺席》中也记载：“杭城市肆名家，有名者如中瓦前皂儿水，杂货场前甘豆汤，戈家蜜枣儿，……”由此可见当时品牌的繁荣。中国学术界公认的世界最早的品牌广告诞生在宋朝，就是北宋时期刘家功夫针铺的“白兔”品牌①。但实际上，考虑到当时发达的经济社会环境，商家竞

① 陈云：《北宋“刘家针铺”铜版印刷广告浅析》，《科技与创新》2016 年第 12 期。

相招揽客户、推广商品,可以判断类似的印刷广告在当时应该并不稀奇,甚至有可能更早发生①。

在元代,随着印刷广告水平的提高和使用范围的扩大,品牌现象也有了进一步的发展。1985 年 8 月,湖南沅陵发掘的一座元代墓葬中发现了印有商业广告的产品包装纸,用黄色毛边纸制作,一尺见方,完整无缺,四周印有花边图案,右上方有文字:"潭州升平坊内,白塔街大尼寺相对住危家,自烧洗无比鲜红紫艳上等银朱、水花二朱,雌黄,坚实匙筋。买者请将油漆试验,便见颜色与众不同,四远主顾请认门首红字高牌为记。"这是中国有史以来最早的印刷广告实物和广告文,意思大致是在油漆的制作中,使用了上等的银朱和水花两种朱色,加入雌黄,使用这种油漆可以让筷子、调羹更加结实。买者买回去后只要调试,就会体会油漆的不同。这体现了元代长沙油漆店主的推销技术②。

从明朝开始,资本主义的生产关系出现萌芽,商品经济较以前更为发达。广告显著增多,具有一定知名度和影响力的品牌开始出现。明清的知识分子开始涉足广告领域,一批有内涵、有个性的品牌自此诞生。明嘉靖九年,即 1530 年,京城酱菜铺的老板请严嵩为其品牌"六必居"题名,以此防止自家酱菜被他人假冒,自此"六必居"扬名天下,至今昌盛不衰。这是我国第一个有明显品牌保护意识的注册防伪行为。虽然明朝没有正式的知识产权机构来保护品牌,但是民间已经开始有知识产权保护的意识,说明商人已经开始理解品牌对于企业的重要性。此外,明清时期品牌的载体更加多样。木版年画、对联、雕刻等形式又开始流行。

二、 风靡欧洲的"中国风"和"中学西进"

"中国风"的盛行最早源于《马可·波罗游记》在欧洲的出版,书中对于

---

① 孙顺华:《雕版印刷的民间商业应用对北宋"济南刘家功夫针铺"铜版的解读》,《东方论坛》2018 年第 5 期。
② 陈先枢,黄启昌:《中国最早的印刷广告实物》,《经贸导刊》1997 年第 4 期。

中国的风土人情和经济状况作了较为详细的叙述，激起了欧洲人对东方的热烈向往和对中国商品的疯狂追逐。有学者认为，马可·波罗可能根本没有来过中国，其游记的内容可能摘自波斯等中东国家商人的游记。但不可否认的是，其游记对于中国国际品牌形象做了相当大的贡献，也为中国的商品在欧洲的畅销打开了大门。

虽然明清两朝都采取了闭关锁国的措施，但实际上清朝初中期开始，对外贸易量却大量增加，中国商品大量出口。当时，西班牙在拉丁美洲大量开采白银，白银通过太平洋的港口（如现秘鲁首都利马的港口）被运送到菲律宾的马尼拉，各国商人通过菲律宾和中国做贸易，购买丝绸、茶叶、瓷器等。弗兰克在著作《白银资本》中统计，在1500—1800年间，从美洲运到欧洲的9.8万吨白银中，有3.9万吨被运往中国。而彭信威则在他的《中国货币史》中写道："自隆庆元年马尼拉开港后，到明末为止那七八十年间，经由菲律宾而流入中国的美洲白银，可能在6 000万比索以上，约合4 320万两库平银。"因此，清朝所继承的明朝虽然百废待兴，但经济基础很牢固，借着内外的有利局面，清朝迎来了康乾盛世，走向了巅峰与辉煌①。中国丝绸、瓷器、铁器、药材等通过各海港大量运销海外，东南亚、南亚、西亚乃至非洲和欧洲各地的特产如香料、珠宝、象牙、犀角等也由此输入中国。北京从元朝开始，就成了国际大都会、国际交通枢纽和亚欧贸易中心②。从十八世纪开始，茶叶代替了丝绸和瓷器，成为中国出口最多的商品③。茶叶在福建话中称为TE，广东话称为CHA。在茶叶国际贸易的初期，福建人专营西欧，而广东人专营中东和东欧，因此西欧称茶为TEA或TE，东欧和中东多称茶为CHA或CHAI。除了海上贸易之外，陆地贸易也发展迅速，尤其是山西商号，在中俄贸易上发挥着重要作用。当时"乔、常、曹、侯、渠、亢、范、孔"并称晋商八大

---

① https://baike. baidu. com/tashuo/browse/content?id = 66051d886c095ed29adc9adf&lemmaId = 7659343& fromLemmaModule = pcBottom。

② 石云涛：《元代丝绸之路及其贸易往来》，《人民论坛》2019年第14期。

③ 李璟：《我国古代茶叶对外贸易情况研究》，《福建茶叶》2015年第6期。

家,其中常家和曹家甚至在当时的沙俄帝国的莫斯科开立了分号,成为近现代中国第一家在海外开设分支机构的商号。

和如今法国的奢侈品在中国中高收入人群中的受欢迎程度类似,中国的商品被欧洲贵族所普遍喜爱,由此衍生出了对中国盲目的崇拜成分。Chinoiseries(法语,“中国风”的意思),变成一个非常时髦的法国字眼①。当然,Chinoiseries 这个词中的“中国”从来不是真实的中国,它是一个被欧洲所刻意营造出来的形象。它里面充满了神秘、浪漫与奇遇的意味,就像伊夫·圣·罗兰(Yves Saint Laurent)所说:“有什么国度这样引人遐思呢?只有中国……”②在当时,欧洲的主流艺术是巴洛克风格,但是在大量中国商品受到热捧之后,法国艺术家糅合了中国艺术的风格以及东方其他流派的艺术风格,创造出了特有的洛可可风格,使得欧洲皇室眼前一亮。

中国的科学也在这个时候传入欧洲。李时珍的《本草纲目》综合了十六世纪以前的动物学、植物学、矿物学等知识成果,先后被翻译成日、英、德、俄和拉丁等多种文字③。随着中国商品在国外的热销,中国人的哲学思想也随着贸易和传教士的活动传播到了欧洲。16 世纪以后,带着对古老中国文明的憧憬,大批西方传教士离别故土,来到中国。这些来华传教士成为东西方两种不同文明交流的推动者和参与者,如向中国传播西方近代科学文化知识的利玛窦、汤若望、南怀仁,参与中俄《尼布楚条约》谈判的张诚、白晋等。在这些来华传教士中,有许多人还写下了向西方人介绍中国的著作,如金尼阁编纂了《基督教在中国传教史》和第一部拉丁化拼音的汉语字汇书《西儒耳目资》;马若瑟撰写了介绍汉字结构和性质的《中文概览》;宋君荣编写了《中国天文学简史》等。其中以西班牙传教士门多萨 1585 年出版的《大中华帝国史》成就最为突出。传教士们还把《大学》(西方译名为《中

---

① https://www.sohu.com/a/190868720_677143。

② 赵阳:《法国洛可可艺术中的中国视界》,《文化艺术研究》2018 年第 2 期。

③ 高洁,范璐,陈绍红,柳海艳,修琳琳,刘殿娜,陈丰,张晨,李娜,许皖,吕艳敏,钟赣生:《从〈本草纲目〉看 16 世纪前后的中外医药交流》,《中国现代中药》2018 年第 11 期。

国之智慧》)、《中庸》《论语》《礼》《诗经》《易经》《孝经》等大批儒家经典翻译介绍到欧洲。

《论语》在西方的第一个译本是拉丁文本,即17世纪发行的《中国哲学家孔子》(*Confucius Sinarum Philosophus*)。它系统地介绍了先秦诸子、先秦儒家、宋明儒家、道教及中国佛教。除了《论语》的翻译之外,这本书还包括《大学》和《中庸》的翻译①。在此基础上,一些欧洲学者还出版了有关儒家经典的研究著作,如巴多明的《六经注释》、钱德明的《孔子传》和《孔门弟子传略》等。除了哲学类著作,中国的其他许多著作也被翻译成英语等,并被欧洲的小说家改版。比如《赵氏孤儿》的第一篇改作于1741年出版于伦敦,改著者是威廉·哈察特(William Hatchett),改名为《中国孤儿》。哈察特在序文中说:"我们久已用惯了中国的器物,如今不妨欣赏中国的诗歌。"法国作家伏尔泰也将《赵氏孤儿》改编为话剧,1755年8月20日起,在巴黎各家剧院上映②。

许多历史人物对中国的评价也非常正面。法国国王路易十四和思想家伏尔泰都对中国大加赞赏,认为中国的思想和经济发展都处于领先地位。路易十四还曾专门诏谕王室印刷厂大批印制传教士从中国带回的《四书》译稿;另一位法国国王路易十五也曾命令工匠铸造中国铜质字模12万枚,供印刷文法书及字典之用。伏尔泰对儒家文化的"仁义"和"宽容" 非常褒扬。中国的哲学思想,尤其是儒家思想,对法国的启蒙运动也产生了重要影响。法国启蒙运动的泰斗伏尔泰特别推崇中国的儒家思想,常以"民贵君轻"作为攻击法国封建君主专制的思想武器。德国哲学家莱布尼茨是当时欧洲最关心中国的学者,出版了德国第一本关于中国的书《中国近事》;在莱布尼茨晚年的时候,又写下了其哲学生涯中关于中国研究的最重要文献《中国自然神学论》③。

综上,从中国古代品牌历史中,不难得出国家品牌与国家经济发展程度

---

① 程利田:《法国启蒙思想家对中国的看法及中国对其影响》,《南平师专学报》1999年第1期。
② 刘雪洋:《从两次改编热潮看〈赵氏孤儿〉在欧洲的传播》,《戏剧文学》2017年第5期。
③ 张西平:《中国文化的世界性意义——以启蒙思想与中国文化关系为视角》,《国际比较文学(中英文)》2019年第3期。

和国际地位是相辅相成的关系。成为品牌强国,不仅能够刺激经济增长,获得外汇收入,而且对中国软实力的传播也有显著的溢出效应。正是依托精美的丝绸和瓷器,儒家思想等才得以进一步传播,使欧洲各国王室和名人对中国产品产生依恋,中国品牌形象及软实力进一步增强,有效提升了中国商品的出口,巩固了当时中国的国家地位,甚至在欧洲出现了一大批"精中"的个人。因此,国家的强盛和品牌的实力是相辅相成的,通过原产地或企业品牌的建设,是可以促进一个国家强盛的。但美中不足的是,古代的品牌效应主要局限在国家或原产地品牌,缺少企业品牌的概念。因为战乱等关系,当时的中国没有能够形成长久的企业品牌,更未能形成全球性的驰名品牌。国内外消费者大多仅认可中国制造,甚至对地区特产也了解甚少。中国在清朝中后期,开始陷入天朝大国的自我陶醉中,而西方国家开始了大航海时代和工业革命后的快速发展。西方通过自己的钻研和学习,设立了属于自己的陶瓷厂和丝绸厂,并在斯里兰卡等地种植茶叶,替代了中国的部分商品。中国品牌强国的地位从神坛跌落,国家实力也随之降低,沦落为半殖民地半封建的格局。

第二节　鸦片战争至辛亥革命

鸦片战争被认为是中国近代社会的转折点。在鸦片战争后,中国的贸易从顺差迅速变为逆差,自然经济开始解体,逐渐依附于世界资本主义体系。中国落后的政治、经济和文化现状被西方国家一览无遗,国家在世界的地位一落千丈。中国商品需求锐减,中国品牌大国的地位也因此告一段落,中国成为西方国家产品倾销和廉价代工的目的国。

一、 洋务运动下民族品牌的发展

洋务运动是中国现代品牌建设的萌芽。为了兴建中国民族工业,清朝政府鼓励地方兴办劝业会。各地劝业会的相继设立，为我国本土品牌提供了崛起的契机。在近代以前，国家采用的是重农抑商的政策。对于经济发展，尤其是工商业的经济发展，国家的主要政策侧重于如何进行赋税的管理。闭关锁国和小农思想也禁锢了品牌的发展，但鸦片战争之后的洋务运动，却意外激发了中国现代品牌的萌芽。洋务运动是 19 世纪 60—90 年代洋务派所进行的一场引进西方军事装备、生产机器和科学技术以维护封建统治的“自强”“求富”运动。洋务运动引进了西方先进的科学技术，使中国出现了第一批近代企业，客观上为中国民族资本主义和近代品牌的产生和发展起到了促进作用。1861 年，曾国藩创办的安庆内军械所，任用中国工匠，仿制西式枪炮，是中国最早的近代军事工业。1872 年，轮船招商局在上海建立（如今的招商局集团是一家综合性的大型国有企业集团，业务主要集中于综合交通、特色金融、城市和园区综合开发运营三大核心产业和邮轮、大健康、检测等新产业，2019 年在世界 500 强中排名第 244 位）。中国第一批官派留学生出洋，由容闳指导选派。1878 年，机器织布局在上海建立，这是中国最早的机器棉纺织厂。1880 年，在兰州建立兰州织呢局，这是中国最早的一家机器毛纺织厂。

表 2.1　洋务运动时期代表企业及品牌

人　物	创 办 企 业	时间	地　　点
曾国藩	安庆内军械所	1861 年	安徽怀宁，后迁至南京
李鸿章	江南制造总局	1865 年	上海
	轮船招商局	1872 年	上海
	开平矿务局	1878 年	河北滦县
	机器织布局	1878 年	上海
	电报总局	1880 年	天津

续 表

人 物	创 办 企 业	时间	地 点
左宗棠	福州船政局	1866 年	福州
	兰州织呢局	1880 年	兰州
张之洞	汉阳铁厂	1890 年	武汉
	湖北织布局	1892 年	武汉

洋务派前期以“自强”为口号,采用西方先进生产技术,创办军事工业,如安庆内军械所、江南制造总局、福州船政局等;后期以“求富”为口号,开办了一些民用工业,如李鸿章在上海创办的轮船招商局、张之洞创办的汉阳铁厂及湖北织布局等①。19 世纪七八十年代,清政府筹建了南洋、北洋和福建三支海军,创办了不少新式学堂。1862 年创办的京师同文馆是洋务派创办的第一所新式学堂,标志着北京近代学校的正式出现,为北京近代教育的发展树立了样板,提供了借鉴,打下了思想和制度的基础。

二、 积极参加世界博览会

鸦片战争让中国看到自身的衰落,激发了中国睁眼看世界的动力。通过参加世界博览会,提高国家、地区和企业知名度是许多中国人的共识。1851 年伦敦世界博览会,是中国人在世界博览会上的首次亮相。上海商人徐荣村以自己经营的 12 包“荣记湖丝”参加了伦敦世博会,引起轰动并夺得金银两项大奖。从 1873 年起,大清帝国开始以国家的身份参加世博会,具体由海关代办②。1873 年至 1905 年之间,海关共 28 次承担中国在海外的参展活动。展览会取得了不俗的效果,使得世人了解了中国的文化与产品的多样性;中国官员能够从世博会中了解自己国家与发达资本主义国家

① 李林富，邢杨柳：《为国图强》，《海峡科学》2010 年第 11 期。
② 吴海勇：《中国人参与世博会的百年记忆与史鉴》，《南京理工大学学报（社会科学版）》2010 年第 1 期。

之间巨大的差距，吸取发达国家发展品牌的经验，理解发展实业和品牌建设的重要性。

在清朝末期，在参与世界博览会的同时，中国政府和商人已开始自办地方性博览会，当时称为劝业会。1906 至 1910 年，天津实习工厂先后五次举办展览会；1906 年，天津劝工厂举办劝工展览会；1907 年，天津商务总会举办商业劝工会；1906 至 1911 年，成都劝工局举办了六届劝业会；1909 年，武汉举办劝业奖进会。1910 年，南京举办南洋劝业会，这是我国历史上第一次举办大型博览会，在南京城内丁家桥至三牌楼一带展出。南洋劝业会参展物品达 100 万件，历时 6 个月，吸引了 30 万海内外观众，总成交额数千万银元，时人称南洋劝业会“为我中国五千年未有之盛举”①。

综上，鸦片战争到辛亥革命时期，有识之士已经意识到实业救国、发展经济、弘扬国货进而实现民族自强的重要性。一大批现代企业随着戊戌变法和洋务运动而诞生，国货运动第一次在中华大地上开展。国人意识到和国外企业相比，中国企业在品牌建设、质量管理、供应链管理等方面存在巨大的差距。半封建和半殖民地的政治现状，也不利于民族品牌的建立。在这段时间，中国无论是国家地位，还是企业品牌地位一落千丈，甚至被称为“东亚病夫”；经济水平占全球的比重也一落千丈，白银等外汇储备也因贸易逆差和战争赔款而损失殆尽。

第三节　辛亥革命至新中国成立

清代末期兴起的“实业救国”完全不仅仅是爱国口号，实业的强劲可以让中国政治局势稳定，促进经济发展和软实力的增强。辛亥革命后，许多学

① 南京鼓楼档案：《中国最早举办的“世博会”南洋劝业会》，https://www.sohu.com/a/204331148_100014272，2017－11－14。

者意识到,中国品牌质量也许不如国外品牌,但信誉和宣传上,国货是拥有天时地利人和的。此外,西方诸强对于当时中国的压迫,也使得当时的中国人民以买国货的方式来体现爱国精神,“国货运动”随之展开。当时的商户在学习了西方国家的品牌建设理念后,推出“中西结合”的户外广告、海报、霓虹灯等方式进行传播。此外,一大批民营企业也意识到质量对于品牌的重要性,纷纷学习西方国家先进的生产与管理理念,取得了不俗的成绩。

一、 民族工业品牌发展迅速

辛亥革命后,中国社会仍然动荡不安,军阀混战和抗日战争对中国正常社会、经济秩序造成了巨大破坏。但民国的建立为资本主义发展开辟了道路,为民族工业品牌建设提供了前所未有的机遇。面对列强入侵,民族主义觉醒,实业救国成为共识,从而为民族企业发展提供了良好的外部环境。一系列的国货运动,使国货销量有了增长基础,中国自主品牌可以有资本和外资品牌进行较量。

在棉纺行业中,第一次世界大战后,列强放松了对中国经济的围剿。纺织行业快速发展,成为民族资本主义的支柱性行业,拥有 8 000 人的技术队伍,其中棉纺织印染行业满足了国内市场需要的 3/4,设备利用率一度领先世界[①]。在此期间,一大批民族纺织品牌应运而生,比如“鹅牌”“红狮”等。此外,不少企业在棉纺行业的基础上,扩大经营,形成垦牧公司、油厂、皂厂、铁工厂、电厂、轮船公司等一系列配套企业。

在医药行业中,随着上海人口激增、商业繁荣,中药行业快速发展[②]。在诸多国药店中,童涵春堂、雷允上、蔡同德堂与胡庆余堂凭借自创品牌国药脱颖而出,并称上海四大国药店。这些医药企业在中医理论的指导下,形

---

① 易斌:《民国时期民族纺织品商标品牌的形成》,《消费导刊》2008 年第 9 期。

② 段瑶,万芳:《民国时期(1912—1949 年)上海四大国药店及其品牌国药探析》,《中医文献杂志》2018 年第 2 期。

成了自己的规模体系，开创了自己的商业模式，并且从纯手艺逐步过渡到机器加工，在消费者心目中形成了良好的品牌效应。

在酒业行业中，1914 年在哈尔滨建立的五洲啤酒汽水厂和 1915 年在北京建立的双合盛汽水啤酒厂，被认为是中国民族资本家建立最早的啤酒企业①。我国烧酒业也开始出现规模较大的酿酒企业，例如上海的昆仑酿酒公司、中国酿酒公司、大和造酒厂。绍兴地区所产的黄酒、山西所产的汾酒以及陕西凤翔地区所产的酒都非常有名。

在日化行业中，虽然在民国时期国外化妆品占据了大量市场，比如西蒙香粉蜜、夏士莲雪花、司丹康美发霜、巴黎素兰霜、曲线安琪儿、培根洗发香脂水、力士香皂、李施德林牙膏等，但本土日化品牌仍然发展迅速。1898 年，民营企业家冯福田在广东创立广生行；1903 年，广生行在上海成立双妹品牌。1915 年，广生行旗下的双妹已经拥有了众多美妆和香水产品，粉嫩膏在旧金山巴拿马世博会上斩获金奖，后来民国总统黎元洪亲笔为其题词“材美工巧，尽态极妍”。民国七年（1918 年）叶钟廷偕其弟叶翔廷在上海老北门民珠街 62 号的一间厢房内，以 5 000 银元为资本，开设茂昌工业社，生产“月里嫦娥”牌纸袋牙粉等化妆品。

在茶叶行业中，在新中国成立之前，茶叶一直在国际贸易中占相当大的比重，为我国赚取了大量的外汇收入。徽州茶商在长期的茶叶出口对外贸易中，形成了成熟的“祁红”“屯绿”生产工艺流程和各品种的生产标准，构成了国际市场公认的“祁红”“屯绿”品牌和众多茶叶品种名称、标号等级②。

在百货行业中，诞生了如先施、永安、新新和大新等民族品牌。先施甚至自己开发了先施牙膏千里香，开创了中国百货商店开创自有品牌的先河；永安则开创了中国百货的买手制和独家经营的先河；新新百货则在 20 世纪

① 马相金：《民国时期我国酒业的发展及其分布特征》，《唐山师范学院学报》2011 年第 3 期。
② 周筱华，程秉国：《民国时期徽商与茶叶对外贸易》，《黄山学院学报》2009 年第 4 期。

30年代就安装了空调,供顾客夏天纳凉使用;大新公司则是第一家安装电梯的百货公司。由此可见,当时的店铺已经开始注重消费者体验,吸引顾客驻足,并且开始创新商业模式①。

在工艺瓷器业中,在民国初年,景德镇产生了大量个体瓷业公司。全盛时期,景德镇有大小商号2 493户②。在北京艺术博物馆里收藏的民国瓷,具有时代标志性的款式有洪宪款、堂名款、人名款、厂名款、纪念款等五类。这些瓷器通过品牌来实现差异化,从而在国内外贸易中占有优势地位。

二、 品牌营销及保护意识上升

作为品牌的一部分,商标不但是品牌价值的载体,更是其核心内容。好的商标能够一下子吸引消费者,能够建立消费者的忠诚度。在民国时期,民族品牌设计的商标大多线条细腻,颜色鲜艳;较多追求写实的效果以及具体的形象表达;突出简洁标识;部分商标的图案构成不仅仅是商品形象的宣传,还添加了许多具有时代感的特殊意义。

民国时期,商家对于知识产权的保护意识明显上升。许多著名民族品牌在20世纪二三十年代就申请了商标注册,开始重视知识产权以保护自己的无形资产,同时民国当局也开始重视知识产权保护。在当时,冒用他人商标,连制作假商标的印刷局等也要连带承担责任。如上海莹荫针织厂老板于庭辉设计了三枪商标;中国衬衫之父司麦脱取名Smart,意为潇洒和漂亮。东亚毛绒纺织公司针对祥和毛纺厂"飞艇"牌毛线的竞争,特生产出商标名为"高射炮"的产品。在当时,这些纺织企业的品牌传播水平已经非常高。比如"鹅牌"在南京路与成都路交叉口浇筑了五尊形态逼真的天鹅雕塑,在杭州西湖放置了白鹅形状的游艇供人游玩。

---

① 吴卫群:《民国时期,四大公司个个都是玩"体验经济"的高手》,https://www.shobserver.com/news/detail?id=9417,2016-03-05。

② 杨洋:《民国景德镇瓷器外销探究》,《上海工艺美术》2018年第3期。

在民国时期，商家就开始利用名人吸引流量，从而扩大产品知名度。比如“精益”眼镜公司利用孙中山先生曾到其店里配过眼镜一事而大肆宣传，扩大“精益”的知名度。“先施”公司请了著名的影星胡蝶做代言人。“章林记”宝号拿“寰球独一无二的青衣、花旦梅兰芳”的赞美信函做广告。“力士”香皂让中国电影女明星代言，请来当时中国最著名的电影女明星胡蝶、阮玲玉、徐来、范雪朋等十余人做广告。此外，企业通过赞助活动，尤其是爱国活动来进行品牌推广。1934 年，国民政府倡议“航空救国”运动，天厨味精厂就捐了一架驱逐机给“中国航空协会”、一架教练机给“上海飞行社”，并在虹桥机场举行了隆重的命名仪式。典礼上，有 3 万市民前去观看飞行表演，南京中央电台、《新闻报》纷纷发表新闻报告，大大提升了社会形象。

综上，民国时期，民族品牌发展迅速，许多企业已经在品牌建设上取得了不小的成绩。从棉纺、茶叶、百货等行业的发展来看，民族品牌已经迅速缩小了和西方品牌的差距，并利用本土品牌接地气的优势，取得了消费者的信任。但必须承认的是，在民国时期，由于外敌入侵及军阀混战，无论是北洋政府，还是民国政府，其品牌建设仅限于如何鼓励民众使用国货，限于利用广告和宣传手段来吸引顾客购买，其行为甚至带有强买强卖的特征。从 1930 年开始，部分高收入人群及社会精英开始对国货运动产生了质疑和抵触，只是表面上同意和鼓励国货运动，但私下还是购买洋货，甚至以购买高档洋货为荣。从国货运动的经验教训来看，企业还是应当以提高产品质量为前提，以优秀的质量去赢得消费者。国内企业更不应该以狭隘的民族主义来要求消费者购买其产品，而是应当以商业社会的思维去运作企业和品牌，这样才能更好地运营一个品牌①。此外，中国在民国时期普遍理解实业兴国和国货运动的重要性，但中国的国货在整体竞争力上和欧美产品相比还是有显著的距离。孙中山先生积极支持民众爱国，但是他也很坦率地说：“洋

---

① 王仲：《民国时期上海知名品牌及其营销策略探析》，《集美大学学报（哲学社会科学版）》2012 年第 1 期。

布便宜过土布,无论国民怎么样提倡爱国,也不能永远不穿洋布穿土布。如果一定要国民永久不穿洋布来穿土布,那便是和个人的经济原则相反,那便是行不通。”

第四节 新中国成立至改革开放

从新中国成立开始到改革开放之前的30年时间里,我国建设了530多个大中型工业项目,基本形成全产业结构布局,社会生产力和人民生活水平不断提高。到了1978年,我国已基本建成世界工业500多个门类。这个独立而完整的工业体系,经过改革开放40多年的发展,让中国今天终于有了足以与世界强国进行竞争的基础和实力①。但和国有经济的不断发展壮大相比,中国品牌发展处于一个停滞与低迷期间②。

一、 国有工业品牌快速成长

随着新中国的成立和朝鲜战争的爆发,一些西方国家开始着手对我国进行经济制裁,使得我国必须在重工业和民生工程领域创造一批自主品牌。在汽车工业领域,基于对国民经济及对外战争的考虑,国家非常重视汽车工业的发展。1952年,第一汽车制造厂在长春成立;1958年,第一辆东风汽车问世,结束了中国不能生产轿车的历史③。在烟草行业,中华烟等一批自有品牌的问世,结束了外资香烟品牌对于中国市场的垄断。在钢铁行业,鞍山钢铁、宝山钢铁等一系列钢铁企业的建设和投产,使得中国钢铁产量位居

---

① 许正林:《中国品牌70年发展历程与主要成就》,《中国社会科学报》2020年01月13日第7版。

② 黄升民,张驰:《新中国七十年品牌路:回望与前瞻》,《现代传播(中国传媒大学学报)》2019年第11期。

③ 爱卡汽车:《新中国成立70周年|传统品牌的时代印记》,https://new.qq.com/rain/a/20191008A003QM,2019-10-08。

世界前列。新中国成立初期,我国只能生产纱、布、火柴、肥皂、面粉等为数甚少的日用生活消费品,出口商品中80%以上是初级产品。1978年,出口产品中初级产品比重下降到53.5%,工业制成品占到46.5%,2000年以后工业制成品上升到90%以上。

二、　民族品牌发展受阻

早在1956年,我国完成了对资本主义工商业的"社会主义改造"时,毛泽东就在《加快手工业的社会主义改造》的按语中说:"提醒你们,手工业中许多好东西,不要搞掉了。王麻子、张小泉的刀剪一万年也不要搞掉。我们民族好的东西,搞掉了的,一定都要来一个恢复,而且要搞得更好一些。"① 在1963年4月10日,国务院颁布了《商标管理条例》,显示了政府对于品牌的保护态度。但在"文革"时期,正常的生产、生活秩序被破坏,阶级斗争开始主导正常的经济活动。商业广告被称为"资本主义腐朽和浪费的表现",传统老字号被称为"封建主义、资本主义和修正主义的黑货"。

三、　统一管理模式下,积极开展对外传播

由于新中国的经济发展仍然需要大量进口国外原材料和技术,因此新中国必须开展对外贸易。和国内品牌建设、广告行业的停滞不同,中国积极开展中国产品和品牌的对外传播,力争多换取外汇②。但在计划经济的背景下,所有的对外传播都是在国家相关部门的统一管理下完成的。1956年,时任华润集团董事长的张平在广州筹办了第一届中国出口商品交易会(简称"广交会");1960—1967年期间,所有的进出口商品的广告业务统一由受到国家外贸部委托的上海广告公司独家代理。"文革"期间,受委托的

---

① 黄升民,张驰:《新中国七十年品牌路:回望与前瞻》,《现代传播(中国传媒大学学报)》2019年第11期。

② 赵新利:《新中国成立初期中国品牌对外传播研究(1949—1965)——以〈人民画报〉的报道和广告为例》,《广告大观(理论版)》2018年第4期。

海外经销商利用进出口公司的业务部门的“贸易合同下的宣传费”作为经费，在当地市场做一些广告。在广告的形式上，除了平面广告和杂志之外，商品宣传片也开始使用，如北京粮油公司拍摄了《北京烤鸭》、北京纺织品公司拍摄了《北京天坛牌衬衫》等。这些宣传片不仅在广交会播放，而且也在我国驻外使领馆中播放，并且取得了不俗的效果。

综上，新中国成立之初百废待兴，快速地实现工业化成为当时经济生活的共识。十年浩劫对许多老品牌造成了很大的冲击。品牌建设受到了各种因素的影响，失去了个性化发展的机遇。但不可否认的是，新中国成立 30 年以来的工业化建设，为改革开放后的快速发展和民营企业的重新腾飞建立了坚实的基础。中国世界工厂的地位，也有赖于 30 年的工业化建设，这些为我国未来的品牌强国复兴之路打下了坚实基础。

第五节 改革开放至中国加入 WTO

党的十一届三中全会开始了改革开放的伟大实践。我国从计划经济转向市场经济、从大众生产转向大众消费、从重工业转向轻重结合的综合产业。品牌建设被重新提上日程。改革开放后，打响广告“第一枪”的是报纸，随后是广播和电视。1979 年 1 月 4 日，《天津日报》在第三版登出了一则“蓝天牙膏”广告，这则广告成为改革开放后在中国内地发布的第一个商品广告。当时香港《大公报》敏锐地评论道：“广告的出现犹如一声长笛，标志着中国经济的巨轮开始起航。”1979 年 1 月 28 日，农历正月初一这一天，中国部分有电视机的家庭，看到了内地第一条商业电视广告，产品是保健酒“参桂养容酒”。1979 年 4 月 5 日，瑞士雷达表生产企业成为新中国成立后第一家在我国做广告的外商。在 20 世纪 80 年代，一系列家电、棉纺、化妆品和食品工业的品牌发展迅速。海尔、华为、健力宝、长虹、TCL、永久、大宝、美的、隆力奇、霞飞、万家乐、北冰洋等成为其中的杰出代表。1982 年,《中华人民共和国商标法》颁布,标志着我国开始了以注册商标为标志的品牌发展历程。中国积极学习国外商标保护的做法,加入了《建立世界知识产权组织公约》《保护工业产权巴黎公约》等与商标有关的国际条约,中国商标保护的国际化水平逐步提高。

一、　品牌建设受到国家重视

改革开放后,国家开始重视品牌建设,通过立法来保障品牌的长远发展。1979 年,《中华人民共和国优质产品奖励条例》颁布;1987 年国家经委颁布了《国家优质产品评选条例》,设立国家优质产品奖。1987 年 12 月 1 日,中国广告管理历史上第一部法规《广告管理条例》由国务院颁布实施①。广告也被允许在纸质传媒、广播电台和电视上播放,商品建设深入人心,经济也得以快速发展。1993 年,全国人大常委会通过了《关于修改〈中华人民共和国商标法〉的决定》;2001 年,全国人大常委会对商标法进行了第二次修改,从而履行了中国加入世界贸易组织前的承诺。

二、　外资品牌被大量引进

继 1979 年瑞士雷达表在我国发布产品广告后,精工等日本企业开始大量刊登广告,标志着外资品牌集中进入新中国市场。1979 年 11 月,当时主管广告业务的中宣部发布了《关于报刊、广播、电视台刊登和播放外国商品广告的通知》。1981 年 4 月 15 日,新中国第一个专门生产瓶装“可口可乐”饮料的车间在北京正式投产,由美方供给原浆;时任国务院副总理的薄一波当天在人民大会堂会见了美国可口可乐公司董事长郭瑞达一行。1986 年,可口可乐第一个电视广告在中央电视台和全国 18 个地方

① 黄升民,张驰:《改革开放以来国家品牌观念的历史演进与宏观考察》,《现代传播(中国传媒大学学报)》2018 年第 3 期。

电视台同时播出[①]。1989 年,上海第一家肯德基开业[②]。这些外资品牌的进入为中国民营企业的品牌发展提供了参考。

三、 一批自主企业品牌的快速成长

党的十一届三中全会开启了中国民营经济时代,众多的民营企业应运而生;同时,对企业雇工数量限制的突破推动了民营企业历史性发展。一大批人在市场经济的指引下,纷纷下海,促进了民营企业蓬勃发展。国企改革拉开帷幕,助力民营企业迅速发展壮大。一大批品牌,如海尔、格力等快速发展,在世界市场上也获得了一席之地。华为、阿里和腾讯等互联网企业也在这个时期创立,并对之后的中国互联网发展方向起到了至关重要的作用。

四、 品牌建设理念不断丰富

品牌建设理念在 20 世纪 80 年代集中进入我国,市场经济迅速发展,国外品牌不断参与国内竞争,消费者选择不断增多,逼迫企业不得不建立自己的品牌,在品牌建设上不断专业化和成熟化。在早期,众多民营企业较为迷信国外的经营理念,完全照搬国外的管理流程;但随着时间的推移,民营企业开始学会吸收西方先进经验,并结合中国市场特有情况,进行本土化的品牌建设探索。一些企业在 20 世纪 90 年代开始设立市场部,开始将产品的开发权从研发部转到生产部,避免了因产品不符合市场需要而产生的浪费行为;企业也意识到质量管理理念和服务理念的重要性,如 1989 年亚细亚商场奉行的"客户就是上帝"的理念曾经轰动一时。海尔则提出了"真诚就是永远"的品牌理念。企业的品牌多元化理念也被应用,许多企业通过集团化方式进入多个产品领域,如长虹同时进入了

---

① 人民网:《1979 内地引进可口可乐遭质疑: 简直是卖国主义!》,https://news.china.com/history/all/11025807/20150805/20139840_all.html,2015－08－05。

② 电影茶:《老照片: 80 年代的上海,图 1 是上海的第一家肯德基开业现场!》,http://dy.163.com/v2/article/detail/EAM16FN205374JZW.html,2019－03－20。

白色家电和黑色家电领域。

综上，改革开放后，中国的品牌建设打破了桎梏，特别是加入世贸组织后，中国品牌进入高速发展期。在和外资品牌的竞争中，中国品牌虽然有过彷徨、挫折和挣扎，但也获得了诸多经验。但我们也需要承认，在这个阶段，中国的出口仍然是以低端产品为主，我国自主品牌难以和外资品牌匹敌。外资品牌对于中国品牌建设也做了非常大的贡献，首先是中国企业引进了先进品牌管理理念，足不出户，就可以学习到最新的品牌和营销的知识；其次，受外资品牌的倒逼，中国品牌加速自我迭代，自我进步，否则将失去市场，中国企业的危机意识增强。

第六节　中国加入 WTO 至 2020 年

2001 年 12 月，中国加入 WTO。我国加入世界贸易组织时做出了四个方面的承诺，即降低关税、减少和消除非关税壁垒、农业方面的承诺和开放服务业。在降低关税方面，我国承诺：到 2005 年，把 15%的平均关税水平降到 10%。降低关税是我国改革开放自身的需要，是加入世界贸易组织的一种“补课”，同时也是生产全球化的一个趋势。在减少和消除非关税壁垒，也就是进口配额、许可证问题方面，我国承诺：到 2005 年，全部取消 400 种进口配额。因为在 2005 年，世界贸易组织成员都要取消进口配额许可证，我国承诺取消也是应该的。在农业方面，根据我国同美国达成的中美农业合作协定，我国承诺：取消对美国 7 个州的 TCK 小麦出口禁令，放开美国 6 000 多家肉类加工厂对我国的出口等。在服务业方面，我国承诺：逐步放开银行、保险、旅游和电信等服务业市场。这一系列措施，使得中国企业必须提高产品质量，提升品牌建设能力，以应对激烈的市场竞争环境。

一、 品牌排名快速上升

自改革开放以来,中国品牌数量上升明显。许多国有品牌,例如国家电网、中国工商银行、中央电视台等品牌在国外品牌榜单上屡屡上榜。此外,中国的民营经济也做出了不小的贡献。中国民营经济为我国发展做出的巨大贡献可以概括为“56789”,即贡献了50%以上的税收,60%以上的国内生产总值,70%以上的技术创新成果,80%以上的城镇劳动就业,90%以上的企业数量。民营企业发展非常迅速,当今的创新型企业,如移动互联网、智能制造公司,大多数是民营企业。表2.2列出了世界品牌实验室(World Brand Lab)在2021年12月7日公布的世界品牌500强中的44家中国品牌及所处行业。

表 2.2 世界品牌 500 强中的 44 家中国品牌及所处行业(2021 年)

中国排名	世界排名	品 牌	行 业	中国排名	世界排名	品 牌	行 业
1	23	国家电网	能源	11	114	联想	计算机与通讯
2	35	腾讯	互联网	12	131	中国石油	能源
3	37	海尔	物联网生态	13	133	中国平安	多元金融
4	40	中国工商银行	银行	14	139	中国石化	能源
5	56	华为	计算机与通讯	15	196	中粮	多元化
6	61	中央电视台	传媒	16	202	中国银行	银行
7	70	华润	多元化	17	209	中国建设银行	银行
8	81	阿里巴巴	互联网	18	245	中国电信	电信
9	88	中国移动	电信	19	249	茅台	食品与饮料
10	99	中国人寿	多元金融	20	251	五粮液	食品与饮料

续　表

中国排名	世界排名	品　牌	行　业	中国排名	世界排名	品　牌	行　业
21	258	中国南方电网	能源	33	343	人民日报	传媒
22	283	中国国航	航空	34	355	中国铁建	工程与建筑
23	288	长虹	电子电气	35	362	新华社	传媒
24	292	青岛啤酒	食品与饮料	36	367	友邦保险	保险
25	296	百度	互联网	37	376	招商银行	银行
26	299	中信集团	多元金融	38	379	恒力	石化、纺织
27	301	中国光大集团	多元金融	39	395	徐工	工业设备
28	304	中国海油	能源	40	397	小米	计算机与通讯
29	312	中化	能源	41	399	盛虹	石化、纺织
30	314	中国建筑	工程与建筑	42	412	北大荒	农业
31	333	宝武	钢铁	43	416	国贸控股	多元化
32	340	中国农业银行	银行	44	462	魏桥	纺织

数据来源：世界品牌实验室

二、 互联网品牌不断涌现

2001—2020 年是中国互联网高速发展的时期。阿里巴巴、腾讯、美团、拼多多、携程等企业迅速发展，国内外影响力迅速增长，成为全球互联网版图中不可或缺的部分。2019 年 7 月 11 日，中国信息通信研究院发布了全球上市互联网企业 30 强榜单，中国上榜企业包括腾讯、阿里、百度、网易、美团点评、京东、拼多多、三六零、携程、微博 10 家企业，较 2017 年增加 1 家，占总数的 1/3。其中，新上市的美团点评、拼多多为新上榜企业。美国有 17 家企业上榜，并在前 10 强中占据 8 席。

表 2.3 全球上市互联网企业 30 强榜单中的中国企业（2019 年 7 月）

世界排名	中国排名	公司名称	市值（亿美元）
3	1	腾讯控股	3 816.43
5	2	阿里巴巴	3 525.34
11	3	百度	552.82
14	4	网易	309.11
15	5	美团点评	307.84
16	6	京东	302.81
19	7	拼多多	248.59
22	8	三六零	200.76
27	9	携程网	146.34
30	10	微博	130.13

三、企业品牌“走出去”浪潮

在 2013 年习近平总书记提出“一带一路”倡议后，中国企业掀起了走出去的浪潮。根据“走出去”公共服务平台的数据，2019 年，我国企业在“一带一路”沿线对 56 个国家进行了非金融类直接投资 150.4 亿美元，主要投向新加坡、越南、老挝、印尼、巴基斯坦、泰国、马来西亚、阿联酋、柬埔寨和哈萨克斯坦等国家。对外承包工程方面，我国企业在“一带一路”沿线的 62 个国家新签对外承包工程项目合同 6 944 份，新签合同额 1 548.9 亿美元，占同期我国对外承包工程新签合同额的 59.5%，同比增长 23.1%；完成营业额 979.8 亿美元，占同期总额的 56.7%，同比增长 9.7%[①]。中国一建、中国铁建、中国远洋等一大批品牌在“一带一路”沿线国家开展建设工作，成为中

① “走出去”公共服务平台：《2019 年我对“一带一路”沿线国家投资合作情况》，http://fec.mofcom.gov.cn/article/fwydyl/tjsj/202001/20200102932470.shtml，2020－01－22。

外友谊的桥梁。工程优良的品质、高效的管理得到了各国人民的认可。在走出去过程中，形成了一批中国出口名牌。

四、文化品牌发展迅速

党的十九大报告明确提出："推进国际传播能力建设，讲好中国故事，展现真实、立体、全面的中国，提高国家文化软实力。"文化的品质、格局的高度是国家文化软实力的基础支撑。在此基础上形成的文化吸引力、文化影响力将取决于不同文化之间的交流和对文化价值的理解、接纳及认同效果①。自20世纪80年代以来，中国开展了一系列重大的国家出版项目，如"熊猫丛书""大中华文库"等，向世界介绍中国文化经典②。中国一大批著作，如《论语》、《道德经》、四大名著及唐诗和宋词被翻译成十几种语言。《红高粱》《城南旧事》等一大批华语电影频频荣获国际大奖，并取得不错的票房成绩，如表2.4所示。2012年，莫言获诺贝尔文学奖。截至2021年6月，中国世界遗产达55项，其中37项世界文化遗产、14项世界自然遗产、4项文化与自然遗产；有42项联合国教科文组织非遗名录名册项目；还有一批正在申报世界遗产、非遗名录的项目。自2008年以来，光明日报社、经济日报社连续13年发布的"中国文化企业30强"名单，展示了中国文化企业品牌在强国品牌建设中的责任担当。

表2.4　21世纪以来华语电影国际票房收益前五名

排　名	电影名称	票房收益（单位：美元）
1	《卧虎藏龙》	128 078 872
2	《英雄》	53 710 019

① 杨越明：《中国文化国际传播：从动能转化到势能提升》，《对外传播》2019年第9期。
② 汪海燕：《后殖民主义视角下中国经典文学走出去的战略路径》，《青岛科技大学学报（社会科学版）》2019年第4期。

续 表

排 名	电影名称	票房收益（单位：美元）
3	《霍元甲》	24 633 730
4	《功夫》	17 108 591
5	《十面埋伏》	11 050 094

数据来源：杨越明(2019)

孔子学院，是中国国家汉语国际推广领导小组办公室在世界各地设立的推广汉语和传播中国文化的机构①。截至 2020 年 2 月，全球已有 162 个国家(地区)设立了 545 所孔子学院和 1 170 个孔子课堂。除了企业自己宣传品牌之外，国家驻外机构也积极与商务部门合作，创造机会推广中国自主品牌。如 2012 年 2 月 17 日，“依文”“例外”等两个品牌就利用中英建交 40 周年的机会登上伦敦时装周，向世人展示以“山水”为主题的时装大秀。“山水”这一服装题材源自宋代的人文山水画，色彩简约，配以大方的裁剪，以单色为主，配以自然条纹，显得简单、明晰和高雅。

五、 品牌网络营销蔚然成势

网络营销在近 20 年内快速发展，已经成为各大品牌商首选的广告投放以及产品销售的新方式。从一开始的邮件直投，到后来的图片、音频和视频等浸润式传播，网络营销的形式越来越丰富，受众也越来越多。现在很多商家都选择在“两微一抖”(微信+微博+抖音)平台投放广告。华为、阿里巴巴、腾讯、百度和新浪等企业快速发展，改变了中国商业的业态，促进了资源优化配置。抖音、快手、哔哩哔哩、小红书和今日头条等互联网新兴品牌快速崛起，这些快速崛起的互联网营销品牌一方面不断带动大数据、云计算、人工智能等数字技术发展，另一方面促进中国品牌与世界品牌进行有力的

① 顾江，任文龙：《孔子学院、文化距离与中国文化产品出口》，《江苏社会科学》2019 年第 6 期。

竞争,形成崭新的商业体验以及商业模式。

六、与品牌大国的差距逐步缩小

根据2020年1月22日英国品牌金融Brand Finance发布的《Brand Finance 2020年全球品牌价值500强报告》①,随着中国企业在全球范围内取得令人瞩目的成绩,中国品牌的表现也进入了新纪元。在过去10年品牌价值增长最突出的10个品牌中,中国品牌占据了9个名额。从2010年以来,在"Brand Finance全球品牌价值500强"排行榜中,上榜的中国品牌价值总和跃升了1 100%,从10年前的1 110亿美元增至13 340亿美元。这一数字远远超过其他所有国家与地区的品牌价值增长的总和。在这10年中,美国和日本的品牌分别取得了177%和94%的增长。该榜单10年来品牌价值总体增长了143%,而中国入榜品牌的总价值增速几乎是榜单整体品牌价值增速的8倍。

① Brand Finance:"Nation Brand 2019," https://brandfinance.com/images/upload/brand_finance_nation_brands_2019_full_report.pdf, 2019－10.

第三章

我国品牌强国的理论与政策

从上一章的论述可以得知,品牌对于我国国际贸易地位和国际影响力的提升具有举足轻重的作用。品牌强,则国家强;品牌弱,则国家弱。中国加入世界贸易组织以来,自主品牌发展迅速,与世界品牌的差距也逐渐缩小,品牌复兴之路逐渐明晰,中国企业品牌意识增强,更加注重品质制造和消费者的体验。中国品牌也在“一带一路”国家中发展,一大批中国品牌走进当地消费者的生活中。虽然我们的品牌力量和发达国家还有一段距离,某些产业的品牌尚未得到国外消费者的认可,但不可否认的是,中国已经在品牌强国的轨道上,沿着品牌复兴之路总体上越走越顺畅。

在本章中,我们主要阐述关于品牌的研究、我国对品牌强国的理解以及中外品牌强国相关最新理论对比。

第一节　关于品牌的研究

一、 品牌的定义

品牌的历史悠久,在古代原始部落中就盛行的图腾,可以被视为品牌的萌芽。图腾文化体系为早期社会的有序发展奠定了基础。民族学资料表明，图腾是最古老的人类集体的共同意识，对于维护群体内部的团结有重要的意义。图腾在人类文明形成中起着十分重要的作用，是人类文明的标志之一[①]。伴随着商品社会的发展，品牌日益受到重视。品牌的英文单词Brand，源出古挪威文Brandr，意思是“烧灼”。人们用这种方式来标记家畜、工具等，表明自己对该物品的所有权，同时以之和他人的物资做区分。欧洲最早的品牌化萌芽是中世纪的行会要求手工艺人将商标贴在商品上，以此来保护自己和顾客免受劣质产品的困扰。在艺术领域，许多画家都倾向于在自己的画作上留下大名，以便更好地流传，或再以更高的价格出售，这都体现了品牌的魅力及作用。二战之后，品牌研究愈加得到学术界的重视。1950 年，关于品牌的理论首先由奥格威（Ogilvy）提出。勃雷·贾德纳（Burleigh Gardner）和席德尼·李维（Sidney Levy）在他们发表的论文《产品与品牌》中提出了情感性品牌和品牌个性思想。美国营销协会（AMA）认为“品牌是一个名称、术语、标记、符号或设计，或是这些元素的组合，用于识别一个销售商或销售商群体的商品与服务，并且使它们与其竞争对手的商品与服务区分开来”，这一定义被学者普遍接受[②]。《中国名牌》杂志社汇总分析了中外多位品牌专家对于品牌的定义，并将这些学说概括为品牌符号说、品牌形象说、品牌关系说和多要素综合说[③]。

1. 品牌符号说。品牌符号说的倡导者有营销学者麦克威廉（Mc William）、品牌学家陈放和上海品牌发展研究中心姜卫红。麦克威廉写道，品牌是用以识别的区分标志。同时品牌是速记符号，是更有效沟通的代码。陈放指出，品牌又叫牌子，是一种名称、术语、标记、符号或图案，或是它们的相互组合，用以识别某个销售者或者某群销售者的产品和服务，并以之与竞

① 厉春雷：《图腾：品牌的历史起源》，《现代营销（学苑版）》2011 年第 10 期。
② 卢泰宏，吴水龙，朱辉煌，何云：《品牌理论里程碑探析》，《外国经济与管理》2009 年第 1 期。
③《中国品牌》杂志：《干货|关于品牌定义，看看大佬们都说了什么》，http://www.sohu.com/a/228817831_116044，2018 - 04 - 19。

争对手的产品和服务相区别。姜卫红认为,品牌是以商标为标志的一种经济现象,是拥有消费者忠诚度的产品。它可以是一种器物,例如我们在商场里购买的商品;也可以是一种服务,例如我们在酒店用餐,服务员的一个微笑,这是服务类品牌。

2. **品牌形象说**。品牌形象说的倡导者有营销大师菲利普 · 科特勒(Philip Kotler)和品牌专家梁中国。菲利普 · 科特勒认为,品牌是一种你赋予公司或产品的独有的、可视的、情感的、理智的和文化的形象。梁中国认为,品牌是凝聚着企业所有要素的载体,是受众在各种相关信息综合性的影响作用下,对某种事或物形成的概念与印象。它包含着产品质量、附加值、历史以及消费者的判断。在品牌消费时代,赢得消费者的心远比生产本身更重要,品牌形象远比产品和服务本身重要。

3. **品牌关系说**。品牌关系说的倡导者有奥格威、约翰 · 菲利普 · 琼斯(John Philip Jones)、唐 · 舒尔茨(Don E. Schultz)和戴维 · 阿克(David Aaker)。奥格威认为,品牌是产品与消费者之间的一种特殊关系,是一种价值传递机制。约翰 · 菲利普 · 琼斯认为,品牌是指能为顾客提供其认为值得购买的功能利益及附加价值的产品,附加价值是品牌定义中最重要的部分。唐 · 舒尔茨认为,品牌是为买卖双方所识别并能够为双方都带来价值的东西。戴维 · 阿克认为,品牌就是产品、符号、人、企业与消费者之间的联结和沟通,是种消费者能亲身参与的更深层次的关系,一种与消费者进行理性和感性互动的总和。若不能与消费者结成亲密关系,产品就从根本上丧失了被称为品牌的资格。

4. **多要素综合说**。多要素综合说的提出者有品牌管理专家陈云岗、杜纳 · E. 科耐普(Duane E.Knapp)、国际品牌与服务认证专家谭新政。陈云岗提出,品牌是某一组织在与目标消费者及其他利益关系者建立持续交易关系的过程中,使之产生偏好和忠诚,从而不断获得投资净值的人格化的产品、服务或组织。

杜纳·E.科耐普认为,品牌是以某些独特的品质属性为特征的事物的集合。国际品牌与服务认证专家谭新政则提出,品牌是企业(包括其商品和服务)的能力、品质、价值、声誉、影响和企业文化等要素共同形成的综合形象,通过名称、标识、形象设计等相关的管理和活动体现。

二、 新中国成立前对于品牌的研究

新中国成立前对于品牌的研究主要集中在广告学。广告学在20世纪20年代已经是一门成熟的学科。伴随着一大批庚子赔款留学生的归国,他们不仅带来了科学技术知识,而且也带来了广告理论、销售理论等西方现代商业知识。在品牌建设的初级阶段,广告学在1920年后有了迅猛的发展。第一位有名的广告学学者是李散人,他在当时绝对是首屈一指的广告人。1920年,他在天津创办了新中国广告社,出版了《实用广告学》一书,还首次提出了报纸广告要"四化"的主张,即美术化:美观醒目,鹤立鸡群;技术化:排版恰当,格式严谨;言简化:广告字少,含义深远;经济化:花费不同,收效则一。

20世纪二三十年代,一批广告学著作出版,包括孙孝钧的《广告经济学》、王贡三的《广告学》、罗宗善的《最新广告学》、蒋裕泉的《实用广告学》、蒯世勋的《广告学ABC》及苏上达的《广告学概论》。郭瑾(2006)经过整理发现[①],国内目前可以查到的民国时期广告研究的译著、专著和论文共有45本/篇,其中广告学概论23本、广告心理学2本、广告图集4本、专项广告研究1本、广告史2本;涉及广告学研究的新闻学著作有2本,论文7篇,广告宣传品1本,丛刊3份,具体如表3.1所列。

---

① 郭瑾:《民国时期的广告研究及其当代意义》,《广告大观(理论版)》2006年第6期。

表 3.1　民国时期关于广告的学术著作

类别	著　者	书名/篇名	出版社/杂志	出版年
涉及广告的新闻著作	徐宝璜	新闻学	国立北京大学新闻学研究会	1919
	戈公振	中国报学史	商务印书馆	1927
广告学概论	甘永龙编译	广告须知	商务印书馆	1918
	董坚志编	新奇广告术	中西书局	1925
	蒋裕泉	实用广告学	商务印书馆	1926
	蒯世勋	广告学 ABC	世界书局	1928
	苏上达编	广告学纲要	商务印书馆	1930
	高伯时	广告浅说	中华书局	1930
	刘葆儒	广告学	中华书局	1930
	苏上达编	广告学概论	商务印书馆	1931
	孙孝钧	广告经济学	南京书店	1931
	何嘉	现代实用广告学	上海中国广告学会	1931
	赵君豪编	广告学	出版地不详	不详
	L. D. Herrold 著，李汉荪等编译	实用广告学	新中国广告社	1932
	徐国桢	最新广告学	世界书局	1932
	罗宗善编著	广告作法百日通	世界书局	1933
	王贡三	广告学	世界书局（1933, 1938 长沙版）	1933
	叶心佛	广告实施学	中国广告学社	1935
	曹志功	广告与人生	不详	不详
	丁馨伯	广告学	立信会计图书用品社	1944

续 表

类别	著　者	书名/篇名	出版社/杂志	出版年
广告学概论	吴铁声等编译	广告学	国立编译馆出版 中华书局印行	1946
	陆梅僧	广告	商务印书馆	1947
	冯鸿鑫编	广告学（《中华文库》初中第一集）	中华书局	1948
	李培恩	新广告学	商务印书馆	不详
	刘伯为	广告学讲义	天津益世报函授部	不详
心理学	井关十二郎著 唐开斌译	广告心理学（商业丛书第十种）	商务印书馆	1925
	W. D. Scott 著 吴应图译	广告心理学	商务印书馆	1926
广告图集	北京美术学校出版部绘	广告应用图案集	昌泰	1919
	张一尘、郑忠澄	广告画经验指导	形象艺术社	1933
	洪方竹	商店应用广告图案集	形象艺术社	1939
	洪方竹编著	五彩活用广告画	形象艺术社	不详
专项广告研究	哥尔德著　陈岳生译	霓虹广告术（工学小丛书）	商务印书馆	1936
广告史	陈冷等著	近十年中国之广告事业	上海华商广告公司	1936
	如来生	中国广告事业史	新文化社	1948
丛刊	中国广告学会主编	广告学会丛刊	上海广告学会	1931
	百业广告社编辑部	百业广告月刊（现存创刊号及第 2 期）	北平百业广告月刊社	1934

续　表

类别	著　者	书名/篇名	出版社/杂志	出版年
丛刊	徐百益	广告与推销	华联广告公司	1936
广告宣传品	天津欧克家庭工业社主办	欧克科学欧克牌墨水广告品	天津欧克家庭工业社	1941
	李文权	告白学（连载）	《中国实业杂志》	1912
论文	孙科	广告心理学概论	《建设》月刊第一卷第二号	1919
	徐启文	商业广告之研究	《商业月报》第 14 卷第 1 号	1934
	裘可桴、朱钧编校	广告文考	载于《可桴文存》	1946
	徐百益译编	战后的广告任务	《工商管理》杂志	1948
	徐百益译编	广告与推销中大众联络的七个基本条件	《工商管理》杂志	1948
	卞其嶷	略谈广告设计	《工商管理》杂志	1948

从以上作品中，我们看到这些学者已经意识到广告和宣传对于企业的重要性，并且有些学者通过翻译国外著作的方式来丰富我国的广告理论体系；有一些学者翻译国外著名广告学专著时，已经将本土案例融入其中，这为新中国的经管类教材翻译工作，提供了宝贵的经验。这些学者都认可了广告对于企业销售的作用，认为广告可以丰富企业的品牌形象，并向消费者传递产品的思想和价值，从而快速地提高销量，增加利润；民国甚至出现了公益广告，鼓励人民购买国货，抵制洋货，宣传爱国和救国思想。

三、 新中国成立后中外品牌的研究

20 世纪 50 年代以来，有关品牌的研究迅速发展，研究的内容从广告的传播转移到了品牌建设上。国内外学者对于品牌的研究重点在品牌社区

(Brand Community)、品牌依恋(Brand Love)、品牌资产(Brand Equity)、独特销售主张(Unique selling proposition)、品牌形象理论(Brand image)、品牌定位理论(Brand positioning)和品牌关系理论(Brand relationships)等。

品牌社区是以某种商品品牌或某个具体型号产品的用户群体为基础而构建的社区,它是建立在使用某一品牌的消费者间的社会关系基础上的、专门化的、非地理意义上的社区。品牌社区以消费者对品牌的情感利益为联系纽带,突破了传统社区意义上的地理区域界限。它本质上是一种以消费者为中心的关系网,其存在的意义在于为消费者提供与品牌相关的不平常的消费体验。

品牌依恋理论将社会心理学和品牌理论结合,认为消费者对于品牌产生了依恋和依赖,这有助于品牌建立消费者忠诚度,从而增加商品提供者的收入并扩大其利润①。

品牌资产是产品或服务的附加价值。它反映在消费者对有关品牌的想法、感受以及行动的方式上,同样它也反映于品牌所带来的价格、市场份额以及赢利能力。

独特销售主张是 20 世纪 40 年代早期由美国 Ted Bates 公司提出,并由美国广告专家罗瑟·瑞夫斯(Rosser Reeves)(1961)完善的②。该理论有三个要点:(1)强调产品具体的特殊功效和利益;(2)这种特殊性是竞争对手无法提供的;(3)有强劲的销售力③。奥格威在 1962 年提出了品牌形象理论,他认为品牌形象不是产品所自带的,而是与产品的质量、价格、历史所关联的。张永(2020)调查茶叶消费者发现,国家整体形象对产品整体形象和消费意愿起着正向的作用④。

① 姜岩,董大海:《品牌依恋理论研究探析》,《外国经济与管理》2008 年第 2 期。

② R. Reeves, *Reality in Advertising* (New York: Knopf, 1961), p.46 - 49.

③ 范小华,牛永革:《基于独特销售主张理论的旅游口号评价——以中国 5A 级旅游景区为例》,《西华大学学报(哲学社会科学版)》2014 年第 3 期。

④ 张永,赵亚如:《产品品牌“出身”对购买意愿影响的实证研究——基于品牌来源国形象的分析》,《福建茶叶》2020 年第 1 期。

品牌定位理论诞生于1979年，由艾·里斯（Al Ries）和杰克·特劳特（Jack Trout）提出。该理论认为应该将品牌定位在顾客的心中。黄海洋（2019）提出，在新兴市场，强调感知品牌全球性是吸引消费者的有效手段；在发达国家，则需要强调品牌的本土化①。

品牌关系理论认为，随着移动网络和社交媒体软件的井喷式发展，消费者和其他个体也能够通过视频的方式传递产品价值。这类消费型视频通过深耕内容、立体传播、适度运营等方法，正在取代视频类硬广告成为一种新的营销模式。它们以专业化的内容携带个性化的生活价值，通过价值强黏性收获规模化网民，从而通过价值关联实现相应产品的营销。李子柒是个人IP视频品牌化的典范②。网红的迅速崛起，快速吸引企业的关注，企业愿意通过与网红的合作，对消费者产生积极的品牌影响③。在未来的品牌建设中，品牌已经不能仅靠平面媒体广告营销对消费者产生正向的品牌影响，而必须借助社交网络，通过网红、网络大V、演艺明星等人物，通过制作精良、内容丰富的多媒体信息，增加事件营销的比例，来赢得消费者的关注。对于国家品牌而言，通过社交媒体，尤其是通过脸书网、推特网、照片墙和优兔等国外社交软件进行品牌传播，研究网民的阅读偏好，将中国优秀的一面展示给世人，对提升中国品牌的认知度，增加中国品牌的溢价度，进而促进中国高质量发展显得尤其重要。

综上，品牌研究随着时代和科技的进步在不停地演变。民国初期，中国学人就开始研究广告对于品牌建设的积极作用。新中国成立以后，中国关于品牌的研究发展非常迅速，市面上各种有关品牌研究的书籍也是琳琅满目。随着社交媒体和电子商务的发展，传统的品牌建设理论在不断地演进，

① 黄海洋，何佳讯，朱良杰：《基于价值观的全球品牌定位取向及影响效应：一个整合性理论框架》，《现代财经（天津财经大学学报）》2019年第12期。

② 熊忠辉：《个人IP的视频媒体化与传播品牌化——以“李子柒现象”为例》，《传媒观察》2020年第2期。

③ 车思雨，盛光华，林政男：《“品牌——网红博主”契合类型对消费者品牌态度的影响研究》，《软科学》2019年第5期。

品牌社区、品牌依恋、品牌资产、独特销售主张、品牌形象理论、品牌定位理论和品牌关系理论等理论层出不穷，学术研究呈现出百家争鸣的局面。作为政府或企业的品牌部门负责人或从业人员，必须与时俱进，持续研究新科技和新业态对于品牌建设的重要影响。

第二节 从实业救国到品牌强国

虽然品牌强国是近几年才提出的名词，但事实上，中国历史上多次出现类似的概念，例如国货运动。在国外也有类似的理念，如德国国民协会曾刊发“实业十诫”，包括“你用钱时，切勿忘记谋本国的利益”，“你买外国货时，切勿忘记祖国的贫困”以及“本国的物品，即使恶劣，但用它的人却是光荣”等；在日本，民间有说法“并不说提倡国货，却没有一个甘心用外国货；并不说抵制洋货而洋货铺无人”①。韩国人尤其喜欢国货，三星、现代等品牌在最近几十年的快速发展，直接带动了韩国经济的快速发展。2018 年韩国人均 GDP 达到 3.33 万美元，达到日本人均的 85%；而在 2008 年，韩国人均 GDP 仅为日本的 52%，品牌对于人均 GDP 的带动作用可见一斑。北京大学国家发展研究院教授陈春花表示，如今中国企业在面向世界的时候，不能只谈产品，而必须让世界能倾听中国企业的声音，这个声音是由品牌去做支撑和载体的。

一、实业救国

在鸦片战争时期，中国被迫对西方列强打开国门，民族品牌发展举步维艰，备受打压，重农抑商的陈腐观念在这个时候被打破，学者开始意识到商

---

① 张泽华：《民国报刊记载下的化妆品国货市场》，《中国化妆品》2019 年第 12 期。

业强国的重要性。晚清名臣徐继畬认为，西方强大的原因在于重视商业[①]。他在《瀛寰志略》中指出："欧罗巴诸国，皆善权子母，以商贾为本计。关有税而田无赋，航海贸迁，不辞险远，四海之内，遍设埔头，固由其善于操舟，亦因国计全在于此，不得不尽心力而为之也。"魏源认为，要治理好国家的经济问题，必须大力发展商业；魏源主张重商主义，改漕运为海运，改官运为商运，鼓励私营，支持经济的发展。林则徐则主张开放自由贸易，通过出口换汇购买武器、金属等，帮助中国实现富强。郑观应认为，国家要对本国的工商业进行大力扶持。康有为提出工业兴国。实业家张謇提出工业最为重要，并开设大生纱厂，一举成功。整体而言，清末有相当一批学者认识到实业兴国的重要，在中国工商业严重落后于西方的背景下，通过工业兴国和实业兴国的方式，迅速缩小中国和西方差距，完成工业化建设。

二、国货运动

1919年1月，中国作为一战战胜国参加巴黎和会，本应该收回德国在山东地区的特权，但与会国家竟然将该地区的特权转交给日本，严重损害了中国的主权。面对这样屈辱的局面，从5月4日开始，北京的学生纷纷罢课，组织演讲、宣传，随后天津、上海、广州、南京、杭州、武汉、济南的学生、工人也给予支持。除了游行示威外，民众纷纷购买国货，以表达对国家的支持。五卅惨案的发生，也掀起了一波反洋货的热潮，人们纷纷以购买国货的方式，表达对于帝国主义经济压迫的不满。国货运动的组织者每年定一个主题 。1933年被定为"国货年"，组织者通过改进生产、注重宣传等方式，唤醒了部分民众对国货的信仰和支持；1934年为"妇女国货年"，希望女性消费者能够购买民族日化品；1935年被定为"学生国货年"，政府开始更加重视对学生进行国货教育，相关教育活动依次展开，其他群体也受到国货教

---

① 郑元：《略论清朝晚期中国国内经济思想的转变》，《人民论坛》2014年第29期。

育的影响;1936 年被定为“市民国货年”,当时时局动荡、走私严重,因此呼吁市民认识国货和购买国货;1937 年被定为“公务员国货年”,这一年对产品质量的重视程度增加,提出了“第一流国货”的口号,有力地推动了国货运动的发展。

三、 开发自主品牌

改革开放以后,品牌建设理论开始受到工商界及学术界的关注。研究主要以“自主品牌”“本土品牌”和“民族品牌”为关键词展开:自主品牌是指由本国企业自主开发,拥有自主知识产权的品牌;本土品牌是指由国人原创并持有的品牌;民族品牌和自主品牌意义相似,但更具有民族特色,与国外品牌形成鲜明对比。但在实际运用的过程中,自主品牌、本土品牌和民族品牌往往被混为一谈。自主品牌对我国的宏观和微观经济的作用非常显著。周新德(2019)指出,加强自主品牌建设可以助推我国经济高质量发展,主要通过促进经济增长方式转变、促进国内消费和促进经济结构优化来进行①。武雅斌等(2018)采用广交会问卷调查得到的企业层面实际数据,构建以“品牌基础竞争力”“品牌市场竞争力”“品牌财务竞争力”“品牌发展竞争力”和“品牌国际竞争力”五大影响因素为核心的离散选择模型,探究影响企业自主品牌出口决策的关键因素,结果表明自主品牌对于企业高附加值品牌出口有着重要影响②。在如何促进自主品牌(本土品牌)发展方面,汪伟(2018)结合前人研究总结出,可以通过振兴我国老字号品牌、培养行业领军企业品牌、鼓励企业自主品牌发展、完善品牌建设的制度供给、营造品牌发展的新生态和优化品牌战略的顶层设计的方式来促进自主品牌建设③。

---

① 周新德,余柳仪:《以自主品牌建设助推经济高质量发展的现实困境与策略》,《企业经济》2019 年第 1 期。

② 武雅斌,郑休休:《品牌竞争力对于中国企业自主品牌出口决策的影响研究》,《国际商务(对外经济贸易大学学报)》2018 年第 4 期。

③ 汪伟:《关于推进我国品牌建设的思考》,《消费经济》2018 年第 6 期。

四、 品牌强国

党的十九大报告提出，要建设现代化经济体系。这需要推动高质量发展，全面建设世界质量强国。质量强国与品牌强国有着正向关系，产品质量是品牌建设中以质取胜的关键，同时必须让有质量的产品拥有良好的经济效益与良好的社会效益，具体反映为品牌的价值和效应，这样经济才得以高质量发展。《人民日报》社主办的2021中国品牌论坛即以“加强品牌建设，推动高质量发展”为主题。沈跃跃认为，品牌是推动经济高质量发展、提升国际竞争力的核心要素之一。高质量品牌是满足人们高品质生活需求的有力支撑。[①] 刘振华认为，当前，我国经济发展正处在爬坡过坎的关键阶段，大力发展品牌经济、建设品牌强国对于培育经济发展新动能、推动我国经济发展跃上新水平具有重要意义。[②] 姜卫红认为，自近代以来，所谓全球经济一体化，事实上是由西方发达国家引领并推动的，跨国公司品牌是其具体载体。这些西方跨国公司品牌像一只只忙碌的蜘蛛，编织起全球经济网络。由于有母国的军事、外交等全方位的保驾护航，跨国公司在世界各地攻城略地、安营扎寨，促使自己做大做强，成为母国实力的标志与载体，及其攫取世界经济利益以及控制世界的抓手，从而奠定母国在全球的优势地位。跨国公司品牌无疑是移动的国土，优质品牌在全球范围内的分布体现了不同国家的强与弱。[③] 谭新政（2019）在《品牌强国战略体系研究》一书中提到，由于全球品牌历史不长，理论研究不深，我国正处于发展时期，在品牌建设中，出现了乱象：品牌理论乱象、品牌概念乱象、品牌体系乱象、品牌管理乱象、品牌建设乱象和品牌评价乱象等[④]；通过社会调查及长期研究，谭新政提出品牌强国战略发展的建议，系统提出了十大战略体系：政策导向体系、标准化制定体系、理论和教育

---

① 沈跃跃：《加强品牌建设，推动高质量发展》，《人民日报》2021年12月1日第9版。

② 刘振华：《发展壮大品牌经济》，《南方企业家》2017年第7期。

③ 姜卫红：《我国亟需打造一批跨国公司品牌》，《中国品牌与防伪》2018年第5期。

④ 谭新政：《品牌强国战略体系研究》，人民日报出版社，2019年4月第1版，第39—40页。

体系、品牌管理体系、商业信誉和诚信体系、科学的品牌评价体系、科技创新和工匠精神融合体系、无形资产评价体系、创新和文化发展体系、国际合作与文化融合体系。中国传媒大学副校长张树庭(2019)则表示,品牌强国建设要有“五度”,分别是有高度、有广度(跨文化传播的扩散和渗透)、有效度(大数据驱动使品牌管理工作更加精准)、有温度(在人工智能时代,不要让品牌变得冷冰冰)和有信度(互联网赋能使消费者的监督能力越来越强,品牌应更加爱惜自己的羽翼)[①];张树庭(2019)也指出科技和互联网使得品牌建设的模式更多样化,企业应当有颠覆性的精神,打造新的行业业态和生态平台。

虽然中国国家形象在某些地区和发达国家相比还有差距,但上升速度非常显著。根据2017年德国捷孚凯市场调查公司(GfK)和英国政治顾问共同进行的一项关于国家形象的研究,德国、法国和英国排名前三,美国排名第六,亚洲国家中日本排名第五,中国排名为第24名[②]。该机构使用了出口、政府、文化、人口、旅游、移民以及投资这六个指标,中国在文化上排名第8,而出口排名第12位。考虑到文化的优势地位,我国应该多鼓励来华旅游,增强国家形象。刘辉(2015)认为,目前中国大众传播还较少直面国外受众者,“传而不通”是普遍现象。根据对法国民众的调查,300人中只有2人知道CCTV有法语频道,占比仅为0.67%。国家形象塑造是一项由上到下的系统工程,需要全社会的参与群策群力。张莉(2018)指出,可以将人类命运共同体思想看成一个全球范围内传播的国家品牌理念,它提取全球社区的共有价值,培育社区中的个体的同类意识,激发社区内的个体的道义责任,从“品牌社区”的传播角度进行人类命运共同体的国际传播可以增强全球社区对人类命运共同体思想的认同感[③]。

---

① 张树庭:《品牌强国建设要有“五度”》,《中国品牌》2019年第6期。

② 人民网:《50国形象调查:德国取代美国排名第一 中国名次上升》,http://world.people.com.cn/n1/2017/1117/c1002-29653086.html,2017-11-17。

③ 张莉,祝继昌:《作为国家品牌的人类命运共同体思想:全球社区和责任道义》,《全球传媒学刊》2018年第3期。

国家品牌形象不是静止的，而是动态变化的①。中国完全可以通过品牌强国战略重塑中国品牌强国的良好形象。古代丝绸之路的诞生，源于中亚、南亚、中东和欧洲国家对于中国品牌（尤其是丝绸）的热爱和向往，它为人类文明的交往提供了路径②。海上丝绸之路的货船更是满载着中国的丝绸、茶叶、瓷器等商品，驶入全世界的港口。乾隆皇帝说："天朝物产丰盈，无所不有，原不借外夷货物以通有无。"虽然这句话体现了清朝皇帝的目光狭隘，但中国制造在当时就是代表了高水准。自古以来，中国商品在欧洲非常畅销，只有王公贵族才能消费来自中国的茶叶和瓷器。在鸦片战争以前，中国在国际贸易中一直都是顺差，原因就是中国的物产丰富，质量上乘③。

如今的国际社会变幻莫测，只有靠自己的努力和耕耘才能提升国际形象。良好的国家形象，必须要通过提升国家整体经济实力、提高民众文化水平和促进科技进步来实现④。我们必须认识到，企业产品质量是基础，创新是灵魂，品牌是目标⑤。因此，可以通过与发达国家的细分行业合作，增强我国该行业的人才队伍，建立精品标准，提升我国软实力与国际认可。马浩岚（2018）以商务印书馆与牛津大学出版社合作出版《精选英汉汉英词典》为例，分析了该项目为我国的汉语国际化传播起到的举足轻重的作用⑥。沈滔（2017）认为应当推出三大举措，来提升中国制造在国际的影响力：（1）应当推进国家营销战略，提升国家形象；（2）重视企业营销投入，实行品牌营销策略；（3）搭建国际交流与合作平台，拉升品牌势能⑦。此外，通

---

① 刘辉：《国家形象塑造：大众传播不可承受之重》，《现代传播（中国传媒大学学报）》2015 年第 12 期。

② V. Auruskeviciene, A. Pundziene, V. Skudiene, et al., "Change of Attitudes and Country Image after Hosting Major Sport Events," *Engineering Economics* 66, No.1 (2015).

③ 丘进：《关于汉代丝绸国际贸易的几个问题》，《新疆社会科学》1987 年第 2 期。

④ 秦春雷，施曼：《原产国效应对中国品牌国际化战略的启示》，《河北学刊》2014 年第 1 期。

⑤ 中国产业经济信息网：《国有企业应为品牌强国战略作出积极贡献》，http://www.cinic.org.cn/zgzz/pp/482428.html，2019－04－08。

⑥ 马浩岚：《品牌国际合作中的精品打造与国家软实力提升——以商务印书馆与牛津大学出版社 39 年合作为例》，《出版广角》2018 年第 20 期。

⑦ 沈滔，Raymond Liu：《原产地效应对"中国制造"品牌感知传递机制影响研究》，《科技创业月刊》2017 年第 8 期。

过高等教育合作,实施高等教育走出去战略,拓展海外高校,鼓励孔子学院在国外办学,促进青少年民心互通,是中国品牌强国的必经之路之一[①]。在品牌建立的同时,应当要注意,切勿进行揠苗助长式的品牌培育,应该遵循品牌发展规律,以质量和科技为先[②]。

由于国情和社会发展阶段不同,中国品牌发展之路也会和西方不同[③],因此要探索中国自己的品牌发展之路。我国品牌在对外营销的时候,可能会受到国外市场的歧视,甚至不公正待遇。和西方国家相比,由于文化和语言的差异,我国对外文化交流的经验也不足,容易引起他国的误解[④]。所以,商务部有关部门应当与高校等教研机构合作,增强跨国商务人才的培养力度,尤其是针对"一带一路"沿线国家和地区,应当有针对性地培养一批懂语言、懂文化和懂品牌管理的专业人才[⑤]。我国也应该鼓励高等学院走出去,参与境外合作办学,培养国外商务人才,为我国"一带一路"倡议提供优秀海外人才。我国要加快国际公共服务业的发展,做精做强"走出去"公共服务平台,为企业海外战略提供重要且精准的信息服务[⑥]。

综上,鸦片战争前中国奢侈品在欧洲热销,鸦片战争后中国成为欧美商品的倾销地,自主品牌举步维艰。如今中国品牌逐步走出去,全球开始出现中国品牌的广告,中国国力也从鸦片战争后的所谓"东亚病夫"成为现在GDP 全球排名第二的国家。这一切都揭示了品牌与国家核心竞争力之间相互依存的关系。从清代的"实业救国",到民国时期的"国货运动",再到改革开放后的自主品牌及现在的品牌强国,其脉络是希望通过建立现代化

① 李睿:《冰上丝绸之路下中国与芬兰高等教育合作: 进展、问题与对策》,《惠州学院学报》2019 年第 4 期。
② 顾雷雷:《中国品牌化理论与实践的历史发展路径研究》,《经济学家》2016 年第 10 期。
③ Giana M. Eckhardt, Anders Bengtsson, "A brief history of branding in China," *Journal of Macromarketing* 30, No.3 (2010): 210－221.
④ 王小月:《中国汽车品牌在巴西市场发展历程及其对中国汽车企业"走出去"的启示》,《产业与科技论坛》2019 年第 5 期。
⑤ 高文书:《"一带一路"建设与中国人力资源国际化》,《广东社会科学》2018 年第 6 期。
⑥ 杨东日:《建设数字丝路公共服务平台 推动中小企业"走出去"》,《中国信息界》2017 年第 3 期。

的企业品牌,在国际市场上保持国家可持续发展的竞争力,实现经济的高质量发展和供给侧改革,创造更多的就业和更多的国民财富。

五、 原产地效应、目的地品牌理论研究

进入21世纪以来,世界各国对品牌愈加重视。品牌,不仅是体现一个国家是否先进的重要指标,而且也是国家软实力的象征,对经济高层次发展和国家经济增长有着非常深远的意义。许多国家出台了品牌扶持和引导政策,如韩国2009年成立品牌委员会,以构建国家品牌的方式推动韩国整体品牌实力的提升;日本出台相应的产业政策,协调产业之间和产业内部的关系,推动企业发展,促进品牌提升;美国则通过立法方式给美国品牌以巨大的保障。近年来,随着全球保护主义的抬头,贸易摩擦不断加剧,低附加值的初级产品出口日益艰难。促进本国品牌建设、增强国家软实力成了各国政府的共识。

克杜拉(Kladou, 2019)等通过研究,发现对于品牌与区域之间关系的研究主要有三个方面:原产地(country of origin)、目的地品牌(destination-branding)和基于身份的(identity-based)[①]。

(一) 原产地效应研究

良好的国家品牌对于所在国企业自主品牌是一个强有力的背书,因此西方营销学者对于国家品牌的研究主要侧重于原产国效应[②]。原产国效应是罗伯特·D.史库勒(Robert D. Schooler)在1965年提出的[③],其理论诞生的背景是第二次世界大战后,全球经历了不可逆转的全球化潮流,更多的国

① Stella Kladou, Mihalis Kavaratzis, Irini Rigopoulou, Eleftheria Salonika, "The role of brand elements in destination branding," *Journal of Destination Marketing & Management* 6, No.4 (2017): 426 - 435.

② 尤怀墨,杨宇琳,张楚薇:《原产国效应梳理以及未来展望》,《中外企业家》2015年第17期。

③ R. D. Schooler, "Product Bias in the Central American Common Market," *Journal of Marketing Research* 2, No.4 (1965): 394 - 397.

际贸易随之展开，消费者面对更多的国际和国内品牌，而政府也在研究让本国产品在国际市场上能够更具有竞争力的长期政策①。比尔基(Bilkey)和内斯(Nes, 1982) 的研究也证明了来源国效应的影响是真实存在的，它会影响到消费者对产品的评价和消费者行为②。汉(Han, 1989) 的研究甚至认为，当消费者缺乏产品信息或产品知识时，原产地信息是比价格和品牌更加重要的评价依据③。米勒(Miller, 2011)的研究显示，有大约 25%的消费者的购买决策受到产品来源国线索的影响④。韦斯特约翰(Westjohn)等人(2019)指出，国家形象对于产品与消费者之间会产生中介效应⑤，即国家品牌决定了消费者是否购买其产品。随着原产国效应的研究受到更多关注，许多学者对于原产国效应在细分产业的影响进行了更深入的研究。埃雷罗-克雷斯波(Herrero-Crespo, 2016)等对西班牙某大学 208 名国际学生进行问卷调查，并通过结构方程分析得出，国家形象会有效地影响学生对于大学的感知价值和认知度⑥。佩德佐利(Pederzoli, 2012)等人在研究了来自七个国家(中国、法国、印度、意大利、日本、俄罗斯和美国)的 1 102 个消费者后得出结论，原产地效应对于奢侈品消费者的购买决定有显著影响，比如消费者会倾向于购买以奢侈品牌出名的法国和意大利的产品，而对中国、俄罗斯等不以奢侈品闻名的品牌，其产品不能激起消费者强大的购买欲望⑦。

---

① D. Wilcox, "Country-Of-Origin Bias: A Literature Review and Prescription for the Global World," *Developments in Marketing Science: Proceedings of the Academy of Marketing Science*, (2014): 86－96.

② W. Bilkey, E. Nes, "Country-of-origin Effects on Product Evaluations," *Journal of Intemational Business Studies* 13, No.1 (1982): 89－99.

③ C. Min Han, "Country Image: Halo or Summary Constructs?" *Journal of Marketing Research* 26，No. 2 (1989): 222－229.

④ J. W. Miller, "Country Labeling Set Offs EU Debate," *The Wall Street Journal*, No. 6 (2011).

⑤ P. Magnusson, S. A. Westjohn, N. J. Sirianni, "Beyond country image favorability: How brand positioning via country personality stereotypes enhances brand evaluations," *Journal of International Business Studies* (2018).

⑥ Á. Herrero-Crespo, H. San Martín Gutiérrez, M. del M. Garcia-Salmones, "Influence of country image on country brand equity: application to higher education services," *International Marketing Review* 33, No.5 (2016): 691－714.

⑦ B. Godey, D. Pederzoli, G. Aiello, et al., "Brand and country-of-origin effect on consumers' decision to purchase luxury products," *Journal of Business Research* 65, No.10 (2012): 1461－1470.

原产国效应并不会影响某些行业，如佩德森（Pedersen）等人（2016）的研究表明，原产国对于传统食物具有显著正向影响，但对于有机食品的影响却并不显著。但总体而言，原产国效应对于企业的品牌影响较为显著①。

中国的相关学者也在研究中获得相似的结果。潘伟平（2018）对福州婴幼儿奶粉消费者的调研表明，绝大多数的消费者在选购婴幼儿奶粉时受到原产国效应的影响，影响主要来源于原产国的奶粉行业政策、生态环境状况及经济发展水平②。王兴元（2017）的研究表明，原产地品牌光环效应能够给产地内企业品牌和整体区域带来超额溢价、外部规模经济和外部范围经济效应，使区域内企业品牌获得原产地品牌的溢价，并促进区域社会经济高质量发展③。林烨（2019）则提出，鉴于消费者对于原产地为发达国家的产品的评价优于发展中国家的产品，应采取如下措施：（1）中国品牌应当在海外建立设计中心；（2）与国际知名企业合作，建立全球知名企业联盟；（3）注重产品质量，坚持创新道路；（4）开展整合营销，全方位与消费者沟通④。曹耘心（2011）研究了敌对情绪对来源国效应的影响，发现结构性敌对情绪要比事件性敌对情绪更容易激起消费者对特定来源国产品的抵制，建议中国企业和相关部门在走出国门的过程中，应积极关注和及时化解事件性敌对情绪，避免其升级为结构性敌对情绪⑤。

综合来看，国外学者的原产地效应研究主要集中在其对于企业经济的影响，中国学者则更多地将原产地效应研究对象从对企业经济的影响扩展到了区域经济和中国经济的高质量发展。詹君恒（2019）进一步提出，未来

---

① John Thøgersen, Susanne Pedersen, Maria Paternoga, Eva Schwendel, Jessica Aschemann-Witzel, "How important is country-of-origin for organic food consumers? A review of the literature and suggestions for future research," *British Food Journal* 119, No.3 (2017).

② 潘伟平：《婴幼儿奶粉消费的原产国效应来源及其影响因素分析》，《福建农林大学学报（哲学社会科学版）》2018 年第 5 期。

③ 王兴元，朱强：《原产地品牌塑造及治理博弈模型分析——公共品牌效应视角》，《经济管理》2017 年第 8 期。

④ 林烨：《基于原产地效应的中国品牌国际营销策略探究》，《现代营销（下旬刊）》2019 年第 5 期。

⑤ 曹耘心：《来源国效应中敌对情绪的实证研究——以对日本和法国的敌对情绪为例》，《时代经贸》2011 年第 21 期。

应在中国文化背景下开展原产地效应研究，厘清文化对产品原产地效应的影响，从文化角度出发，从地区资源和特色入手，为国家和地区形象建设提供必要的参考；同时应当重点考量“一带一路”沿线国家市场及其原产地效应的特点①。

（二） 目的地品牌研究

1. 城市品牌研究。城市品牌是城市发展过程中形成的个性化象征，它承载着城市历史文化、自然资源、社会经济等多重内涵，不仅具有丰富的感知性和联想性，而且可以直接转化为城市发展的资源和动力②。随着城市之间在招揽人才、招商引资、旅游营销、活动举办等方面的竞争日益激烈，城市品牌形象在提升知名度、吸引力等方面的作用日益凸显，随之也迫使城市品牌形象研究必须不断提升③。马亚华（2018）认为，城市品牌对企业绩效有正向作用，能够在 0.1 或以上的显著水平上解释企业绩效资产回报率（ROA）的 18.53%、净资产回报率（ROE）的 11.32%和销售利润率（ROS）的 4.31%④。城市品牌对旅游业的影响显著，庄国栋（2015 年）认为，要提升旅游城市品牌竞争力，应提升旅游城市的人文内涵、突出旅游产品的特色、完善旅游基础设施建设、提高旅游从业人员服务质量、加强旅游品牌宣传⑤。品牌强市也是国外学者的共识。

2. 国家品牌研究。国家品牌是一个国家最重要的“资产”之一。国家品牌价值越高，形象越好，越能促进对内投资和对外出口，并吸引游客和专业人才，实现经济高质量发展⑥。企业的品牌形象与国家形象建构具有重

① 詹君恒：《原产地效应及其作用机制：一个文献综述》，《中国市场》2019 年第 16 期。
② 闫云霄，朱亚利：《城市品牌的文化基础》，《现代传播（中国传媒大学学报）》2014 年第 12 期。
③ 宋欢迎，张旭阳：《中国城市品牌形象受众感知评价研究——基于全国 36 座城市的实证调查分析》，《新闻界》2017 年第 3 期。
④ 马亚华，胡少廷，管光扬：《城市品牌对工业企业绩效影响的研究——基于工业品质量信息传递的视角》，《城市发展研究》2016 年第 1 期。
⑤ 庄国栋，张辉：《旅游城市品牌竞争力影响因素研究》，《江西社会科学》2015 年第 8 期。
⑥ Brand Finance：《中国国家品牌正在崛起》，《党员文摘》2020 年第 1 期。

大关联,品牌是国家形象战略的重要构成,良好的品牌形象有利于塑造积极正面的国家形象,反之亦然①。自"走出去"战略实施以来,已经有超过 2 万家企业在全世界 200 个国家进行投资,对全球经济和中国品牌提升做了卓越的贡献。但是我们也看到由于个别企业和个人缺乏协作精神、缺乏法律观念、缺少环保意识和漠视社会责任,国家形象反而受到了损害②。

国外学者通过实证分析,得出品牌发展对经济存在正向影响的结论。科拉多(Corrado)等(2009)通过对美国大萧条的研究,认为对于无形资产的投资会提高生产力,尤其是专利和商标等无形资产③。科拉多等(2014)进一步指出,品牌是一种具有生产力的资产,能够给企业和所在国带来经济水平的提高④。奥克坦(Ökten)等人(2019)得出结论,国家品牌发展在短期对经济可能会有负面影响,比如提高了部分产品的价格,但在长期会形成产品竞争力,从而对经济产生正面的影响⑤。马丁(Martin, 2018)提出了品牌会与产品形成关联,比如法国的商品与奢侈品所联系,日本的商品与高科技所联系,德国的商品与高质量所联系⑥。库查尔斯卡(Kucharska, 2018)经过分析,认为一个全球性的品牌必然对当地的经济有正向的影响⑦。

综上,我们从文献综述的角度论述了品牌建设对于国家经济的影响。从原产地效应和目的地角度,实证了品牌建设与经济之间的相互影响。良好的国家形象有助于本土品牌的营销,而本土品牌的发展则有助于当

---

① 高栩:《对外传播构想: 论品牌战略传播与国家形象塑造的建构关系》,《传播与版权》2019 年第 10 期。

② 陈积敏:《海外企业与中国国家形象塑造》,《江南社会学院学报》2015 年第 3 期。

③ C. Corrado, C. Hulten, D. Sichel, "Intangible Capital and US Economic Growth," *Review of Income and Wealth Series* 55, No.3 (2009).

④ C. Corrado, J. Hao, "Brands As Productive Assets: Concepts, Measurement and Global Trends," *WIPO Economic Research Working Paper* , No. 13 (2014).

⑤ N. Z. Ökten, E. Y. Okan, Ü. Arslan, M. Ö. Güngör, "The effect of brand value on economic growth: A multinational analysis," *European Research on Management and Business Economics* 25, No.1 (2019): 1 – 7.

⑥ Martin Roll, "Country Branding Strategies for Nations and Companies," https://martinroll.com/resources/articles/branding/country-branding-strategies-for-nations-and-companies/, 2018 – 12.

⑦ W. Kucharska, K. Flisikowski, I. Confente, "Do global brands contribute to the eonomy of their country of origin? A dynamic spatial approach," *Journal of Product & Brand Management* 27, No. 7 (2018): 768 – 780.

地经济的发展。国外学者多考虑品牌对于区域经济的影响,而国内学者在考虑品牌对于区域经济影响的同时,则更多考虑自主品牌对于国家品牌和“一带一路”倡议的影响。换言之,国外学者的研究偏微观,集中在原产地;而国内学者的研究偏宏观,认识到了品牌对于国家政策的积极作用。

第三节 国家对品牌建设的政策支持

新中国成立后,我国非常重视品牌建设的需要。在新中国成立初期,领导人的讲话对于品牌的建设具有重大的指导意义。改革开放后,国家逐步重视品牌建设,品牌建设相关要求在五年规划中逐步出现。加入 WTO 后,品牌建设的受重视程度在中国历史上前所未有。国家将品牌建设推向了新高度①。

一、 1949—1978 年国家对品牌建设的支持

新中国成立初期,按照 1949 年 2 月召开的七届二中全会精神,国家以“动员一切力量恢复和发展生产事业”,经济向计划经济转变。由于国内外政治局势及计划经济政策对私有经济的挤出效应,品牌建设问题自然没有引起足够重视,但不乏优质品牌萌芽。在 1949 年,外商占据了中国卷烟市场的 70%份额。有鉴于此,毛泽东主席立即指示“要搞一种较好的烟出来,不用一个外国字”,并批示“所有党政人员一律不要用外国及外商的纸烟”。1951 年 1 月,“中华”牌卷烟问世,是为新中国第一个甲级卷烟品牌。继“中华”之后,“黄金叶”“云烟”“红塔山”“利群”和“白沙”等一些颇具时代特征

① 质检总局网站:《推动品牌战略 建设经济强国》,http://politics.people.com.cn/n/2014/0306/c70731 - 24546326.html,2014 - 03 - 06。

和民族风格、颇具影响力的烟草品牌相继创牌，彻底改写了新中国成立前“以洋为尚”的格局[①]。新中国成立之初，周恩来总理曾感慨，什么时候能让我戴上自己生产的手表呢？直到1954年，时任国家经委主任的李富春在上海视察时提出：我国有6亿人民这样的大市场，手表工业大有作为，希望能生产我国自己的手表。次年4月，上海钟表行业的几十名师傅联名给上海市委写信，希望能够制造中国自己的手表。不久，上海市委公开复信，表示支持。上海表问世之后，成了当时身份和地位的象征，周恩来总理以120元的市场价买了一块上海牌手表戴在手上。在一次访问非洲时，他还特意向几内亚总统展示了自己身上的衣服、皮鞋和佩戴的“上海”手表[②]。直到他去世，这块手表才被取下，由中国人民革命军事博物馆收藏。毛泽东在1956年11月参观南京无线电厂时指出：“将来，我们也要有自己的名牌，要让全世界听到我们的声音。”同年，毛泽东也在《加快手工业的社会主义改造》一文中指出：“提醒你们，手工业中的许多好东西，不要搞掉了，王麻子、张小泉的剪刀一万年也不要搞掉，我们民族好的东西，搞掉了的，一定要恢复，而且要搞得更好一些。”

二、1978—2000年国家对品牌建设的支持

改革开放后，国家对自主品牌发展给予了大力支持，希望自主品牌在国际市场上能够有所作为。随着党和国家的中心任务转向经济建设，“文革”时期对于自主品牌的挤压态势被扭转。1979年6月30日，经国务院批准，国家经济委员会发布了《中华人民共和国优质产品奖励条例》，国家在“七五”规划中首次提及品牌建设，提出“开发新品种，扩大优质名牌产品和短线产品的生产能力”。党和国家领导人纷纷表示对自主品牌的支持，希望

---

① 中国烟草：《挺起“中国创造”的脊梁 民族卷烟品牌70年发展回望》，http://www.tobacco.gov.cn/html/21/2105/210502/21050203/89389420_n.html，2019－06－20。

② 宋晓东：《从经典到时尚：周恩来自愿为上海牌手表“代言”》，http://lux.hexun.com/2014－02－13/162113116.html，2014－02－13。

自主品牌在国际市场上能够有所作为。邓小平在1992年南方谈话中表示，我们应该有自己的拳头产品，创出我们中国自己的名牌，否则就要受人欺负。江泽民在1994年视察福建的时候说，努力发展“名优特”拳头产品，增加适销对路产品，精心组织培育一批在全国乃至世界同行业中具有较强竞争力和明显发展前途的名牌产品；认真组织实施抓拳头、创第一、上规模、带行业的发展战略。国家“九五”规划提出“调整产品结构，以创名牌和出口创汇为重点，大力开发适销对路的新产品和优质产品，提高出口产品附加值”。中华人民共和国国内贸易部认定中国大陆的老牌企业。在1991年全行业的认定中，有1 600余家老牌企业被授牌。1996年8月14日，国家工商行政管理局颁布《驰名商标认定和管理暂行规定》，该规定确立了驰名商标认定“主动认定为主，被动保护为辅”的原则，并规定国家工商行政管理局商标局是唯一有权认定驰名商标的机关。

三、 2001年至今国家对品牌建设的支持

中国加入WTO后，与世界的接轨逐步深入，品牌建设工作得到国家高度重视，品牌建设的各项政策和工作迅猛增长。2001年，国务院批准建立中国名牌战略推进委员会，国家质检总局相应地开始每年举办一次“中国名牌产品”评选活动；2002年2月，国家质检总局颁布《中国名牌产品管理办法》；2008年开始随着职能调整，质检总局不再直接举办与企业和产品有关的名牌评选活动。2001年7月17日，最高人民法院公布《关于审理涉及计算机网络域名民事纠纷案件适用法律若干问题的解释》，赋予人民法院依法认定驰名商标的权力。2003年，国家工商行政管理总局颁布《驰名商标认定和保护规定》，新规定改变以前批量认定驰名商标的做法，采用了“被动认定”“个案认定”的原则，突出了对驰名商标的保护，淡化了对驰名商标的管理。2014年，《驰名商标认定和保护规定》进一步修订，累计认定驰名商标达3 000多家。

2006年4月,商务部发布了《“中华老字号”认定规范(试行)》“振兴老字号工程”方案,2006年发布第一批认定名单,2012年发布第二批“中华老字号”名单,两批认定数共1 128家,并以中华人民共和国商务部名义授予牌匾和证书。2006年,国家开展了“品牌万里行”活动,实施了“振兴老字号”工程,加强了老字号文化遗产保护等工作,并出台《关于品牌促进体系建设的若干意见》。2011年,国家质检总局联合7大部门出台《关于加强品牌建设的指导意见》,工信部出台《关于加快我国工业企业品牌建设的指导意见》,商务部出台《关于进一步做好中华老字号保护与促进工作的通知》。2013年国资委颁布《关于加强中央企业品牌建设的指导意见》。

十八大以来,国家更为重视品牌建设工作。2013年7月,习近平总书记在湖北考察时指出,“工业是我们的立国之本,要大力发扬自力更生精神,研发生产我们自己的品牌产品,形成我们自己的核心竞争力,推动国家繁荣富强,工人阶级要把这个历史责任承担起来”!同年,他在湖南考察时指出,“加快转变经济发展方式,重点在于优化产业结构、消化过剩产能,最终要落实到一家家企业上。新一轮科技革命和产业革命正在孕育兴起,企业要抓住机遇,不断推进科技创新、管理创新、产品创新、市场创新、品牌创新”。2014年5月10日,他在河南考察时指出,“中国制造向中国创造转变、中国速度向中国质量转变、中国产品向中国品牌转变”,这成为促进我国品牌建设的根本遵循。2017年12月,他在江苏考察时重申了这“三个转变”,又作了进一步阐述,“创新是企业核心竞争力的源泉,很多核心技术是求不到、买不来的。落实党的十九大关于推动经济发展质量变革、效率变革、动力变革的重大决策,实现中国制造向中国创造转变、中国速度向中国质量转变、中国产品向中国品牌转变,必须有信心、有耐心、有定力地抓好自主创新”。之后,他就中国品牌发展方面不断要求强化品牌意识,做强做大民族品牌,这些思想成为习近平经济思想体系的重要组成部分。

2016年国务院出台《关于开展消费品工业“三品”专项行动营造良好市

场环境的若干意见》(国办发〔2016〕40号)、《关于发挥品牌引领作用推动供需结构升级的意见》(国办发〔2016〕44号)等,品牌建设政策力度空前。2017年,商务部等16部门颁布《关于促进老字号改革创新发展的指导意见》(商流通发〔2017〕13号)。2017年4月24日,国务院批复同意,将每年5月10日设立为“中国品牌日”。自2018年5月10日第二个中国品牌日至2021年中国品牌日,李克强总理均作出重要批示,其核心要旨是,以习近平新时代中国特色社会主义思想为指导,立足我国实际,借鉴国外经验,深入实施创新驱动发展战略,提高全要素生产率和企业综合竞争力,以大众创业、万众创新和“互联网+”汇聚各方面力量,瞄准人民群众的新需要和不断升级的市场需求,着力增品种、提品质、创品牌,弘扬企业家精神和工匠精神,坚守诚信,追求卓越,使更多中国品牌伴随中国制造走向世界、享誉世界。

综上,从1949年以来,国家对自主品牌的建设政策支持是一个逐步推进的过程,随着经济发展水平的提高,品牌对经济发展、人民生活水平提高、社会稳定和科技创新等具有巨大促进作用。自从党的十八大以来,国家出台多种品牌建设专项政策,党和国家领导人高度关注品牌建设,通过设立中国品牌日,以制度性安排,在最大程度上全面推进我国品牌建设,以此有效推动我国由经济大国向经济强国转变,从而进一步满足人民日益增长的物质需求和精神需求。

第四章

构建我国品牌强国体系（上）

第一节　国家品牌战略的软实力实践

在国家品牌战略实践中，已有诸多制度安排、国家顶层设计，还有国务院办公厅以及相关部委发布的文件，这些内容都强调国家品牌对于国家在国际上话语权的重要影响。不管是品牌的形象塑造，还是出口经济的需要都涉及国家的国际形象以及国际竞争力，所以国家品牌战略尤显重要。

一、　国家品牌战略与制度安排

在国际上，一些享誉全球的国家都曾充分发挥制度效力，成功实施国家品牌战略，显著促进经济发展，成为全球最具竞争力的国家。从整体上看，美、德、日均以“大力发展科技，实现产品创新与质量提升”为战略核心，成功打造众多强势型全球品牌。但德国和日本实施国家品牌战略时所处情形是完全不同于美国的，两国在此之前都面临着产品质量低劣的严重问题。美国则是在被后起之秀日本赶超的情况下，有针对性地提出质量振兴法案，意在重建美国的世界霸主地位。虽然这些国家的国家品牌战略实施路径和侧重点不同，但都非常重视提升本国产品质量，并以此为基础，展开更全面的国家品牌形象塑造与宣传，这一点在国家品牌战略实施初期尤为明显。而瑞士、韩国等同样拥有鲜明的国家形象，它们凭着特殊政治地位或文化特色在全球独树一帜,旅游业和文化产业等发展迅速,深得全球消费者认可。

自2016年6月20日国务院办公厅发布《关于发挥品牌引领作用推动供需结构升级的意见》以来,全国上下如火如荼地实施品牌战略。国家品牌战略的核心是以品牌为引领,大力提升产品质量,推动供给结构和需求结构升级,塑造高水平的国家品牌形象,实现经济转型。自2016年开始,我国政府制定和实施了一系列以品牌发展为引领的围绕质量提升的品牌建设制度和法规。与德国和日本相比,我国当前制定与实施国家品牌战略的困难较多,信息技术使消费者能在全球范围内进行消费选择,这意味着我国企业面临的竞争空前激烈。因此,消费者对质量的感知及评价变得更为重要,只有赢得消费者的认可,才能在全球竞争中取胜。针对这一现状,在我国国家品牌战略指导下,2017年9月农业部发布"中国农垦"公共品牌,对入选的优质企业给予该公共品牌背书,对之实行全产业链质量监督以及推行高标准质量体系,助推一批农垦企业品牌化,以期通过品牌引领整个中国农产品企业提升质量,增强消费者信心,扩大消费。当前中国国家品牌战略的实施处于初始阶段,相关研究时间较短,已有理论研究成果中更是还未有从消费者角度进行实证研究的。德国和日本已有的国家品牌战略文献和实践为我国相关研究提供了有益的经验和启示,我们可以结合我国的特殊情景和时代发展变化,对国家品牌战略理论进行系统化的实证研究,为我国品牌经济发展提供更多有益的建议。

制度理论认为,任何一个国家或地区的制度体系都通过各种规则对制度内所有参与群体进行约束和规范。合理的营销制度能有效保证社会交易公平,保证产品符合消费者预期等,从而有效实现消费者价值诉求,这对全社会及企业本身的发展都具有重要的指导和管理意义。全社会营销制度一旦建立,就会在特定区域形成独特的影响机制和效应,形成相应制度环境。因此,有学者认为,制度环境能从更加综合、协同角度研究制度特性及其对内部参与群体的影响,它是研究制度理论的一个重要角度。制度环境具体是指在特定范围内所有参与群体及其交互关联所形成的特定行动范围,包括社会和文化体系及相关事项，如大众观点、教育体系、信念、思想体系和社会认知等。制度环境一旦确立，就会形成相应规则规范，调节着内部各参与群体的关系及行为，这种调节带有一定的柔性和灵活性。组织以有机组成形式存在于已建立的制度环境中，双方相互渗透影响，并逐渐融合。这说明政府、社会媒体和企业在内的主体通过合理的制度性行为都可以在消费者层面正向影响企业品牌建设，尤其当品牌面临危机和挑战时，这种制度性行为的影响力更为显著。在我国当前的制度环境中，在政府创建的品牌相关制度规范下，政企合力型制度性行为着力于提升企业产品质量。我们可以将之作为研究对象，从消费者视角探讨国家品牌战略的制度效力。

我国企业在国家品牌战略的指导下，通过制度性行为提升品牌资产，具有一定的启示性。

第一，在中国市场环境下，政企合力可有效营造社会良好氛围。我国政府引导和设立行业公共品牌，推行国际高质量标准体系，企业以此为指导并积极响应，这些都能有效扭转消费者对国产商品质量的已有认知，进而增加企业品牌资产。因此，我国政府和其他社会组织应积极发挥我国制度优势，大力实施国家品牌战略，规范企业行为，做好品牌基础建设工作。政企协同，以维护消费者利益为首要目标，努力建设质量强国，营造良好市场环境和氛围，培育一批强势的中国品牌，引领中国经济持续健康发展，满足消费升级需求，从而成功迈入品牌经济时代。

第二，在我国现有制度规范体系下，本土品牌积极与政府通力合作，促进品牌升级。目前我国较缺乏全球知名的强势品牌，其原因主要在于我国产品质量本身良莠不齐，整体质量不高。同时也应该看到，整体质量不高导致的消费者信心缺乏也使得消费者在一定程度上对产品产生消费偏见，这种消费偏见代表着特定环境中的社会认知，具有一定的稳定性，不易更改。为此，我国政府通过建立公共品牌对优质企业进行质量背书，并引入高质量标准体系，意在为消费者培育和展示一批优质企业，提振消费信心。企业积极参与品质保障型制度性行为,可有效消除消费偏见,增强消费者对我国产品的信心,进而提升品牌资产。

第三,在中国制度环境下,企业需根据市场和行业特点,深刻理解消费者需求和不确定性,如此才能获得制度性行为的有效性。品牌合理性来自消费者的认知,会受到全社会多方因素的影响。因此,企业应充分对消费者合理性认知进行动态跟踪调查,及时发现其发展变化态势,这样才能真正理解消费者需求。针对某一具体企业,这种理解还表现在企业应根据自身特点找到与之匹配的制度性行为,分阶段、分步骤地不断提升自身水平。以"光明乳业"为例,该公司充分结合乳制品市场特点和现状选择第一批加入中国农垦乳业联盟,并签署《中国农垦生鲜乳生产和质量标准》,直面消费者最关心的乳制品品质和质量标准体系问题。"光明乳业"通过响应政府及行业品质保障的行为,高度契合中国消费者当下的合理性认知,这是准确理解消费者需求的体现,因此可以有效提升品牌资产。

政府通过培育扶持和加大品牌建设投入,包括引导企业诚实经营、增强品牌意识以及培养引进品牌管理专业人才等全方位措施,切实提高企业品牌竞争力,满足消费升级需求。因此,对国家品牌战略的研究应该是包含多个层面和角度的。

二、 国家品牌战略与媒体的国家形象

国家品牌塑造本质上是主权国家的形象塑造,当然离不开国际传播,要通过国际传播实现国际"强链接"。2021 年 5 月 31 日,习近平总书记在主持中共中央政治局有关国际传播能力建设的集体学习时强调:"要深刻认识新形势下加强和改进国际传播工作的重要性和必要性,下大力气加强国际传播能力建设。"①

① 《习近平在中共中央政治局第三十次集体学习时强调 加强和改进国际传播工作 展示真实立体全面的中国》,《人民日报》2021 年 6 月 2 日。

在品牌战略上升为国家战略的时代背景下，人民日报社、新华社和中央广播电视总台等国家级媒体纷纷开展品牌传播活动，例如人民日报社举办了中国品牌论坛，新华社打造了新华社民族品牌工程，中央广播电视总台推出了品牌强国工程。作为传媒领域的一次重大创新，新华社民族品牌工程、中央广播电视总台品牌强国工程推出后均取得了社会效益和经济效益的双丰收，受到社会各界高度关注。

1. 新华社民族品牌工程。该工程有着重大的战略意义。一是深入挖掘入选企业品牌的标杆示范价值。入选新华社民族品牌工程的企业品牌不仅有自改革开放以来涌现的且在国内外具有一定知名度、影响力的企业品牌，例如京东、格力、恒大、海航、碧桂园、伊利、扬子江药业、鲁花、光大银行、北新建材等，还有拥有悠久历史、具有深厚的产业以及文化底蕴的企业品牌，例如茅台、五粮液、汾酒、泸州老窖、东风汽车、张裕等。从所有制来说，它们中有国企，也有民企。不少品牌位列世界500强、中国500强，业务覆盖全球，无疑是中华民族企业品牌的翘楚、我国乃至世界经济舞台上瞩目的明星。就行业来说，它们不仅分布于战略性新兴产业，还有不少属于传统产业，是传统产业创新发展、重新定义品牌价值的典范，对于我国企业品牌建设具有极好的标杆示范意义。它们的企业品牌史生动地反映了我国现代化发展的艰难历程，体现了现代化建设的成果。它们不同时期的产品品牌体现了不同时期人民的品质生活形态，是人民追求美好生活的象征。对此，新华社深入挖掘它们成功背后的各种经验，包括企业家精神、情感付出以及消费者对于它们的认同，给予全方位价值总结，充分彰显其标杆示范价值，抽象出独具特色、易于被世界接受的中国品牌文化。

二是助力入选企业品牌加快全球拓展步伐。企业品牌的全球拓展是一个国家实现全球化发展的重要方式，是其硬实力与软实力的基石之一。新华社民族品牌工程是我国以企业品牌为代表的硬实力与我国以新华社为代表的国家软实力的高度结合体，它们各展优势，各施所长，相互支持，与我国科技研发、质量、标准化等领域加强合作,加快全球布局,合力提升我国国际竞争力以及话语权,促进全球化发展的新模式。新华社以及遍及世界的新闻传播网络给予宣传报道,扩大知名度,助力入选企业品牌成为我国培育跨国企业品牌发展的重要样本来源。

三是彰显入选企业品牌的社会责任。入选新华社民族品牌工程的企业品牌,均是我国改革开放以来财富的快速获得者,对此,应鼓励并支持它们设计有效的制度,让整个社会更好地共享它们的财富,包括物质财富以及精神财富,承担应有的社会责任,充分展现中国特色社会主义制度下的企业品牌伦理以及企业品牌的道德力。在这次新冠肺炎疫情暴发之时,入选企业品牌无须号召,自觉地快速行动,率先垂范,向疫情一线捐款捐物,并提供必要的产业保障以及民生服务,为我国成功抗疫作出了应有贡献。新华社各大媒体和传播平台给予积极跟踪报道,并为它们以多种形式免费做广告,向世界形塑了它们可圈可点的主动担当精神以及深具担当能力的宝贵的中国品牌形象,形成了双赢以及多赢的格局,有效地显示了新华社的社会责任,较好地增强了新华社的软实力。

2. 中央广播电视总台品牌强国工程。品牌强国工程脱胎于国家品牌计划。2019 年 8 月 28 日,中央广播电视总台联合中央有关部委、部分省区市党委宣传部、国家重大工程主导单位,以及国内知名品牌企业,共同举办“品牌强国工程”发布活动。新一轮“广告精准扶贫”和“国家重大工程公益传播”两大公益宣传传播活动同时启动。品牌工程分为强国品牌、TOP 品牌、领跑品牌、国资典范品牌四个层级。该工程将依托中央广播电视总台各平台,通过全媒体传播品牌强国战略,助力培育能代表中国参与全球经济文化交流的新时代国家级品牌。

“‘品牌强国工程’运行两年多来,紧密携手中国的优秀企业群体,致力于提升中国品牌影响力,有力提振了市场信心,引领了消费升级,助推了中国经济高质量发展。2022 年,总台将继续优化提升对品牌合作伙伴的传播服务，为民族品牌发展提供更强的动力，为加快构建新发展格局贡献更大的力量。”①

可以用“三座桥梁”来形容正在建设和打造的“品牌强国工程”。第一座桥梁，是此工程为参与的企业打造了企业和市场的桥梁，实现了企业在市场上的溢价价值。品牌的价值远远高于市场上商品的价值，这座桥梁就提供了这样的一种可能性和实施办法。第二座桥梁，是该工程打造了企业和国家之间的桥梁，连接了企业利益和国家利益。“品牌强国工程”是一个国家性的工程，这个工程强化的是国家概念，参与这个工程的每一家企业都具有国家气魄和国家内涵。第三座桥梁，是该工程打造了企业和人民之间的桥梁。这座桥梁实现的是企业在人民中的口碑。这三座桥梁，是建设“品牌强国工程”的要求和标准。②

2020 年 11 月 19 日，中央广播电视总台 2021“品牌强国工程”签约活动在总台光华路办公区举行，中国领军品牌企业代表近 300 人济济一堂，共赴品牌强国征程。通过 2021“品牌强国工程”签约活动的成功举办，我们看到了“品牌强国工程”融媒体传播服务方案的魅力和价值，看到了中国头部品牌对总台的信赖和坚守，看到了民族企业“品牌报国”的炽热情怀和坚定信念，更看到了中国品牌群星闪耀、熠熠生辉的未来。③

第二节　区域品牌战略的实践

自新中国成立以来，在相当长的时期里，国家重点发展内地，追求区域均衡发展；自改革开放以来，国家实施优先发展东部沿海地区，带动各区域

① 中宣部副部长、中央广播电视总台台长兼总编辑慎海雄在 2022“品牌强国工程”发布活动的讲话。
② 彭健明：《“品牌强国工程”架起了“三座桥梁”》，中国广告，2021 年第 11 期。
③《国家平台，强国品牌——中央广播电视总台 2021“品牌强国工程”签约活动成功举办》，《中国广告》2021 年第 1 期。

经济共同发展的区域经济发展战略,区域品牌建设进入新的历史时期,各地区优势有力发挥,促进了区域经济协调发展。区域品牌一般指一个区域给人印象深刻的风格和特点。人们提到某一区域便能对该区域的历史、经济、文化,还有一系列地理环境等要素迅速产生联想,这些要素合在一起就可以让人们对该区域有一个大致的区域定位。一般情况下,区域品牌塑造从三个方面入手,分别为地域性、关联性和有效性。

一、 区域品牌塑造的基本战略

1. **区域品牌核心价值的提炼**。要想打造区域品牌,首先要弄清楚该区域的核心价值,把核心价值作为区域品牌包装的基础。尽管区域发展历程基本相似,但历史的沉淀使得区域的独特性变得突出,变得不可复制。不可复制性,往往是该区域的核心价值之所在。其次,必须弄清楚该区域拥有什么样的资源,帮助这些资源形成市场竞争力,获取美誉度。还有,要对区域品牌进行品牌维护,形成区域品牌发展策略,使其在人们心中长久保留美好印象,推动该区域实现可持续发展。

2. **科学地进行区域品牌定位,并制定相应规划**。要想成功塑造区域品牌,最重要的是给区域品牌定位。和产品品牌营销一样,成功的区域品牌定位可以让该区域收益实现最大化,充分调动内外部资源,形成竞争力。在确定区域品牌定位之后,还需要制订长期发展战略。区域品牌发展需要长远打算,要设立分阶段目标与任务,突出其核心价值,也就是说,区域品牌发展要符合其核心价值,并化成该区域人民的共同追求。

3. **打造区域品牌建设工程**。区域品牌建设工程不能停留在表面,而要通过设立利益兼顾的项目,深层次地激发该区域内城市的积极性,共打一张牌,包括科学合理地进行统一的品牌宣传,这对区域品牌发展极为有利。区域品牌建设工程建设的成功,可以达到凝聚内部力量、吸引外部关注的目的,进而推动区域品牌在更高层面发展。

4. 充分发挥中心城市品牌的带动作用。每个区域品牌必须拥有一个龙头型城市品牌，或多个中心城市品牌，才能有效带动区域品牌发展。对于特大型区域来说，往往内部成员构成区域品牌层级，例如长三角地区，便由上海都市圈、南京都市圈、杭州都市圈、宁波都市圈、苏锡常都市圈、合肥都市圈等组成。再如粤港澳大湾区的香港—深圳、广州—佛山、澳门—珠海强强联合的极点带动。区域中心城市品牌的作用举足轻重，例如中心城市的国际性活动往往可极为有效地带动整个区域互融互促，使之变得更加紧密，2008 年的北京奥运会、2010 年的上海世博会与中国国际进口博览会等活动的成功举办均获得相应效果。

二、 长三角区域品牌一体化发展实践

长三角城市群是世界第六大城市群，地处东部沿海，区位优越，通过各种要素的集聚与辐射，以占全国 1.14%的国土面积，约 6.3%的人口，创造了全国约四分之一的经济总量，人均 GDP 是全国平均水平的 3 倍多，是我国区域经济的增长极，直接带动了长江流域的繁荣富强，辐射中西部地区。[①] 2018 年 11 月 5 日，在上海举办的首届中国国际进口博览会开幕式上，习近平总书记宣布："将支持长江三角洲区域一体化发展并上升为国家战略。"为促进长三角区域一体化发展，他亲自部署，作出多次指示。2020 年 8 月 20 日，他在合肥主持召开扎实推进长三角一体化发展座谈会并发表重要讲话。他强调，紧扣一体化和高质量，抓好重点工作，推动长三角一体化发展不断取得成效。2019 年 12 月 1 日，中共中央、国务院印发了《长江三角洲区域一体化发展规划纲要》。该纲要指出，长三角地区是我国经济发展最活跃、开放程度最高、创新能力最强的区域之一，在国家现代化建设大局和全方位开放格局中具有举足轻重的战略地位。长三角一体化发展取得明显

① 胡延照：《我国区域协调发展的长三角实践》，载胡雅龙主编《世界第六大城市群》，上海社会科学院出版社，2010 年 5 月。

成效,具备更高起点上高质量一体化发展的良好条件,引领我国参与全球合作和竞争,到 2035 年基本建成现代化经济体系。规划中有 12 处提到品牌打造,包括农业品牌、文旅品牌、政务品牌、创新品牌、高端服务品牌、生态品牌等。因此,长三角区域一体化发展与品牌的区域一体化发展密不可分。要发挥品牌作用,发展品牌经济,以品牌为引领促进长三角区域一体化发展。

(一) 品牌对长三角区域一体化发展的重要作用

1. 促进长三角区域品牌发展,坚持以品牌为引领,从需求侧和供给侧同时推进长三角地区更高质量一体化发展,使之深刻体现我国区域品牌经济发展规律,有效提高长三角城市群发展水平以及参与国内外竞争水平,率先贯彻新发展理念,以品牌经济推进区域一体化融合发展示范区建设,在推动我国区域经济高质量发展以及区域协调发展方面作出新的贡献。

2. 深入促进长三角城市群形成品牌经济生态价值链,充分运用市场要素,根据不同地区技术水平和发展状况所存在的客观差别,形成更高质量的区域产业分工体系,实现“差异产品分工”,在更深层面防止恶性竞争、同质竞争,各展所长,形成更高质量的合力,实现从粗放型区域一体化发展到精细化区域一体化发展的转变。

3. 深入促进长三角城市群打造一批国内外知名品牌、隐形冠军品牌,以国际化导向倒逼长三角区域共同改善营商环境,以政策合力、市场合力等措施培育国际知名的城市品牌、区域品牌、世界级产业集群品牌、企业品牌和产品品牌,各类品牌百花齐放,统筹国内外资源,增强国际竞争力,嵌入国际价值链中高端,促进长三角城市群转型升级。

4. 深入促进长三角城市群紧密合作,共同打造世界级城市群品牌,形成层次分明、体系完备的品牌经济发展体系,使长三角城市群在世界范围内,在与其他世界级城市群的竞争中实现差异化、个性化、特色化和高附加值化发展，深刻体现长三角城市群独有的人文魅力以及经济竞争力，与长江经济带、京津冀、粤港澳大湾区、“一带一路”协同发展。

5. 深入促进长三角城市群形成品牌建设专业服务体系，即充分调动政府、行业协会等社会组织，协调司法、媒体、教育科研机构等共建一批统筹国内外品牌建设专业资源的服务平台，为长三角品牌建设提供强有力的国际化专业支撑，切实提升长三角城市群品牌建设专业服务能力，以此推动专业化市场发展，使长三角城市群成为培育文化创意产业、知识产权服务业、认证检验检测产业等相关新兴产业品牌的抓手。

（二） 长三角区域品牌塑造实践

1. 区域一体化发展的政策密集出台

《长江三角洲区域一体化发展规划纲要》明确要求长三角须着力打造区域公用品牌、企业品牌、产品品牌、创新品牌、农业品牌、高端服务业品牌、品牌展会、文化品牌、生态品牌、旅游品牌和特殊功能区品牌等。沪苏浙皖一市三省积极贯彻实施，《上海市贯彻〈长江三角洲区域一体化发展规划纲要〉实施方案》对区域品牌建设合作与交流提出多项要求，《浙江省推进长江三角洲区域一体化发展行动方案》提出“推进规划共绘、设施共建、生态共保、产业共兴、品牌共创，探索协同治理新模式”，江苏、安徽的行动方案或行动计划也纷纷就品牌建设立足各自实际情况提出相应要求。

2. 建立跨区域品牌经济合作组织

长三角城市经济协调会成立20多年来，已开展了40多项专题和50多个课题研究，涉及经济、社会、生态、交通以及机制合作等多个领域，取得了丰硕成果，为推动长三角区域的联动发展，探索城市之间、区域之间的合作机制和模式并逐步形成一套行之有效的工作制度和方法，做出了积极的贡献，成为国内较为规范和成熟的区域合作组织之一。2014年长三角城市经济协调会成立了品牌建设专业委员会，长三角城市经济协调会品牌建设专业委员会明确由上海市经济和信息化委员会、上海市人民政府合作交流办公室和上海社会科学院联合牵头,长三角城市经济协调会成员城市政府品牌建设主管部门共同参与,其宗旨是进一步拓展长江三角洲城市合作领域,建立和完善品牌建设合作机制,提升品牌合作水平,加快培育一批拥有自主知识产权的世界级品牌、具有国际竞争力的大企业,着力提高长江三角洲区域品牌建设水平,不断促进区域协调发展和一体化发展,积极引导和助推长江三角洲地区城市政府、产业园区、企业、行业协会、传媒和相关品牌研究教学机构等进行全面合作,建立起覆盖长三角品牌建设服务体系。

3. 政府发挥品牌建设统筹作用

沪苏浙皖四地分别建立了省级品牌工作发展专门机构,并努力发挥专门机构的统筹作用。工商局力推商标品牌、质监局力推质量品牌等、商务局(委)力推中华老字号、经信委力推工业品牌培育工程,既各有侧重,又有所交叉。除名牌战略推进委员会以外,各地还建立了相应的品牌建设专门机构,常州、泰州、绍兴、合肥以及芜湖等城市建立了商标战略实施工作领导小组,绍兴等市建立了品牌发展领导小组,芜湖等市还成立了品牌兴市领导小组等。苏浙皖的名牌战略推进委员会和上海市品牌建设工作联席会议的作用日益彰显,在品牌规划和发展建设中起到了服务、管理和监督作用,对协调解决品牌发展过程中出现的关键问题,促进品牌建设与发展提供了一定的组织保障。

4. 举办跨区域品牌活动

2015 年,长三角城市经济协调会品牌建设专业委员会举办了“2015 品牌经济与知识产权保护研讨会”,深入探讨在全球贸易规则背景下的科技创新、知识产权经济与品牌经济发展的新理念和新模式,切实提升以自主知识产权为支撑的自主品牌创新能力,更为有效地提升上海以及长三角区域可持续发展的品牌力。2016 年 12 月,上海 · 长三角品牌发展论坛暨长三角品牌建设联盟启动仪式举办,本次论坛的主题为“品牌 · 品质 · 知识产权”，深入探讨在全球化背景下，如何发挥品质与知识产权在品牌建设中的关键作用，推动品牌战略与知识产权战略联动发展。论坛同时举行“长三角品牌建设联盟以及上海品牌建设联盟”的启动仪式。2018 年 4 月 28 日至 30 日，首届长三角（上海）品牌博览会在上海展览中心举行，主题为“品牌·城市·生活”，首次以长三角城市群为范围，通过城市品牌、产业（区域）品牌、企业品牌多维度展示长三角地区品牌经济发展成就。2018 年 11 月，长三角（东台）先进制造业品牌培育基地在东台市设立，基地重点打造东台品牌建设样本。2019 年 5 月 7 日，长三角老字号品牌路演汇活动在金山区枫泾镇举办，长三角地区参与此项活动的老字号企业达 176 家。

5. 推进区域知识产权一体化发展

2009 年，苏浙沪两省一市签署《长三角地区知识产权发展与保护合作框架协议书》，水平不断提高的长三角知识产权一体化工作，为长三角各地科技创新和产业发展保驾护航。在长三角省市的共同努力下，区域知识产权保护协同机制不断完善。在上海加快建设具有全球影响力的科技创新中心，全面提升知识产权综合能力的背景下，长三角各地商务、质监、海关、工商、知识产权局等部门在深化知识产权领域的各项改革，实施严格的知识产权保护制度的基础上，通力合作，以保护企业专利、商标等自主知识产权为重点，持续开展知识产权的行政管理，维护公平的市场秩序，把优秀品牌的竞争力转化为受保护的核心竞争力，形成了一系列品牌发展保护机制。目前，长三角产业分工更加明显，长三角自主知识产权、核心产品和核心技术研发的整体水平不断提升，促进了区域产业发展模式日趋成熟。

6. 建设区域品牌公共平台，开展区域品牌认证

长三角正着力建立促进品牌创新、成长、升级的技术支撑平台，品牌培训平台，专家人才平台，品牌宣传平台等一系列公共服务平台，努力将长三角建设成为国内重要的品牌孵化培育中心、品牌集聚辐射中心和品牌交易运作中心，为长三角区域品牌战略的发展奠定基础。例如，上海市版权局完成的“作品版权登记保护应用平台”,上海市质量监督局着手推进“上海市知名品牌创建示范区”建设工作;江苏的全省“品牌管理师”系列培训班;杭州优先在名牌产品生产企业中大力推进首席质量官(CQO)制度建设,免费为企业培训首席质量官等。长三角各省市还着力开展区域品牌认证工作,浙江于2013年开展“浙江制造”品牌认证,上海于2018年开展“上海品牌”认证,江苏于2020年开展“江苏精品”认证,安徽于2021年开展“食安安徽”品牌认证。各省市特色鲜明的品牌认证,为其区域品牌高质量发展奠定基础,从侧面体现了长三角区域品牌塑造的先进性。

三、“武夷山水”区域公用品牌塑造

武夷山是世界文化与自然双重遗产,位于福建省南平境内。福建省南平市委、市政府坚持“创新、协调、绿色、开放、共享”五大发展理念,扎实推进“武夷山水”区域公用品牌建设,按照“统一打造品牌、统一质量标准、统一检验检测、统一宣传推介”的打造武夷品牌建设工程的总体要求,“让好产品卖出好价钱”,充分发挥武夷山作为世界级遗产的品牌效应。

(一) 组织保障

一是加强组织领导。2018年,南平市委、市政府成立了“武夷品牌”建设、“武夷山水”公用品牌建设两个工作领导小组和工作机构,分别由市政府主要领导和分管领导任组长,各县(市、区)相应成立领导小组和工作机构;制订了《“武夷品牌”建设工作实施方案》,明确“武夷品牌”建设的总体性和阶段性目标,提出完善品牌培育机制、构建质量标准和认证体系、打造产品质量安全体系、优化宣传营销模式、强化保护机制等一系列具体措施;设立了南平市武夷品牌建设领导小组办公室,承担领导小组的日常工作,统筹协调各部门推进“武夷品牌”工程建设工作。各县(市、区)负责围绕当地“一县一品”和主导产业建立具有地域特色的品控体系并抓好体系的落地,实现营销增值增效。

二是坚持规划引领。邀请国家有关部委和中国品牌建设促进会、厦门大学、南开大学等机构领导专家深入南平市各县（市、区）开展专题调研，南平市政府和福建省品牌建设促进会签署了战略合作协议，共同编制《"武夷品牌"发展战略规划》《特色农产品品牌战略提升发展规划》以及《"武夷山水"品牌运营规划》，绘制"武夷品牌"建设路线图、施工图，分析了南平市"武夷品牌"建设基础与面临的形势，提出了"武夷品牌"发展战略的指导思想、基本原则、发展目标和重点任务，对南平市"武夷品牌"建设作出了战略部署。

三是强化政策保障。制订《扶持"武夷山水"品牌建设的政策措施》，从支持企业融资、技术改造、产品研发、开拓市场、人才引进、税收优惠等方面推动各种要素向品牌企业、品牌产业集聚，强化品牌发展的政策保障；同时，南平市财政每年安排一定资金，用于"武夷山水"品牌策划、宣传及市场营销、配套设施投入、培训服务等，并对授权使用"武夷山水"品牌的企业在国家级、省级以上的展会、展销上给予一定奖励或补助。

四是突出示范带动。2019 年 8 月下旬起，南平市品牌办按照品牌建设工作小组的部署安排，指导县（市、区）用一到两个月时间，培养、建设一个能全面反映"武夷品牌"建设的综合示范点，以体现当地"武夷品牌"建设工作的成效，开展武夷品牌建设工作现场观摩推进活动。各县（市、区）建设的"一企一基地一平台"基本体现了当地"武夷品牌"建设工作的成效，一些企业现代化程度高，建立了健全严格的品质控制体系，建设工作已从纯粹产销向文化传播延伸。各地均建立了"武夷山水"旗舰店或展示馆，较好地展示了"武夷山水"产品，武夷山、浦城的旗舰店除产品展示及销售外，还融入了数字化信息技术，运用多媒体投屏、多媒体互动等设备，展示当地及南平各县（市、区）的生态环境、优质农业产品以及"武夷山水"品控系统，加深消费者对南平城市及"武夷山水"品牌的了解。

（二） 加强品控

一是制定统一的质量标准。编制完成茶、竹、水果等品类农产品标准体系，制定了涵盖食用菌、果蔬等产品质量标准在内的《“武夷山水”产品质量技术规范》，基本覆盖全市“名特优”农产品；推进农产品标准体系全品类覆盖，打造一批优质农产品种植生产基地，建立农药化肥长效管控机制，大力推行绿色种植、生态养殖，以武夷标准、武夷质量支撑“武夷山水”绿色招牌。中国标准化研究院对“武夷山水”产品技术规范进行了国内外对标分析，其中优于国家标准指标的 157 项，优于欧盟指标的 203 项，优于美国指标的 140 项，处国内领先地位。

二是构建全程追溯体系。以“武夷山水”品牌品质总控平台和“武夷品牌”品质总控平台为抓手，完成产品信息录入，管理部门和消费者可通过扫码了解产品的种植、生产、加工、流通全过程有关信息，实现“武夷山水”产品来源可溯、去向可查、责任可究。同时，通过严格质量标准、执行准入退出机制、完善诚信档案、强化检测监管等一系列举措，促使企业在种植、生产、加工、仓储、运输等全过程加强自我约束和自我提升，使得“武夷山水”产品品质得到切实保证，实现产品有源可溯、有源可查。目前，已完成“武夷山水”品牌品质保证系统平台专家评审，推进与福建省“一品一码”以及县市品质保证系统的对接。

三是坚持严格检验检测。建立健全严格规范的统一检测体系，开展定期和不定期的产品检验检测，在企业自检的基础上，对入围企业的所有产品，根据《2019 年度“武夷山水”品牌产品监督抽检方案》，每季度抽检不少于一次，对入选“武夷山水”的产品的质量问题实行“零容忍”，确保“武夷山水”品牌的权威性和公信力。

（三） 市场化运作

一是实行公司化运营管理。为保障品牌建设有序推进，相关工作实现企业化经营、市场化运作。2018 年 4 月，国有的武夷山水品牌运营管理有限公司（隶属市实业集团）成立，受权负责"武夷山水"区域公用品牌的运营、管理。33 家企业的茶、笋、果蔬等 11 类优质生态农产品取得首批"武夷山水"区域品牌授权。

二是加强宣传推介力度。中国南平"武夷品牌"建设发布会、中国笋竹产业（建瓯）高峰论坛、浦城大米品牌（福州）发布会、"武夷山水"品牌北京宣介会等大型展会或推介活动先后成功举办；组织各县（市、区）农特优企业和相关产品参加了全国糖酒商品交易会、日本国际食品饮料展、全国食材电商展等 60 场国内外大型会展和交流活动。同时，加强与《人民日报》、新华社、中央广播电视总台等主流媒体和新媒体的合作对接，制作"武夷山水"朱子系列卡通动漫，通过团中央微博和微信、今日头条等渠道向全国传递武夷品牌文化。

三是拓展营销渠道。积极引进有实力、有经验的企业，采取参股、控股或委托运营等方式，优势互补、合作共赢，做大做强"武夷品牌"，不断提升影响力。推进多渠道营销，创新武夷山水品牌运营管理公司的营销模式和业态，线上线下一体运作、共同发力。一方面加强与中国供销总社、盒马鲜生、武夷纯然等大型终端供应链企业的对接，依托他们的渠道拓展市场；另一方面，借助京东、淘宝等电商企业和平台开展线上营销，推动"互联网+"与"绿色+"的深度融合。目前，京东商城"武夷山水"旗舰店已正式运营。

（四） 工作成效显著

一是产品价值得到提升。通过品牌建设，首批使用"武夷山水"区域公用品牌的部分产品价格或销量显著提升，浦城大米、建阳橘柚、顺昌芦柑、顺昌海鲜菇、兴华啤酒、龙凌山茶油等特色产品价格和销量均有提升。浦城优质稻米种植面积从 2018 年的 5 万亩增长到 2019 年的 10 万亩，价格提高 12%；延平成为全国第三大百合鲜切花产区；"顺昌海鲜菇"占全国海鲜菇市场份额的60%;建瓯竹笋成功突破日本进口质量壁垒,占日本清水笋市场三分之一以上份额;光泽的武夷山矿泉水产量较2018年提升21%。延平的跃农蔬菜价格提升了33%,政和的“白毫银针”白茶价格提升了24%,邵武的“台禾”百香果价格提升了33%,建阳的“仁山”葡萄价格提升了52%。

二是品牌效应初步显现。“武夷山水”区域公用品牌在中国区域农业品牌研究中心发布的“2018中国区域农业品牌影响力排行榜”中,仅次于“丽水山耕”和“天赋河套”,名列第三。在2019中国品牌价值评价信息发布暨中国品牌建设高峰论坛发布的2019中国品牌价值评价榜单上,南平共有15个品牌进入5亿元榜单,包括4个企业品牌、11个区域品牌(地理标志产品)。

三是产品销路逐步扩大。已通过武夷山水京东旗舰店、武夷山水优选、朴货优选和中国生态食品网、武夷绿色生活馆等线上平台以及智谷产品展示厅、各县(市、区)武夷山水线下门店开展产品销售;同时,正积极推动与永辉、夏商、盒马鲜生、新世纪等连锁商超以及怡亚通邮政银行、慧眼食珍优选等门店合作,帮助企业产品进入商超。政和县政府与中国供销集团签约“中国白茶城”项目,打造全国白茶集散交易中心和价格指数发布平台;武夷山水品牌运营管理有限公司在北京“武夷山水”品牌宣介会现场,与在京闽企进行了商务对接。

第三节 城市品牌战略的实践

在中国快速城市化进程中,城市品牌建设至为关键,它不仅需要现代城市品牌理论构建,而且需要相关实践。我国有着独特的城市品牌建设经验。1982年,我国启动历史文化名城工作,至2021年,国务院已把138座城市列为国家历史文化名城,这是我国城市品牌建设的重要反映。当然,我国城市品牌建设并不局限于此，许多城市依据自身条件，以国际化、区域化为导向，形成了良好的城市品牌竞争力。

一、　现代城市品牌建设的设计

城市品牌理念在现代化城市建设理论中占有重要地位，成功打造城市品牌形象、建设具有特色文化风格的现代化城市，是未来我国城市化建设的必由之路。城市品牌形象的打造，首先要依靠对城市文化背景与资源特色的了解与分析，总结当前城市品牌建设发展过程中存在的困境与问题，根据现有资源思考解决现存问题的具体策略，根据城市的文化优势与资源优势打造品牌化现代城市。

品牌化城市的打造与城市未来发展空间的大小具有密切的联系。一个优秀的城市品牌的打造能够为城市赢得更广阔的发展前景，因此当我们思索城市建设的具体方法时，首先应该具备打造城市品牌的理念，尤其是在区域化城市建设的过程中，更应该突出城市品牌的效力。城市品牌的打造要突出城市的文化特点、城市的资源优势、城市的空间格局以及城市的人文环境，从多角度、立体化、全方位入手，将城市生活的细枝末节融入城市品牌的打造中，力求让每一个来到城市中的人都能够对城市留下深刻的品牌印象。

1. 根据资源优势打造特色化城市品牌。自然与人文资源的优势是打造特色化城市品牌的基础，因此在基于城市品牌理念进行城市设计的过程中，首先要对城市的资源情况进行总结分析。城市资源包括城市自然资源与城市人文资源。城市自然资源可以是城市的山水格局分布，或者是城市的生态环境基础。城市的人文资源主要是指城市的文化特色。每一个城市都具有其他城市所不具备的文化底蕴，这是由城市从乡村演变而来的，千百年来人们生活发展所留存的历史印记构成。比如城市玉文化、陶瓷文化的兴盛形成城市的物质与非物质文化遗产。江南的茶文化构成多个城市的历史文化基础，在城市设计的过程中要综合考虑这些人文因素的特点，实现个性化城市品牌的打造。

2. **基于城市品牌理念的城市设计目标构想**。开展城市设计工作之前，首先要制订城市设计目标，城市设计目标要建立在对城市品牌与城市特色的综合考虑的基础上。首先，要考虑城市的自然山水资源与历史文化资源，利用城市空间格局的优势融入城市历史文化的底蕴，综合打造出具有特色魅力的个性化城市品牌，力求使人过目不忘。其次，要注重城市品牌的转型，城市品牌的转型要依靠新兴产业的带动。在以往时期，城市的自然与文化优势得不到有效的重视与利用，城市空间设计不合理，对自然资源的破坏与废置严重影响了城市旅游产业的发展，不利于城市品牌的打造。另外，城市传统产业经营模式与发展模式的落后，一定程度上也制约了城市设计的进程。比如从城市特色资源的开发利用与城市文化的传播发展这两个战略性目标来看，传统产业的落后模式没能有效地促进城市规划产业的转型，因此在城市设计目标中应加入对新兴产业与资源开发产业的扶持与带动，加速城市建设产业的现代化转型，促进城市品牌的优质化与可持续化发展。

3. **基于城市品牌理念的城市总体设计**。城市山水格局的规划要以主体资源为核心，也就是城市的标志性自然风景区要成为旅游业发展的中心区域。应该根据城市的区域划分特点建设多层次的生态风景格局。比如对绿地区、湖泊区、林地区、山景区等不同的风景区域之间应该形成景观的穿插，形成多层次的产业链条①。最后，城市的自然山水格局设计还应该注重整体效益的提升，也就是要构建城市自然生态的有机联系，以著名风景区域产业带为中心，构建对整个城市不同生态环境区域的总体规划与辐射，构成多层次、全方位的城市自然生态整体格局，打造个性化的城市品牌形象。

城市的公共空间主要是由城市各个公共设施场所形成的特定空间构成。城市的公共空间往往体现着城市的人文特征，它是城市中的人们生产

---

① 胡易容：《"二次城市化"语境下的城市品牌定位设计》，《艺术百家》2013 年第 S2 期。

生活所不可或缺的地理空间。因此城市公共空间格局的建设十分重要，以往城市设计中存在城市公共空间格局与城市自然风景格局不协调的问题，要么缺乏公共空间的建设，要么缺乏绿地景观的搭配，所以要在城市自然景观建设完善的基础上开展城市公共空间格局建设。城市公共空间的建设首先可以利用城市现有的公共空间资源，比如城市中各个广场、公园等公共场所，以之作为城市公共空间建设的基础。对城市现有公共空间的打造可以带动新兴产业的发展，实现产业的转型和改革，为城市品牌的进一步升级奠定良好基础[①]。其次，城市公共空间的建设还要对城市其他实用场所进行综合规划管理，在管理的基础上建设一些零散的小型公共设施，使城市的公共空间环绕人民的生活。城市交通建设是城市公共空间建设的重点内容，城市的交通关系着城市自然风景区域与旅游业的发展，同时还是沟通自然与人文，辐射各部分景观内部的重要枢纽。城市交通的建设，可分为陆路街道和水上航道两个部分，实现四通八达、环状闭合的交通空间格局。将城市的自然与人文景观有机联系起来，构成整体性城市品牌。

城市品牌形象的打造不能仅仅依靠物质性的景观建设，还应该综合考虑城市的文化特征，发展城市的文化优势，深化城市的文化底蕴，走出一条新型城市文化产业道路。不同的城市拥有不同的文化背景与文化遗迹。在城市设计过程中，可以挖掘城市的历史文化资源，比如城市历史上的大事或名人生平，以此为基础形成城市的文化背景。另外，城市设计的过程中还应积极挖掘城市文化的物质载体，比如历史遗迹或者其他包含着历史文化的物质形式，比如茶文化和瓷文化可以发展以“茶”和“瓷”为基础的新兴产业，从而带动城市品牌的传播效力，使城市的文化特色转化为城市品牌中最有价值的组成部分，从而实现对经济效益的提升，为城市建设的可持续性奠定良好基础。

---

① 乔恩·朗，杨宇静：《消费主义，城市品牌化与城市设计》，《新建筑》2013 年第 6 期。

一个令人过目不忘的城市品牌形象应该具有特殊的标志，一个个性化的标志能够成功体现出城市的自然风光以及人文景观的综合信息，是城市发展的精神象征，因此在城市设计过程中，标志物的建设绝对不能忽视，要引起重视。根据对国内外城市建设规划的多年历史的分析发现，城市的标志物建设应该遵循以下三个规律：第一，城市标志物建设应该首先能够反映出城市的风景格局，也就是说，一座城市的著名风景特征应该在城市的标志物当中有所体现；第二，城市的文化元素尤其要体现在城市的标志物当中；第三，城市的标志物建设要具有个性化色彩，而且自身要形成一个独立的景观系统，并能够带动相关产业链的发展。城市标志物以具有特色的建筑和雕塑为主，它融入了城市的自然景观和人文文化符号，将城市的传统、当下与未来有机地整合起来，成为城市品牌的不朽象征。另外，城市标志物建设应该体现出环保与生态可持续发展意识，对标志物的建设与维护可以带动相关生态环保产业的发展。

促进基于城市品牌理念的产业发展。城市品牌是一个城市最为重要的资产，能够促进城市竞争力的有效提高。例如：对于长三角地区、粤港澳大湾区中的各个城市来说，由于面对新一轮挑战，所以，要以世界的眼光、世界思维以及战略性思维进行思考，这样才能保证城市的科学化发展。在这种发展趋势下，不仅要促进生态文明城市的形成，保证核心品牌价值理念的持续，还要能打造以城市为主题的文化发展趋势，促进产业化的特色发展，使城市在不断进步与发展中形成品牌与产业的互补模式。

基于城市品牌理念的城市设计应该最终体现在对相关产业的带动与促进方面，同时城市建设相关产业的发展会反过来对城市的建设形成进一步的依托，实现产业与规划的可持续化发展，所以在城市设计的每一个环节都应该综合考虑相关产业的发展情况以及整个城市的经济社会基础。城市的设计应该建立在对相关产业的带动基础上，城市品牌的打造要结合相关产业的发展需要；城市相关产业的发展，最终会对城市建设与城市品牌打造贡献力量。因此，可以利用城市的自然资源与人文资源发展多层次产业模式，比如促进旅游业与战略性新兴产业，形成生态化、产业化的可持续发展道路，构建城市品牌形象的远景目标，打造不朽的城市品牌形象。

在城市竞争日益激烈的背景下，许多城市都开始重视城市品牌的塑造和形象的树立，以期形成城市品牌效应，打造城市的竞争优势。城市设计是达到这个目的的重要手段。要通过城市设计，在人的感知角度，对城市的人文魅力进行全面的展示，从而形成城市品牌形象。因此，在城市化发展趋势下，要形成品牌化发展的思路，不仅要使资源优化，保证其得到充分利用，还要整合城市的发展观念，并确立新时期的具体目标。同时，在整体设计工作中，需要在城市山水、公共空间、文化空间等多个方面科学设计，这样才能实现城市的品牌化发展。

二、 上海：打响“四大品牌”

21 世纪是城市的世纪，以城市为单位的竞争已成为各地之间综合实力竞争的一部分。在新发展阶段，为了显示中国综合竞争力，积极打造中国城市品牌极为重要。上海于 1986 年被列为中国历史文化名城。上海位处中国海岸线中点，于 1843 年开埠后，迅速成为全国性城市乃至远东第一城，是世界城市品牌中一颗璀璨的明珠。上海品牌长期享誉全国。在 20 世纪中国现代工商业发展中，上海崛起了一大批民族品牌，被誉为“中国品牌的摇篮”。自中国加入世界贸易组织以来，上海倾力推进品牌建设，是我国品牌建设国际化的高地，其目标是将上海建设成为全球卓越城市、具有世界影响力的社会主义现代化国际大都市。

（一） 打响上海“四大品牌”

近代以来，上海在世界城市之林中快速崛起，在 1930 年人口突破 300

万大关,成为中国特大城市,也是仅次于伦敦、纽约、东京、柏林的世界第五大城市,是中国长期吸纳西方文化的窗口、中西文化交汇的前沿。上海是近代中国的外贸中心、金融中心、工业中心和文化中心,是现代化中国城市的象征。新中国成立后,上海成为中国的工业基地、财政支柱,是除了北京以外的文化中心、科技重镇。改革开放以来,特别是浦东开发开放以来,上海全力推进国际经济中心、国际贸易中心、国际金融中心和国际航运中心"四个中心"建设,进而位居世界城市品牌前列。

2018 年 4 月,中共上海市委、市人民政府印发《关于全力打响上海"四大品牌"率先推动高质量发展的若干意见》,其指导思想是坚定追求卓越的发展取向,面向全球、面向未来,对标国际最高标准、最好水平,把全力打响"四大品牌"与落实和服务国家战略相结合,深化国际经济、金融、贸易、航运、科技创新"五个中心"和国际文化大都市建设,加快提升城市核心功能,进一步增强辐射带动能力;与率先推动高质量发展相结合,深入推进创新驱动发展、经济转型升级,深化供给侧结构性改革,适应生产和消费升级需求,持续扩大优质服务和先进技术产品供给,加快建设现代化经济体系;与着力创造高品质生活相结合,切实践行以人民为中心的发展思想,坚持社会评价是第一评价、社会感受是第一感受,着力提升服务对象、消费者和市场主体的获得感,不断满足人民群众对美好生活的需要;与营造一流营商环境相结合,聚焦打响品牌过程中的体制机制难题,充分发挥中国(上海)自由贸易试验区先行先试作用,深化"放管服"改革,持续推进质量变革、效率变革、动力变革,大力弘扬海纳百川、追求卓越、开明睿智、大气谦和的城市精神,不断彰显功能优势、增创先发优势、打造品牌优势、厚植人才优势,着力构建新时代上海发展战略优势,全面提升城市吸引力、创造力、竞争力,加快迈向卓越的全球城市和具有世界影响力的社会主义现代化国际大都市。

具体来说,打响"四大品牌",一是在新一轮全球化背景下的产业再分工中，重塑产业价值链体系，在发达国家、发展中国家以及国内省市的多向挤压中实现有效突围，内向国际化与外向国际化并行，并贯穿于上海品牌经济建设的全过程，切实提升上海在全球产业链和价值链中的地位，加快向价值链高端转型的步伐。二是深入贯彻落实习近平总书记于 2014 年 5 月 10 日在郑州视察河南中铁工程装备集团有限公司时提出的“推动中国制造向中国创造转变、中国速度向中国质量转变、中国产品向中国品牌转变”的重要指示，落实国家“十三五”规划和其他一系列战略要求，深度破解资源、商务成本、环保等方面带来的刚性约束，厚植可持续发展新优势，实现新发展。三是紧密结合《上海市城市总体规划（2017—2035 年）》的目标，以全球卓越城市为城市品牌定位，加快推进“四个中心”、全球科创中心和自贸试验区建设，当好改革开放先行者和创新发展排头兵角色，持之以恒，将上海打造成一座国际顶尖的创新之城、人文之城和生态之城。四是基本形成品牌经济发展体系，加快构建现代化经济体系，在理念上，树立起从追求规模和数量向提升品质和价值的转变，充分调动各方积极性，把上海打造成为国际品牌之都、引领长三角地区以及我国品牌经济发展的品牌高地，为上海实现全球卓越城市的发展目标打下扎实基础。

上海服务、上海制造、上海购物和上海文化这四大品牌三年行动计划（2018—2020 年）相继出台。2021 年 7 月，又紧接着出台打响“四大品牌”新三年行动计划（2021—2023 年）。这些计划促成了一批品牌战略明晰的新兴产业品牌，提升了一批具有市场优势的优质品牌，振兴了一批深具市场影响力的老字号品牌，打造了一批世界知名自主品牌。上海品牌建设立法工作也明显提速，以法治思维推进上海品牌建设，多项条例开创性地引入相关品牌建设条款。《上海市促进中小企业发展条例》第五十条明确支持中小企业自主品牌的培育和建设，实施品牌发展战略，鼓励中小企业开展品牌培育管理体系建设工作，对符合规定的中小企业给予资金支持，对中小企业申请注册商标、申请地理标志保护产品和申报“中华老字号”给予指导和帮助。《上海市红色资源传承弘扬和保护利用条例》明确提出打响上海红色文化品牌，将红色资源融入本市重大品牌节庆活动。《上海市公共文化服务保障与促进条例》辟出“上海文化”品牌建设专章，对打响红色文化品牌、海派文化品牌和江南文化品牌进行了详细阐述，提出实施品牌提升工程，提升公共文化服务品牌。《上海市知识产权保护条例》提出建立重点商标保护名录制度，将在本市享有较高知名度、具有较大市场影响力、容易被侵权假冒的注册商标纳入重点保护范围。《上海市反不正当竞争条例》等也列入了相关品牌建设内容。

司法、执法工作成效显著。上海知识产权法院自 2015 年至 2020 年共受理各类知识产权案件 15 390 件，受理案件数量逐年上升，年均增长率 46.71%，审结各类知识产权案件数也逐年增长。在消费者权益保护方面，2020 年全市办结案件达 2.2 万件，处置投诉、举报、咨询 150 万件，召回缺陷消费品 50 多万件，办结反垄断案 11 件。

（二）“上海品牌”认证

1. 构筑代表中国参与国际竞争的高端品牌集群。2015 年以来，为贯彻落实国务院《质量发展纲要》提出的关于产品、服务、工程、人居环境等四大质量提升要求，及国务院关于实施增品种、提品质、创品牌的“三品”战略工作部署，上海市质检局依托本市相关高校和研究机构，着手开展相关“上海品质”认证探索工作。2016 年，经国家质检总局批准，并经国家认监委正式复函，上海正式试点开展“上海品质”第三方自愿性认证，此项工作明确定位为不限地域的高端品牌认证。2018 年 5 月，为进一步落实《关于全力打响上海“四大品牌”率先推动高质量发展的若干意见》要求，经上海市委、市政府同意，该项工作名称正式确定为“上海品牌”认证，并以此作为推动上海服务、上海制造、上海购物和上海文化“四大品牌”培育、评价和发展的重要手段。

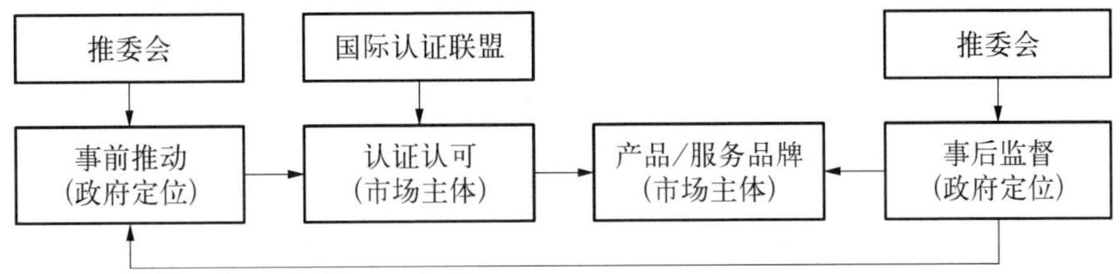

图 4－1　“上海品牌”认证工作主体关系图

“上海品牌”认证定位于第三方高端品牌认证，以“专业化、国际化、市场化和法治化”为基本理念，按照“政府推动、市场主导、企业主体、最高标准、国际认可”的创新运行机制，引入国际通行的质量认证手段，评价一批符合“自主创新、品质卓越、管理精细、品牌引领、社会责任”要求的品牌标杆，支撑“四大品牌”和“上海标准”建设，构筑代表中国参与国际竞争的高端品牌集群。为此，在上海市质量工作领导小组架构下，组建了由市市场监督局、市发展改革委、市经信委、市商务委、市财政局等 24 个委办局组成的“上海品牌”认证工作推进委员会（本文简称“推委会”），负责统筹协调推进认证工作。为充分体现市场主体作用，同时专门成立了上海品牌国际认证联盟（本文简称“国际认证联盟”），作为自愿性合作组织，它是“上海品牌”认证体系建设与实施的平台，负责统一认证规则、实施要求和受理申请，以“聚合优势技术资源，打造高端品质认证，提高供给质量水平，铸就卓越城市名片”为宗旨。联盟成员由国内外知名检验检测认证机构、相关行业协会、科研机构和企业集团等共同组成。目前，除国内优秀认证机构外，联盟还吸纳了一批国际知名认证机构，并通过这些国际机构实现了认证规则、评价方式与国际互联互通，充分彰显了上海品牌的高端性和国际互认性。

为此，形成了“上海品牌”认证标准体系，由 DB31/T1048—2017《上海品牌评价通用要求》、系列“上海品牌”认证技术标准以及认证实施规则组成，对照国际最高标准、最好水平，形成“上海标准”，据此开展“上海品牌”认证。DB31/T1048—2017《上海品牌评价通用要求》规定了“上海品牌”认证评价的术语、定义、原则、基本要求、组织实施、证书与标志等内容。同时申请认证的产品、服务是否达到“国内领先、国际一流”水平的先进性评价也被纳入“上海品牌”认证标准体系,统一管理。上海品牌国际认证联盟还组织制定了相应产品和服务的认证实施规则,对认证程序、认证依据、工厂检查(管理成熟度测评)要求等做出统一规定;形成了规范的认证程序,具体包括企业提交申请、通用要求评价、产品/服务认证、发放证书(证书有效期三年)和证后监督。

“上海品牌”认证标志为“上品”,极具象征意义,标志主体部分由充满中国古典韵味的青铜器回纹构成,通过中国传统文化重大象征、世界文明瑰宝青铜器的回纹的组合,形成“品”字形轮廓。“品”代表中国绵延至今的匠心精工的品质追求、品格态度和品牌文化,无疑是对中国传统工艺的致敬与传承,彰显了中国自古以来整个社会对美好、和谐生活的共同追求。一个“上”字隐藏在整个标志的核心之处,画龙点睛地道出了“上海品牌”的含义。“上”可以是一座城市,更可以是一种态度。“上品”是上海的品牌,与“海纳百川,追求卓越”的上海城市精神相得益彰;它还意指正蓬勃向上的中国品牌,显示出中国品牌的力量,“上品”即中国品牌的代表。标志的颜色为红色,乃中国红,以此作精神象征,拥有热烈、真诚、激情、喜庆、向上、主动、开放、权威、革命和成熟等意,含义多重,意蕴丰沛。

2. **充分发挥品牌标杆作用**。截至 2021 年,上海市四年来已有近 100 家企业的 150 余项产品和服务通过了“上海品牌”认证,其中包括光明乳业、晨光文具、国网上海市电力公司等知名企业。SP－001 号为上海振华重工(集团)股份有限公司,认证的是产品类,获证范围为 3E 级岸边集装箱起重机。国网上海市电力公司独得四张认证证书。获得认证的不乏非遗、中华老字号,例如老凤祥、培罗蒙、恒源祥、红双喜、敦煌牌、亚振家具、雷允上、英雄、凤凰、上海制皂、朵云轩、光明乳业、蔓楼兰、茂昌眼镜、三枪等。这些品牌无疑是上海“四大品牌”代表性的金字招牌和城市名片。

(1) 加强“上海品牌”认证的制度化建设,确立“上海品牌”认证的权威性。“上海品牌”认证作为我国品牌认证建设的有机组成部分,政府既要推动，又要监管，充分反映国家组建市场监督管理局的宗旨以及它现在应承担的职责，在推动与监管中，要做到三个协同：第一要与局内专利、商标、广告、质量和标准等各相关部门统筹协同；第二要与局外包括与市国资委、市农业农村委、“四大品牌”建设牵头单位（上海市委宣传部、市发展改革委、市经济和信息委和市商务委）等部门统筹协同；三要与社会协同，充分调动行业协会、专业机构等第三方的积极性。同时加强法治化建设，做到有法可依，有章可循，在一系列合法的规则中前行。深刻体现法治条件下政府与市场的辩证关系，提高“四大品牌”建设的法治化水平，尽快研究制定地方性法规《上海品牌认证促进条例》。借用吴敬琏先生的话，市场经济是法治经济，品牌是市场经济的产物，“上海品牌”认证应成为上海在社会主义市场经济条件下构建国际化大都市，推进品牌经济发展，体现城市能级成熟度的一个标志性符号，以此确立“上海品牌”认证的公共性、公平性和公信力。

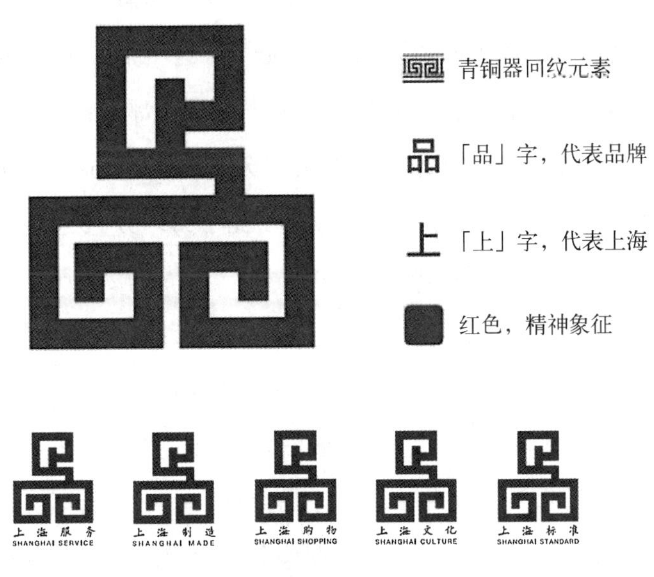

图 4－2　“上海品牌”认证标志

(2) 坚持以市场化为导向，以产业化思路，扎实推进“上海品牌”认证工作。“上海品牌”认证工作应坚持以市场化为导向，让市场的归市场。市场化手段是我国当前以及未来推动认证认可产业发展的有效手段。我国认证认可产业规模已居世界第一，上海认证认可产业居全国前列。截至目前，上海全市认证机构132家，年发行认证证书27.85万份，实现产值42.66亿元。这其中就有“上海品牌”认证的贡献。品牌认证既是认证认可产业中的有机组成部分，也是构建品牌专业服务业中的重要一环，是一个有着向市场传递信任的特殊使命的特色产业，在品牌经济发展中具有广阔前景。对此，认证认可产业在承担上海品牌认证工作的过程中应深入促使自身向着品牌化方向演变，将自身打造成金字招牌。

(3) 切实推动“上海品牌”认证不断向精细化认证转变，持续提高“上海品牌”认证专业水平。与过去相比，我国品牌认证已进入快速发展期，涌现了不少品牌认证机构，但客观事实是这些机构良莠不齐，整体来说，它们品牌认证的专业能力亟须提高。“上海品牌”认证秉承“四大品牌”建设分类无可厚非，但品牌建设越来精细化，从企业为消费者提供更精准化产品以及更精准化服务的需求看，我们的分类至少有这样十个角度：从经济规模划分、从市场分布划分、从行业领域划分、从行业内部垂直领域划分、从上下游产业链横向领域划分、从价值影响力划分、从综合竞争力划分(内含效益高增长率、市场高占有率等)、从品牌单项竞争力划分(例如创新力)、从品牌综合实力划分(强势型品牌、弱势型品牌)、从品牌资产划分(正向品牌资产、负向品牌资产)，并且这些分类要符合消费者对上海品牌的一般性认知，更重要的是获得对上海品牌细分领域的差异化认知，在更深程度上感知上海品牌的魅力，将“上海品牌”认证工作本身打造成品牌。

(4) 以推进“上海品牌”认证工作为契机，持续深化上海“四大品牌”专业服务体系建设。上海品牌建设专业服务是我国品牌建设专业服务高地，无论教育培训、研究咨询、创意策划、标准制订，还是知识产权保护、投融资、国际化等均处于全国前列,不仅服务本土,而且服务全国,并一直延伸至国外,在我国品牌建设专业服务中有着举足轻重的分量。对此,“上海品牌”认证要与这些品牌培育手段紧密结合,特别是要与品牌诊断、品牌价值评估结合起来,痛痒相关,形成合力,整体提升,持续推动“四大品牌”专业服务体系建设,充分发挥行业协会与专业机构的作用,突出行业特点,突出专业素养,培育一批充分体现品牌认证公信力、专业化、影响力的权威的认证机构标杆,系统性地解决上海“四大品牌”建设中的深层次问题,系统性地挖掘上海“四大品牌”隐藏的价值。

(5) *充分发挥获得“上海品牌”认证的品牌的标杆作用*。要以“上海品牌”认证的品牌为主体,实施上海打响“四大品牌”引领工程,打造真正能代表长三角地区、代表中国参与国际竞争的高品质品牌集群:一是从提高城市能级、产业能级、上海企业品牌化运作水平等角度及时总结获得“上海品牌”认证的品牌的建设经验,为上海企业推进品牌建设提供借鉴、示范,充分激发上海品牌经济发展的内生动力。二是对这些获证品牌进行整体性包装,做国内外推广,充分放大它们作为上海品牌的皇冠、走向世界的名片的作用,有效提升它们的品牌竞争力,同时通过它们的现身说法,向世界生动说明上海的营商环境,提升上海城市美誉度、上海城市品牌力。三是充分调动它们做大做强的积极性,集聚相关资源,支持它们实现更高层级的聚焦发展,帮助它们做大做强,以它们为龙头,推动上海产业集群品牌建设,即品牌产业化,形成城市品牌、产业品牌以及企业品牌互为支撑、共同发展的良好局面,支持城市能级全面提升。

3. 发挥“上海品牌”认证对长三角品牌建设的推动作用

不少获认证的品牌与长三角地区有着天然的血缘关系,例如老凤祥、培罗蒙的创始人来自宁波、舟山,而恒源祥的创始人来自苏州,可以说企业的成长是长三角共同结晶。自改革开放以来,特别是长三角区域一体化发展上升为国家战略之后,“上海品牌”认证应与长三角一体化品牌建设交融发展,对此,我认为应坚持“上海品牌”认证与长三角一体化品牌建设相衔接,扎实推动长三角区域一体化品牌认证工作,将其打造成为长三角共塑世界级城市群品牌的有效抓手。中共中央、国务院印发的《长江三角洲区域一体化发展规划纲要》里明确要求:“形成有影响力的上海服务、上海制造、上海购物、上海文化‘四大品牌’,推动上海品牌和管理模式全面输出,为长三角高质量发展和参与国际竞争提供服务。”上海在《上海市贯彻〈长江三角洲区域一体化发展规划纲要〉实施方案》中聚焦重点区域,率先突破这一板块,明确要求“持续打响上海‘四大品牌’”,并以较大篇幅进行阐述,作出更加具体的要求,相关工作在整体上要体现全球化水平。至于“上海品牌”认证,该文件要求:“以‘上海品牌’认证活动为抓手,推动‘四大品牌’的培育、评价和发展,持续提升‘上海品牌’认证服务能级,树立一批新时代品牌标杆,着力把‘上海品牌’打造为驰名中外的城市名片。”对此,“上海品牌”认证从长三角一体化品牌建设的要求看,要与国家对长三角的定位以及发展目标相吻合。

(1) 规划衔接,并形成稳定的工作互动机制。各省市应结合各自编制的“十四五”规划,从长三角品牌建设一盘棋的角度,对品牌认证做好规划衔接,设立具体目标以及任务,做到政策协同、工作互动(建立稳定的工作机制)、特色互补,形成更高水平的竞合关系。

(2) 坚持以国际化为导向,全面提高长三角品牌建设水平。在已有的品牌认证的基础上,以国际化为导向,提高内部凝聚力,形成相对统一规范的区域性品牌认证标准,挑选一批代表长三角经济发展水平的企业品牌、产品/服务品牌,并以此为契机,全面推进长三角品牌的法治化建设、以市场为导向的品牌认证产业化建设、品牌认证专业化建设、品牌专业服务体系建设以及跨区域的产业集群品牌建设等。

(3) 共同塑造长三角世界级品牌形象。长三角品牌认证共用一个标识,共打一张牌,在世界范围内共同塑造长三角品牌形象,共同打响长三角品牌，充分体现长三角品牌强劲的国际竞争力。为什么这么做？我们要清醒地认识到，世界经济竞争正从原来单个城市、某单一企业的点对点的竞争，演变为城市群、城市圈之间的竞争、产业集群品牌之间的竞争。

三、　深圳：　创新品牌的中国样本

品牌是企业、城市乃至国家竞争力的核心体现，是全球经济和科技竞争的制高点。城市的创新品牌建设与该城市的核心竞争力息息相关。深圳被称为设计之都，以创意立城，历来十分重视品牌发展，国际化影响力节节攀升。由世界知识产权组织公布的全球创新聚集城市排行榜，连续两年把深圳列为全球前列，仅次于东京，超过旧金山。2019 年，《粤港澳大湾区发展规划纲要》（以下简称《规划纲要》）与《中共中央、国务院关于支持深圳建设中国特色社会主义先行示范区的意见》（以下简称《意见》）先后颁布，赋予了深圳明确的战略定位，要求将深圳努力建设成为具有全球影响力的创新创业创意之都，成为我国建设社会主义现代化强国的城市范例。①

经过不断的探索实践，作为改革开放前沿城市的深圳逐步形成了“标准先行，设计支撑、质量引领、品牌带动、信誉保证”的品牌发展策略②，产业品牌创新、企业品牌创新、文化品牌创新等井井有条，“深圳出品”成为高质量的标签，展现着深圳先进的发展成果，为城市品牌建设提供了优秀的样本。

（一）　创新品牌对深圳品牌塑造的意义

《规划纲要》及《意见》对深圳创新品牌建设提出了指导性的要求。《规划纲要》提出了关于推进粤港澳大湾区建设的基本原则：创新驱动，改革引领；协调发展，统筹兼顾；绿色发展，保护生态。“创新驱动”被放在了十分

① 宋婷：《深圳城市品牌国际知名度的特征以及提升策略研究》，硕士学位论文，深圳大学，2020。
② 贾艳丽，孙莹莹，周鹏，杨志花：《浅析深圳品牌建设的现状与发展方向》，《中国标准化》2018 年第 20 期。

重要的位置。深圳品牌是中国品牌的重要组成部分,“对标国际一流水平,在新时代打响深圳城市品牌”既是深圳朝着建设中国特色社会主义先行示范区的方向前行、努力创建社会主义现代化强国的城市范例的迫切需要,也是向中国及世界彰显强劲品牌创新能力的重要举措。

(二) 深圳创新品牌塑造实践经验

1. 产业品牌创新——“设计之都”提升城市新意义

城市品牌定位是根据当前城市发展的形势,结合城市自身的竞争优势确定的。深圳有着发达的文化产业,这一方面在于城市能以产业运作的模式助力品牌的传播,另一方面在于产业的不断创新能为城市品牌的传播提供内驱动力。在文化产业方面,深圳自 2003 年开始就把文化产业列为城市的第四大支柱产业,并强力实施“文化立市”战略,陆续创办了具有扩展功能和裂变效应的文博会、文交所和大芬油画村等文化产业品牌,涌现出了以腾讯、华强、雅图等为龙头的文化品牌企业,文化产业以年均 20%以上的速度快速增长。目前,深圳共有 8 个国家级文化产业示范基地,1 个国家级文化产业示范园区,1 个国家原创音乐基地,1 个国家动漫画产业基地,4 个广东省文化产业示范基地,3 个广东文化(创意)产业园区。2017 年,深圳文化产业增加值超过 2 100 亿元,占 GDP 的比重约为 10%,强劲的产业实力为城市品牌的传播提供了坚实的基础。

2008 年,联合国教科文组织的全球创意城市网络认定深圳为世界上第六个“设计之都”,深圳成为我国首个获此殊荣的城市。深圳在设计产业和设计创新领域有着较为深厚的基础,平面设计、数字内容和在线互动设计、装潢设计等,均具有一定的世界声誉。① 这个称号也赋予了深圳新的品牌魅力,对深圳城市品牌的打造和营销具有积极意义,促进了整个城市的产业

① 李尘:《深圳城市品牌定位浅析》,《特区经济》2010 年第 2 期。

品牌创新。

2. 企业品牌创新——以企业“走出去”带动城市新形象

深圳的一些品牌性企业，如腾讯、华强、华为等也发挥各自的产业优势，积极开展对外交往活动，拓展国际市场。这些从深圳诞生且壮大起来的品牌，也代表了深圳的城市形象，使深圳成为一个自主创新之城。

2017 年，腾讯联合瞭望智库和联合国教科文组织，充分发挥产业自身的技术优势和深圳的对外开放平台优势，启动了针对“一带一路”沿线国家的传统游戏收集与研究项目，推动深圳城市整体战略在“一带一路”沿线国家的推广。作为“海上丝绸之路”的重要节点城市，深圳是中国对外开放的重要窗口。深圳加快构建具有国际竞争力的全面开放新格局，鼓励本土企业“走出去”，主动融入“一带一路”建设，逐步实现了以企业“走出去”带动深圳城市形象对外宣传的目的。

3. 文化品牌创新——举办大型活动扩大城市新影响

城市形象是城市的无形资产，大型赛事及特别活动的举办是一个个文化品牌的打造，对深圳呈现城市形象、提升城市品位具有积极的影响。在文化产业方面，自 2017 年首届深圳设计周举办以来，深圳对标国际一流设计名城，致力于打造与米兰、巴黎、伦敦、纽约设计周媲美的国际设计界顶尖活动，设计周国际化、专业化特色日益凸显，辐射力、影响力也不断扩大。

在体育活动方面，2019 年深圳发布了《2019 深圳市主要体育赛事活动官方手册》，其中提到 2019 年深圳市计划举办包括国际高端体育赛事、高水平职业俱乐部赛事、本土自主品牌赛事等在内的主要体育赛事活动共计 542 场，体育赛事进一步国际化、高端化，成为全国唯一海陆空皆有大型体育赛事的城市。作为一种在单位时间内积聚人群众多、吸引关注细密、关涉事务繁杂的社会文化活动，大型体育活动对于主办城市的国际影响具有突出的意义。同时，每一项综合性大型体育赛事都要由众多的文化活动来组成，这就为主办城市提供了一个展示自身文化标志的机遇。参加国际重大体育活动的各色人等还可以通过主办城市的具体器物得到自己的印象，进而将这种印象转化为该城市的文化品牌。城市应注重发挥大型体育赛事的助力作用，提高城市文化品牌知名度；制订长远的国内外体育营销战略，增强品牌自身实力，提升品牌价值与国际影响力和竞争力。①

此外，深圳工业总会按照国务院《关于发挥品牌引领作用，推动供需结构升级的意见》（国办发［2016］44 号）的文件要求和市委、市政府主要领导批示精神，经市政府同意，联合十区开全国先河，于 2017 年 4 月 20—28 日举办了以“品牌引领 创造质量”为主题的首届“深圳国际品牌周”活动。活动期间，国务院于 2017 年 4 月 24 日发布公告，确定自 2017 年起，每年的 5 月 10 日为“中国品牌日”。首届“深圳国际品牌周”成为迎接第一个“中国品牌日”的献礼活动。深圳也以此树立了新的城市形象。

4. 环境品牌创新——释放的建筑美学展示城市新魅力

除了企业、文化、产业等品牌创新，城市环境魅力也与品牌影响力息息相关，城市建筑美学的发达一定程度上反映了这座城市的影响力。

深圳数十年发展下，勾勒的城市建筑天际线已经精彩呈现，一栋栋标志性的城市建筑如后海的“春笋”、福田的平安金融中心、前海之门——卓越前海壹号、宝中的欢乐港湾……深刻地印在诸多市民的眼中和心中。

此外，深圳的理想生态环境打造也一直没有停下，“深圳蓝”可持续行动计划取得显著成效。2020 年 1 月至 4 月，在全国 168 个重点城市中，深圳空气质量位居全国第五，“深圳蓝”成为城市靓丽的名片。此外，绿色也是深圳的主打色，全市共 1 090 个公园，总面积达 39 319.4 公顷，是名副其实的“千园之城”，森林进城、绿意满城、花开鹏城，深圳形成了崭新的绿色发展格局。

中国深圳环境第一展“2022 粤港澳大湾区生态环境技术及设备展览

① 张洁，李灿珉，汤承钦：《大型体育赛事助力城市文化品牌形象建构的研究——以深圳市为例》，《体育成人教育学刊》2021 年第 4 期。

会”将在深圳国际会展中心盛大启幕。展会以“留住青山绿水，探索产业蓝海”为主题，充分利用行业内的累积资源，着力邀请行业内顶尖企业、上市公司、国际知名企业、领先民族品牌参展。品牌与美学两者之间的价值是相辅相成的，“深圳蓝”“深圳绿”带给了深圳独特的色彩记忆与魅力，而这座城市的建筑美学也将得到更多释放。

第五章

构建我国品牌强国体系（下）

第一节 产业集群品牌的实践

产业集群品牌是基于一定区域内的产业集聚而呈现出的经济增长现象，是产业品牌的重要呈现方式。党的十九大报告指出，要促进我国产业迈向全球价值链中高端，培育若干世界级先进制造业集群。近年来，中共中央、国务院出台的《国家创新驱动发展战略纲要》等一系列重大战略举措和多项重要政策均对产业集群品牌建设工作作出了部署。《十三五国家知识产权保护和运用规划》明确要求推动产业集群品牌的注册和保护。[①] 2015年，国家工信部开展了产业集群区域品牌建设试点工作，支持区域和行业通过品牌建设带动区域经济发展。在“十四五”时期，我国将持续推动先进制造业等世界级产业集群发展，从国家层面到地方层面，均作出相应部署，并将产业集群向构建产业链持续深化，优化区域产业链布局，打造战略性全局性产业链。

从20世纪80年代开始，我国东部沿海地区浙江、江苏和广东等地相继涌现出众多产业集群，不仅表现出较强的产业竞争力，而且对促进区域经济发展、提升地区竞争力、参与国际竞争起到重要作用。产业集群逐渐成为各

① 彭桃：《加强产业集群品牌建设，推动构建新发展格局》，《中国知识产权报》2021年5月10日。

地区经济发展的重要依托,也成为国家区域经济发展战略的重要支点之一。①

一、 产业集群品牌培育的路径

(一) 产业集群品牌的成因

产业集群是指在某一特定区域内(通常以一个主导产业为核心),大量产业联系密切的企业或相关机构在空间上聚集,并形成强劲、持续竞争优势的现象。厂商为了寻求利益最大化,会在一定的范围内缩减成本, 而地理区位上的靠近则不仅有力地降低了生产成本,而且也为获取信息提供了更好的条件。产业集群意味着创新的出现: 首先,产业集群的协同效应显现。产业集群本身就是对现有资源结构的一种改造,把原有分散在各处的产业资源合理科学地整合在一起,形成空间上的聚集。以专业化分工和协作为基础的同一产业或相关产业的企业,尤其是中小企业,借助产业集群这种特殊的组织结构,相互之间可以建立长期、稳定的创新协作关系,从而在整体上提高企业的创新能力。其次,集群内部博弈。产业集群形成后,不仅集群与外部的厂商展开竞争,集群内部的厂商之间也存在博弈,这就要求企业更多地关注集群内部的创新。再次,产业集群还有一个特性,即组织内部的溢出效应,产业集群的溢出效应,是指在产业集群这个众多企业交互作用下的复杂系统中,整体价值大于单个企业价值累积的现象。不同厂商在同一区域内的聚集,缩短了厂商间的距离,发展自身的同时对竞争对手不断进行观察与模仿,进而改进自身的关键技术与管理手段,加快企业的发展速度。为了不被模仿和超越,厂商又会不断改进和创新。单个厂商的模仿行为会带动其他厂商进行效仿,当产业集群内部的所有企业均在模仿与被模仿、超越与被超越的过程中加速发展时,集群整体的价值随之提升。

---

① 朱玉林, 康文星: 《基于农业产业集群的区域品牌需求与供给分析》, 《求索》2006 年第 7 期。

(二) 产业集群品牌建设的核心思想

产业集群的形成,可以是一种厂商自然选择行为的累积,也可以是某些外力(比如政府的引导行为)作用的结果。在我国,更多的是两者的共同作用,即在自有的产业基础上通过政府的推动而形成产业集群。产业集群是构建区域品牌的先决条件,但是并不意味着有产业集群的存在就一定能够塑造出区域品牌,这还取决于该集群所拥有的知名的产品品牌和企业品牌的数量或者质量。消费者会通过一个产品而铭记与之相联系的企业,也就是说,产品品牌是消费者认知企业品牌的便利通道,这便是消费者对企业品牌进行认知的原理之一。类似地,当产品品牌关联到企业品牌,而企业品牌又指向到其所在地时,消费者便会有将产品与地域联系在一起,构建起一种直接的认知,进而产生将该产品泛化到其所属产品类别的倾向性,并加以印证这种倾向的正确性。根据美国心理学家斯金纳的强化理论,具有相当品牌知名度的产品可以被视作刺激物,当这种产品的数量增加时,正向的强化作用开始显现,且随着数量的增加这种强化作用会加强,最终的结果便是其所指向的具体区域在消费者的认知中得到强化。

还有一种情况,即产业集群中产品品牌和企业品牌的数量单一,比如我们熟知的福建南平有众多的电池企业,但是让我们将电池与南平联系起来的是“南孚电池”。这种情况可以由口碑效应(word of mouth)来解释。当某产品的品质成为行业内的标杆时,就意味着该产品已经经过了相当一段时期的消费者的检验,而且得到了消费者高度一致的正向评价,消费者的品牌认知过程早已完成。在此过程中,消费者会通过人际关系网络将产品的评价传播,当周围的不同的人对同一产品进行正向评价时,这些评价也会成为刺激物不断将消费者对该品牌的认知加以强化,且最终也都会使消费者的认知关联到其产地。产业集群往往能够使人们形成对产业集群所在区域内该产业的整体评价,而且产业集群的成功运作会让人们形成正面评价。

由此可见,产业集群有助于培育高品质产品,塑造具有高知名度和高美誉度的产品品牌和企业品牌,消费者进行品牌认知时会将品牌与其所属地域一并进行认知。

(三) 产业集群品牌培育的基本路径

国家在五年规划中对产业发展有总体指导,但就地方而言,产业集群品牌培育仍然存在着重复建设的现象。既要避免重复建设导致的资源浪费,又要切合实际地寻找到经济发展的立足点,这成为摆在地方政府面前的难题。

近年来制订和落实的多个地方政府的产业发展规划有如下几种共性。第一,实施产业转移战略。伴随着我国经济战略的调整,各产业在空间布局上的变化越来越大,轻工业尤为明显。包括家电、家具、文体用品、皮革、塑料等轻工业出口大户在内的产业纷纷向中西部转移,且转移的速度和力度都空前加大。相对于东部沿海地区而言,中西部地区地域广大、劳动力密集,这意味着企业在中西部地区发展的空间更大,用工成本也更低廉,这就为企业的进一步发展提供了较好的条件。同时,中西部地区因为经济发展相对滞后,对于已经在东部地区发展成熟的产业是有引入意愿的。这就为政府与企业间的合作提供了前提。国家对于产业的重新部署,也给予了相应的政策指导。在这种情况下,中西部地区如能强化原有的产业基础,并且为愿意西迁的企业搭建好发展的平台,则极有可能孕育出一个新的区域品牌。早在 2007 年,四川成都就聚集了服装生产企业和面辅料生产企业大小共计六千多家,从业人员多达 30 万,但是这些企业多属中小型企业,企业实力较差,拥有的知名品牌极少。而且,这些企业中的相当一部分都分布在毗邻成都的彭州市。2009 年底,为了承接东部产业转移,同时也为了整合原有产业资源,在彭州市政府的支持下,两个规模巨大的纺织服装产业园区动工兴建,与原有的产业园区一起,组建了占地超过万亩的国家级纺织服装产业开发区,多个持有中国驰名商标的企业和一大批知名企业纷纷入驻彭州。

目前，家纺产业与服装产业已经成为彭州新的经济增长点，彭州新的区域品牌正在形成。

第二，强化不同区域产业集群品牌协同战略。战略协同是战略联盟成员为了实现战略目标而组织协调的过程。战略联盟常见于企业间，是企业在市场竞争中，为了保持竞争优势而采用的一种战略方式。蒂斯（Teece）将战略联盟看作伙伴企业间，为了实现资源共享、优势互补等战略目标而进行的以承诺和信任为特征的合作活动。蒂斯的定义侧重于企业的组织层面，卡尔代拉（Caldeira）则从职能层面给出了自己的见解。他认为，产业技术联盟是基于特定产业内的技术研发、技术产业化、市场拓展等成员的共同目标，通过适当的组织形式和运作制度（实质仍为企业行为），由多家相同或类似产业背景的企业组成的具有战略意义的产业组织形式。以此为理论前提，笔者认为，类似同一产业的企业联盟，区域联盟亦可通过区域间的产业联盟得以实现，这就为培育区域品牌提供了又一路径。也就是说，在培育区域品牌时，政府不仅应对本地区的资源进行确认，同时也可以扫描周边区域的已有资源，让其为己所用。国家级产业开发区的设立进一步加强了彭州的产业基础，但是并非各个门类的服装生产加工企业都入驻了彭州，牛仔产品就是其中之一。出于自身经济发展需要和对彭州服装产业的有益补充，广安引入了广东新塘众多国际知名的丹宁布与牛仔产品生产企业。同属于服装产业的两地的服装企业在服装产业链的各个环节上都有着众多广泛而深入的交流，彭州服装产业的壮大为广安的牛仔产业提供了强大的技术支撑和原料保证。

第三，建立产业综合体。产业集群的良性发展，除了取决于集群内企业的健康成长外，集群外部的组织环境也十分重要。功能完备、信息通畅的外部环境，更加有助于产业集群的发展，进而会加速区域品牌的塑造。笔者认为，我国产业集群从组织形态上划分，至少经历了四个阶段。第一个阶段，城市混合体模式。从新中国成立至改革开放初期，我国的工业尚处于最初级的发展形态，工业企业融于城市内且与城市分界不清，企业数量较少，发展水平低。第二阶段，工业开发区模式。改革开放后，随着环境意识的增强和城市管理水平的提高，政府将工业企业按照行业属性外迁至往往位于城市边界的特定区域内进行发展，客观上完成了行业企业在区位空间上的聚集过程。第三阶段，产业集群模式。此处的产业集群模式是指实现产业聚集的一种组织形态，是当今产业集群实现的主要方式。较前两个阶段而言，产业集群模式不仅完善了产业链条、细化了产业分工，还催生了与集群内专业市场的互动发展，但是却未能解决“城市候鸟”问题，而且与城市发展脱节，影响城市的整体形象。第四阶段，产业综合体模式。产业综合体是一种产业集群与城镇发展合二为一的复合形态。凭借从业人员的居民化、居住条件的社区化和配套设施的社会化，产业集群与城镇发展相互促进，解决了劳动力的家庭问题和留守问题等社会问题，也解决了封闭式工业园区造成的社会隔离问题，有利于吸引高端人才、提供多元化的就业机会，进而推动产业与城市的可持续发展。如苏州工业园区的产城融合模式，又比如浙江义乌就是典型的小商品生产交易产业综合体。建立产业综合体，就能够为产业集群提供更好的制度保障，解决传统产业集群模式遗留的种种产业功能问题和社会问题，有利于产业集群的稳定发展，进而有助于区域品牌的培育和塑造。

二、 浙江： 品牌引领产业集群发展

在“十四五”时期，浙江省将忠实践行“八八战略”，奋力打造“重要窗口”，统筹发展和安全，率先探索构建新发展格局的有效路径，率先建设现代化经济体系，经济高质量发展迈上新的大台阶，人均生产总值力争达到发达经济体水平，基本实现新型工业化、信息化、城镇化、农业农村现代化，建成高水平创新型省份和科技强省、人才强省，建成全球先进制造业基地，建成现代化基础设施体系，形成浙江特色现代化经济体系；基本建成国际一流

的“互联网+”科创高地，初步建成国际一流的生命健康科创高地、新材料科创高地，形成具有国际影响、中国气派、古今辉映、诗画交融的文化浙江新格局，在人的现代化方面走在前列；努力打造美丽中国先行示范区，“绿水青山就是金山银山”转化通道进一步拓宽，诗画浙江大花园基本建成，品牌影响力和国际美誉度显著提升；打造绿色石化、节能与新能源汽车、数字安防、现代纺织等四大世界级产业集群。

（一） 由品牌大省向品牌强省转变

2005 年 1 月 7 日，时任中共浙江省委书记习近平在《浙江日报》“之江新语”专栏撰文《努力打造“品牌大省”》，指出“品牌是一个企业技术能力、管理水平和文化层次乃至整体素质的综合体现。从一定意义上说，品牌就是效益，就是竞争力，就是附加值。关于品牌战略的重要性，邓小平同志早在一九九二年就讲过：‘我们应该有自己的拳头产品，创造出自己的世界品牌，否则就要受人欺负。’世界上许多知名企业也往往把品牌发展作为企业开拓市场的优先战略。这些年来，我们在创品牌方面已经取得了很大的成绩，目前全省有四十五个中国驰名商标，列全国第一；八十三个中国名牌产品，列全国第二。我们要坚定不移地走品牌发展之路，引导企业确立品牌意识，培育品牌、提升品牌、经营品牌、延伸品牌，做到无牌贴牌变有牌，有牌变名牌，培育更多的中国驰名商标和名牌产品，努力创造若干世界名牌，努力打造‘品牌大省’”。①

2006 年 6 月，中共浙江省委、省政府出台《关于推进“品牌大省”建设的若干意见》，该意见提出从推动技术进步、要素保障倾斜、金融信贷支持、专项资金建立、政府优先采购等方面全方位支持品牌建设，形成以强势龙头企业名牌、行业名牌、区域块状名牌集群“三箭齐发”的全新格局。2009 年浙

---

① 习近平：《之江新语》，浙江人民出版社，2007 年 8 月第 1 版。

江省政府办公厅印发《关于加快服务业品牌建设的实施意见》，提出打响“浙江服务”品牌，要求到2012年，基本形成服务业品牌建设的良好氛围，基本建立比较完善的服务业品牌培育、推广和保护机制，全省培育200个左右省级以上服务业品牌，一批服务产品或企业跻身国家乃至国际知名品牌行列，全省服务业品牌建设取得突破性进展。

对此，浙江省坚持“一任接着一任干，一张蓝图绘到底”，品牌建设稳步推进，在打造“品牌大省”的同时，持续推进品牌强省建设。在“十四五”期间，品牌建设继续成为浙江高质量发展的重要抓手。浙江省“十四五”规划明确提出，加快培育一批“瞪羚”“独角兽”企业，促进初创型成长性科创企业发展，形成一批有影响力的创新型领军企业。推进技术创新与商业模式创新、品牌创新融合。加快科技成果转移转化，打造网上技术市场3.0版和“浙江拍”品牌，大力推进专利公开许可。积极培育有控制力和根植性的“链主”企业，提升研发、设计、品牌、营销、结算等核心环节能级。深入实施市场主体升级工程，建立“小升规”“雏鹰行动”“放水养鱼”“凤凰行动”“雄鹰行动”培育体系，加快培育隐形冠军、专精特新小巨人。深化品牌、标准、知识产权战略，深入开展质量提升行动，大力推进标准化综合改革，引导企业品质化、标准化、品牌化发展，打响浙江“品字标”。坚持和完善消费新政，发展新型消费，提升传统消费，适当扩大公共消费，推动实物消费结构升级和服务消费加快发展，引导高端消费回流，打响“浙里来消费”品牌。推进历史文化(传统)村落保护利用和农业文化遗产挖掘保护。做大农博会、茶博会、森博会、农民丰收节等平台，打造一批国际知名景区型村庄。大力实施质量兴农，培育区域公共品牌。实施红色基因薪火行动，大力弘扬红船精神、浙江精神，擦亮“最美浙江人”品牌。实施“浙江文化金名片”海外传播工程，提升“美丽浙江”“诗画浙江”“丝绸之路周”等文化交流活动影响，建设国际丝绸之路和跨文化交流中心。实施“经典浙江”译介工程、浙江学术外译项目。加强国际传播能力建设，讲好浙江故事、中国故事。深化影视业综合改革，以横店影视文化产业集聚区为龙头，打造具有国际影响力的影视文化创新中心。推进“百县千碗”工程，打响浙派美食品牌。实施浙派中医文化工程，打响“浙派中医”“浙里中医”“浙里中药”品牌，推进中医药服务贸易国际化发展。

在该规划里，浙江省又明确提出实施产业集群培育升级行动，打造新一代信息技术、汽车及零部件、绿色化工、现代纺织和服装等世界级先进制造业集群、一批年产值超千亿元的优势制造业集群和百亿级的“新星”产业群。更好发挥政府产业基金的引领和撬动作用，全面推进补链、强链、固链。强化资源、技术、装备支撑，加强国内国际产业安全合作，推动产业链供应链多元化。聚焦生物医药、集成电路等十大标志性产业链，全链条防范产业链供应链风险，全方位推进产业基础再造和产业链提升，基本形成与全球先进制造业基地相匹配的产业基础和产业链体系。同时提出整合提升现代农业园区、特色农业强镇、特色农产品优势区等平台，大力发展乡村旅游、森林康养和渔港经济，打造一批乡村优势特色产业集群。

（二）　产业集群品牌建设的专业化保障

产业集群品牌是浙江经济得以雄起的重要支撑。经过多年培育，浙江已拥有 120 个产业集群。在制造业集群品牌方面，“十四五”时期，浙江提出进一步打造世界先进、国际一流、国内知名，具有强劲的全球竞争力的十大制造业产业集群品牌，包括数字安防、集成电路、网络通信、智能计算、生物医药、炼化一体化与新材料、节能与新能源汽车、智能装备、智能家居和现代纺织，并由此形成十大标志性产业链。对于现代纺织，特别提出推进纺织印染智能化改造，促进化学纤维差异化功能化、纺织面料高端化绿色化、服饰家纺品牌化时尚化发展，打造国际一流的纺织先进制造业集群。

显然，《浙江省质量强省标准强省品牌强省建设“十四五”规划》对全省品牌建设的专业服务提出了具体目标与任务，其中当然包括对产业集群品牌发展的支持。《规划》指出，质量发展走在全国前列，先进标准体系更加健全，品牌矩阵不断壮大，质量技术基础持续强化，质量治理能力明显增强。在"十三五"时期，由于率先构建以"区域品牌、先进标准、市场认证、国际认同"为核心的"品字标"品牌建设体系，累计有 1 006 家企业获得"品字标"浙江制造认证证书 1 671 张，获得国际认证证书 200 张。商标质押登记数连续五年位居全国第一，商标品牌发展指数(2020)位列全国首位。拥有地理标志保护产品 116 个、地理标志商标 253 件、农产品地理标志 89 个，17 个地理标志产品列入中欧地理标志互认互保产品清单。工程品牌不断创优，全省共获得"鲁班奖"工程 49 项、国家优质工程 94 项，评选"钱江杯"省级优质工程 639 项。全力推进认证认可、检验检测综合改革，高水平建设国家检验检测高技术服务业集聚区(浙江)，检验检测认证行业市场化、专业化、品牌化、国际化发展初见成效。

"十四五"时期，浙江省要率先建设面向全国、融入全球的现代化经济体系，塑造新时期浙江竞争优势，坚持质量第一，以品牌的力量激发新的增长动力，以高质量供给创造更多市场需求，以标准提档、品牌增效融入和引领价值链重塑，推动全省加快迈入质量时代的步伐。努力把质量强省、标准强省、品牌强省建设打造成"重要窗口"标志性成果，为浙江省争创社会主义现代化先行省贡献力量。

1. 全面实施标准化战略。建设高水平的浙江标准体系，推动浙江标准转化为国家标准、国际标准，努力提升浙江标准话语权。大力培育企业自主品牌、产业集群品牌、区域公共品牌，不断提升浙江品牌国际影响力和美誉度。到 2025 年，多层次、高水平的地方特色标准体系不断健全，高水平产品、技术、管理和服务的品牌形象牢固树立，浙江制造、浙江服务、浙江工程、浙江环境"四大领域"质量全面跃升，"三强"建设成为"重要窗口"标志性成果。"四大领域"质量总体达到国内领先水平，形成 3—5 个全球先进制造业集群，出口商品国际质量竞争力显著增强，基本实现浙江制造向浙江创造转变、浙江速度向浙江质量转变、浙江产品向浙江品牌转变。成为先进标准引领高质量发展的国家示范、具有国际影响力的品牌经济发展高地，进一步完善品牌培育机制，构建品牌产品、品牌企业、品牌产业、区域公共品牌培育体系，加快形成一批具有国际影响力的知名品牌，进一步提升“品字标”区域公共品牌的影响力和附加值，推动浙江产品和产业向价值链高端跃升。累计培育“浙江制造精品”2 500 项、单项冠军企业 230 家、“品字标”品牌企业 2 500 家，建成一批全国质量品牌提升示范区。

2. 推动“浙江制造”迈向全球高端。以十大标志性产业链和“415”先进制造业集群为重点，对标国际先进水平，开展制造业质量提升行动，提升研发、设计、制造、营销等核心环节能级，提高全球供应链协同和资源配置能力。持续推进重点行业、规模以上制造业企业、产业园区及产业集群等实现数字化改造全覆盖。积极创建全国质量强市（县）示范城市和质量品牌提升示范区。打造美誉度高的集群和区域品牌。推进制造业产业集群品牌建设，探索集体商标、证明商标在产业集群中的应用和保护。大力推进“品字标”区域公共品牌建设，完善品牌建设制度体系，提高“品字标”在国际上的认可度和影响力。到 2025 年，培育“品字标”品牌企业 2 500 家。

3. 打造“浙江服务”发展高地。推动生产性服务业高端化、专业化发展，着力提升软件和信息服务、科技服务、现代物流、现代金融、数字贸易等产业影响力，培育壮大检验检测、创意设计等新兴服务业。促进生活性服务业品质化多样化发展，重点在健康服务、休闲旅游、现代商贸、文化服务、教育培训等领域开展顾客满意度评价，加强民生服务行业高品质供给。推进现代服务业集聚示范区整合提升，建设一批现代服务业创新发展区，加快生产性服务业向价值链高端提升，到 2025 年，打造 20 个左右具有国际影响力的高能级服务业创新发展区。实施服务标杆引领计划。打响“浙江服务”优质品牌，擦亮“浙江服务”金名片。打造具有国际竞争力的“品牌企业—

区域品牌—行业品牌”“浙江服务”品牌体系。鼓励企业积极开展“品字标浙江服务”认证,打造国家乃至国际知名品牌。鼓励有条件的城市打造高品质步行街,引导特色产品和服务集聚发展。提升发展网络零售产业,提高新零售平台能级,促进新型消费快速成长。

4. **铸就“浙江工程”卓越品质**。推进“浙江工程”高品质建造,推动绿色建筑与建材协同发展,完善绿色建材产品标准和认证评价体系。鼓励和支持有条件的社会团体和企业制定先进的团体标准和企业标准。深化重点领域国内外标准比对,加快适应国际标准通行规则,推动先进标准转化和推广应用。推进建筑信息模型(BIM)和大数据、云计算、物联网、人工智能等新一代信息技术在工程质量安全监管以及建筑设计、施工、运营维护全过程的集成应用,率先研制和推行一批建筑业信息化技术标准。大力实施走出去战略,制定实施浙江省建筑业“走出去”三年行动计划,促进国际工程施工业务可持续发展,强化浙江建筑品牌。

5. **打造绿色发展的“浙江样板”**。探索生态系统价值核算“浙江经验”,贡献全产业绿色转型“浙江方案”。推进有条件地区和重点行业率先达到碳排放峰值。大力发展高效生态现代农业,稳步推进农业绿色发展试点先行区建设。构建绿色制造体系,推进各行业企业实行清洁生产,引导工业绿色发展,加快推动电力、建材、石油化工等行业的生态化改造。

三、 长三角: 以老字号街区为特色的产业集聚发展迅猛

长三角拥有国家级、省级老字号 1 481 家(截至 2020 年 12 月),其中 392 家企业被认定为“中华老字号”,占全国总量的 34.75%,上海、江苏、浙江分别占全国总量的第一、第三、第四。省(市)地方老字号企业 1 089 家,各省市的具体认定情况参见表 5.1,行业主要集中在食品加工、餐饮住宿、商业和医药四大领域,这些企业在我国老字号创新发展中具有举足轻重的作用。

表 5.1　长三角“中华老字号”及地方老字号情况

地　区	中华老字号				地方老字号	
	第一批		第二批			
上海市	51	39%	129	50%	42	4%
江苏省	35	27%	61	23%	272	25%
浙江省	38	29%	53	20%	491	45%
安徽省	8	6%	17	7%	284	26%
总计	132	100%	260	100%	1 089	100%

（一）长三角老字号产业集聚

在国潮风下，长三角众多历史文化名城、名镇、名街，充分利用自身空间打造老字号产业集聚区，蔚然成势，主要表现形式是老字号一条街、老品牌商业街等。这些老字号集聚区规划科学，注重内涵，坚持历史的真实性、文化的延续性和风貌的整体性，立足特色化、品牌化和高品位，成为传承优秀传统文化、促进产业联动、融合业态创新发展的新地标（见表 5.2）。总体上，上海展现海派文化新特色，江苏力推商文旅深度融合，浙江用优厚条件吸引老字号入驻，安徽展示老字号传统文化风采。

表 5.2　长三角老字号产业集聚区部分主要街区一览表

城市	街区名称	区　位	内容特色
上海	陕西北路老字号一条街	静安区陕西北路	上海中华老字号集聚街区，复古与时尚并存，购物与体验结合
	豫园老字号特色商业街区	黄浦区	全新地标性老字号旗舰店集聚商圈
	1192 弄老上海风情街	浦东新区	高度复古老上海城市街区风貌，集聚了众多老字号美食品牌

续 表

城市	街区名称	区位	内容特色
苏州	观前商业街	苏州姑苏区	餐饮老字号居多
扬州	东关街—国庆路街区	扬州市广陵区	拥有核心老字号店铺 70 余家，形成一店一品、一店一特色的街区业态
南京	门东历史文化街区	南京市秦淮区	体现南京历史文化特色，建有一家老字号博物馆
杭州	清河坊街历史文化街区	杭州上城区	拥有老字号品牌 22 家，体现清末民初风貌
杭州	拱宸桥桥西历史文化街区	杭州拱墅区	浓缩了杭州从晚清以来百余年民族工业发展的历史，号称“小上海”
合肥	安徽老字号一条街	肥东县撮街	以“传承中华民族工匠精神、弘扬中华优秀传统文化”为主题，打造“老字号嘉年华”活动基地，形成老字号品牌聚集区

（二）展会、互联网、新国潮：打造消费新范式

一是借力知名展会，提升老字号品牌影响力。长三角各地每年均举办中华老字号博览会，三大老字号博览会并驾齐驱，上海有“中华老字号（上海）博览会”，江苏有“中国（江苏）老字号博览会”，浙江有“中国中华老字号精品博览会”。这些展会均系为促进老字号创新发展而举办的重要活动，在 2021 年商务部关于组织开展 2021 年“老字号嘉年华”活动的通知中均榜上有名。三大博览会每年坚持创新内容，增强吸引力，共打中华老字号一张牌。

二是与互联网平台合作为老字号营销赋能。在平台的前沿技术和大数据赋能下，老字号企业以较低的数字化转型成本，在短时间内实现与目标消费群体精准对接，加快探索全渠道新零售业态模式。据统计 2015—2020 年，阿里巴巴零售平台中华老字号复购金额占比从 39%增长至 48%，复购

笔数从33%增至41%。

三是激发消费者对其潜在消费的欲望。较为典型的是上海品牌之间的跨界合作。例如,石库门黄酒通过朵云轩跨界嫁接沪上知名艺术家的作品符号、美加净牌大白兔奶糖味润唇膏、六神花露水与RIO跨行合作打造六神鸡尾酒、英雄墨水与RIO合作推出墨水鸡尾酒(创意来自肚子里有墨水),等等,这些跨界合作形成了长三角老字号品牌新内涵、新个性。

（三）　混改、并购：以资本盘活老字号资源

一是混改为国企老字号跨区域合作创造条件。以跨省的混合所有制市场主体来营运老字号国有品牌,成为长三角振兴老字号的全新探索。2019年10月,国有参股的上海施特劳斯钢琴有限公司在金山枫泾注册成立。红双喜集团是出资30%的国有参股股东,浙江德清的乐韵钢琴厂是出资70%的民营控股股东,双方积极整合各种市场要素,开拓市场。

二是以品牌并购推动品牌合作。为充分实现老字号品牌价值,扩大老字号品牌产品市场占有率,许多优质老字号企业通过开展国内外品牌并购,奠定老字号行业地位。

三是推动老字号国际化发展。目前,有相当一部分长三角老字号凭借其专业度拥有一定国际市场。自2008年国际金融危机发生以后,长三角老字号高度认识到主动走出去拓展国际市场的重要性。这种拓展不仅仅反映为自身品牌的国际化延伸,而且是长三角以及国家影响力的无形拓展。长三角老字号加快了全球化品牌营销步伐。例如光明品牌成功并购新西兰新莱特乳业公司、澳大利亚玛纳森食品公司、英国维他麦公司和法国DIVA葡萄酒公司,较好地实现了光明品牌的国际延伸。上工申贝坚持用制造业思维并购,而不是以财务投资者思路,以百年心态国际化,持续发起国际并购,以小搏大,在2005年成功并购德国杜克普爱华之后,踏上国际化经营之路,又先后并购了德国百福工业、德国凯尔曼特种机械公司(KSL),增资德国斯

托尔股份两合公司(H. Stoll AG&Co.KG)等,在境内外拥有分、子公司30余家,一跃为全球知名的工业缝制设备品牌,形成了上工申贝国际并购模式。这些品牌并购较为符合中央以及上海市委、市政府提出的统筹国内外两个资源,发展上海、发展中国的要求。

第二节　企业品牌国际化策略

企业品牌国际化能力往往较为准确地体现国家品牌、城市品牌、区域品牌和产业品牌的国际化策略以及国际竞争力。自改革开放以来,中国企业品牌在借鉴国外跨国企业品牌成功的品牌策略的基础上,结合自身特点,使自己的品牌得于走向世界,进行了积极探索。企业品牌国际化已引起学界广泛而持久的关注,虽然迄今为止该问题还没有一个统一的定义,但在全球化趋势下,对于国家、城市、区域,包括企业本身而言,中国企业品牌国际化日益迫切。“中国市场容量日益严峻、各国市场边界日渐消失”以及“国内市场国际化、国际竞争国内化”等特点正迫使中国企业要想继续生存和发展,必须改变原有偏安一隅的竞争格局和模式,积极参与国际竞争,改变中国产品的形象,树立中国品牌在国际上的地位,这是中国企业当前以及未来在经济全球化条件下的必然选择。2021年度《财富》世界500强中国上榜企业有143家,较上年增长10家,上榜企业数量蝉联榜首。全球品牌实验室于2021年发布的最新世界品牌500强排行榜显示,美国稳占500强中的198席,排名第一。中国入榜品牌仅有44个,排名第四,这与其世界第二大经济体的地位不符。如何让“中国制造”变成“中国品牌”,需要中国品牌进一步努力。

一、企业品牌国际化

何谓企业品牌国际化?一般来说,是将企业以及企业所拥有的品牌打造成国际品牌。所谓国际品牌，即世界知名品牌，从字面来理解，就是在国际范围内享有广泛的高知名度、高美誉度和高附加值的品牌。①有关学者认为，品牌国际化应是一个企业用相同的品牌名称和图案，进入一个对本企业来说全新的国家，开展品牌营销，就是品牌国际化。通常，品牌国际化的目的是在异国他乡建立起本品牌的强势地位。因此，品牌国际化，简单地说，就是品牌的跨国营销。现实中，人们常常把品牌的国际化和产品的国际化相混淆，产品的国际化指的是在不同的国家或地区推出完全相同产品的行为。显然，品牌国际化的复杂程度要远大于产品国际化。品牌国际化可以在不改变当地市场品牌竞争格局的情形下，借助自身的品牌优势占领市场，这种占领是悄然改变市场品牌格局的渐变式占领。另外，品牌的国际化过程中经常会遇到诸如法律、文化、风俗等和国内经营环境迥异的问题。面对经济全球化、市场国际化的营销环境，企业的技术水平、产品质量固然重要，但取胜的关键是品牌。企业竞争力最终体现在品牌的竞争力上。品牌研究专家李光斗认为，品牌竞争力是企业最持久的核心竞争力之一。品牌竞争力的最优体现就是品牌能够在国际上具有竞争能力，品牌的国际化是品牌竞争能力的一个表现，同时也是企业竞争能力的一个表现。

（一）　企业品牌国际化的障碍

为切实有效地解决中国企业品牌如何成功地“走出去”这个问题，必须充分认识到中国企业品牌国际化的根本性难点。唯有如此，中国企业品牌国际化才能最终找到方法、途径，化难为易。

1. **文化差异**。文化差异是影响品牌国际化成败非常重要的因素。关于品牌国际化的各种文献都非常强调文化的重要性。文化决定了人们的消费习惯和行为，对于当地文化的了解在一定程度上决定了国际品牌的成功

① 杨明刚：《国际品牌的基本含义与主要特征》，载王战、周振华主编《城市转型与科学发展 2006／2007 年上海发展报告》，上海财经大学出版社，2007 年 4 月第 1 版，第 78 页。

与否。例如,在品牌名称和品牌图案的选择上要注意不同的目标市场的文化差异。文化差异也会带来管理沟通上的障碍。像美国推崇的个人主义和亚洲国家讲究的团队合作存在一定程度的差异,这会给中国品牌国际化带来大量管理上的新问题。中国品牌国际化,就是要改变别的国家人民的消费习惯,更换消费品牌,可是所在国既有品牌是他们生活的一部分,也是他们文化的一部分,要想改变有很大困难。因此,可以说,品牌国际化不仅是一种经济行为,而且也是一种文化行为。

2. **消费者偏见**。在当今中国市场上到处充斥着外国品牌,不少消费者认为,外国的东西比中国好,对此几乎没有什么心理障碍和信任障碍,而我们中国品牌呢,却面临着不同的处境。首先,中国是发展中国家,国际竞争力相对弱于发达国家,海外消费者往往不相信中国能够做出高品质的品牌。其次,"中国制造"(made in china)的声誉过去在国际上不太好。这给中国品牌的国际化平添许多麻烦。这是中国企业品牌国际化困难的重要原因。所以我们要把中国品牌推向世界,消费者偏见是一个非常大的障碍。

3. **缺乏可持续发展能力**。中国企业品牌要想成功实现国际化,并不能一蹴而就,是要企业经过长期的市场培育、在消费者的挑剔中逐渐成长壮大起来,短时间内肯定是不可能的。首先,一个品牌来到一个陌生的国度,当地消费者的消费偏好、文化习惯、购买心理、需求差异等都有一个认知和调适的过程,当地消费者对品牌也有一个了解、认知、认同的过程。因此,品牌异地成长期必不可少。我们推出的品牌产品大都在欧美发达国家早已存在,已有了些强势品牌。要想获得相当的市场份额,必然会受当地品牌或先入品牌的反击,要在这种拉锯战中获胜,必然需要一段时间。所以,中国企业品牌国际化不假以时日是不可能成功的。这就需要中国企业具有长期的品牌管理能力。

(二) 国外企业成功的品牌国际化策略

1. **实施标准化与当地化相结合的品牌全球化战略**。标准化与当地化是全球化公司在新市场导入新产品时首先要考虑的问题。由于新媒介的发展，全球消费者需求日益趋同化，全球营销标准化具有广泛的市场基础。然而，不同的市场毕竟有不同的特点，企业要区别对待，因此，也要适当地采取当地化的策略。放眼全球，更多的跨国公司采取的是标准化与当地化相结合的策略。他们的经验是思考全球化，行动当地化，即在战略决策上较多地采取标准化，在战术决策上更多地采取当地化。所以，要根据实际情况对营销组合采取适应性的调整策略，这不仅不会损害品牌全球化的形象，反而会壮大品牌的市场的营销力。

2. **市场进入决策**。实施品牌全球化时，要考虑进入新市场可供选择的品牌策略。主要有三种：(a) 利用公司现有品牌实施地域扩张。因为大多数公司缺乏足够的资金和营销经验将产品导入新的市场并获得成功，所以常见的品牌全球化扩张是从一个市场到另一个市场的缓慢进程。(b) 收购国外品牌。收购拟进入市场中已存在的品牌是简便快捷的一种进入方式，但因为既有品牌与收购的品牌之间可能存在某种程度的互斥性，因此收购的代价是昂贵的，存在很大风险。(c) 建立品牌联盟。建立品牌联盟是一种快速、方便的办法。建立品牌联盟有利于培育品牌的全球性声誉，塑造企业形象，特别是具有协同作用的两个品牌，能更好地发挥彼此的作用。但是品牌联盟对产权的控制力很弱，因此也有它的缺陷。不同的公司拥有不同的经营目标和资源，进入不同的市场要因地制宜，采取合适的市场进入策略。

3. **创新**。很多跨国企业之所以能获得成功，就是因为不满足于现状，不断地创新。在品牌国际化的过程中，他们加大了品牌产品创新的力度，不惜投入资金、资源，进行技术创新，不断探讨、创新服务方式，为消费者创造利益。在品牌推广过程中，不懈地进行营销组合与创新。

4. **高品牌定位**。一般打入国际市场的企业都对自己的品牌具有高的定位，而其所销售的产品一般都是中高端产品或者技术含量高的产品。品牌定位高的产品，传达了产品高品质的信息，同时带来了消费者对它的心理认同,例如我们所知道的劳力士表、戴尔电脑、三星手机等。在国际市场上,这类产品具有很强的竞争优势,具有自身的比较优势和特点,对于品牌的推广来说,这些品牌相对更容易。

5. **提升品牌美誉度与忠诚度**。西方成功的企业并没有一味地追求短期利益,而是着眼于未来,不贪图小利,不损害消费者的利益,不断提高服务意识和服务质量,一切从消费者出发,提升品牌的美誉度和消费者的忠诚度。为了积极提高社会形象,他们支持公益事业和福利事业。在中国进行品牌宣传及推广的过程中,赞助包括社会公益事业在内的一系列活动,借此营造良好的企业品牌形象,这已成为一些富有远见的跨国公司的策略。宝洁、摩托罗拉等公司还积极资助中国的"希望工程"、环保等社会公益事业。企业的社会形象的树立不但使得品牌得以推广,而且也在国民心中树立了良好的形象。

6. **加强品牌保护**。跨国公司在进行国际市场竞争时都十分重视对其品牌资产的保护。他们在进入各国市场前就实施了全面的注册保护,而且还会通过法律途径对该国企业的侵权行为进行猛烈的及时的回击。

(三) 中国企业品牌国际化策略

1. **中国企业品牌定位策略**。中国企业在品牌国际化过程中,首先要注重提高自身品牌意识,利用品牌增强企业在国际市场的竞争力。同时结合自身的民族特色,充分挖掘中华民族文化,丰富品牌文化内涵,提升品牌形象和价值。在品牌国际化的实施进程中,既突出和谐、顺生、自强的中华传统儒家文化,又重视文化差异,在不同文化背景下寻求各国文化的契合点,塑造品牌文化的个性点与差异化优势;有效地提升品牌形象与价值,从而对目标市场进行品牌渗透。

2. **中国企业品牌命名与设计策略**。不同国家与地区在其文化背景上具有很大的差异,这些差异导致各国消费者对品牌标识的认知、联想也不同。中国企业在国际化的过程中要注重品牌设计，既突出自身的文化优势，实现差异化，又能有适应性，能为目标国消费者认同和接受。首先，注意挖掘中国企业品牌命名的文化内涵，突出中国传统文化韵味。继承传统的同时注意品牌名称在市场由国内转为国际时，能及时进行适应性创新，在品牌命名与设计的过程中树立起鲜明的个性。

3. 中国企业品牌推广策略。中国企业在进行品牌推广时首先应持之以恒，保持品牌形象的一致性和连贯性。各种营销手段都是为了将品牌核心价值明确地传达给各国消费者，让消费者对这种核心价值有深刻印象。中国品牌营销的过程中要采取多元化策略，长期综合运用各种营销手段，树立自己的品牌形象，还可以将品牌营销和国际互联网营销、绿色营销、整合营销等各种营销策略有效整合，进行品牌宣传。

4. 中国企业品牌保护策略。中国企业在品牌国际化的过程中应加强知识产权保护，通过国际商标注册与域名注册使国际品牌转化为拥有专有权的国际商标，并根据所在国的相关知识产权的法律法规对商标的专有权进行保护，维护自身的利益。同时，品牌保护还需要政府、社会等多方力量支持，以营造良好的品牌建设社会环境。

二、 华为公司全球化策略分析

随着我国经济发展，越来越多的中国企业走出国门，中国品牌开始在海外市场建立起一定的知名度，被全球消费者所认可。但走出去的企业仍是少数，要让“中国制造”变成“中国品牌”，需要中国企业进一步努力。华为公司作为中国龙头企业的代表，是全球领先的 ICT（信息与通信）基础设施和智能终端提供商。目前华为约有 19.7 万名员工，业务遍及 170 多个国家和地区，服务全球 30 多亿人口。[①] 华为多年来已在海外设立了至少 22 个地

① 数据来源：华为官方网站。

区总部、100多个分支机构、36个培训中心，且员工的本地化力度较强。它的走出去策略对其他企业的全球化发展具有一定的指导意义。

2021年9月25日晚，在党和人民亲切关怀和坚定支持下，孟晚舟在结束被加拿大方面近3年的非法拘押后，乘坐中国政府的包机抵达深圳宝安国际机场，顺利回到祖国。这是中国的一次重大国家行动。这是中国人民取得的一个重大胜利。[①]“孟晚舟事件”是一起由美国一手策划、加拿大帮助实施的针对中国公民的政治迫害事件，对孟晚舟所谓“欺诈”的指控纯属捏造，目的是打压中国高技术企业、阻挠中国科技发展，其所作所为是典型的任意拘押。“回首3年，我更加明白，个人命运、企业命运和国家的命运是十指相连，祖国是我们最坚强的后盾。”孟晚舟如此感叹道。从这一事件来看，中国企业在成长为全球行业巨头的路上难免遭遇明枪暗箭。但是，未来全球商品共享化、公开化、开放化乃大势所趋，中国品牌全球化是必经之路。

（一） 华为公司的全球化历程

华为公司的全球化可以说是一个“误打误撞”“跌跌撞撞”的过程。1995年因关税低、国际市场萎缩让中国相关的通信设备企业缺乏竞争力，从而使得相关国际企业转入利润更高的中国市场。2000年后，许多跨国公司来到中国市场，以更残酷的价格战与华为等本土企业竞争。在这种情况下，华为面临着“活下去”的紧迫问题，于是迅速做出“走出去，抢占市场”的决策。

“华为的全球化可以分为三个阶段：走出去、国际化、全球化。”占领发展中国家市场是华为国际化的初始战略。20世纪90年代末的中国还不太强大，因与国际市场的差距较大，华为公司在其他国家几乎无人知晓。从俄罗斯开始，再到拉美地区，华为的品牌在非西方世界打响；2000年前后，华

---

① 新华社2021年9月26日电。

为的业务开始在发达国家及地区全面拓展，凭借基站技术的显著优势，华为国际化取得了“显赫战绩”：从俄罗斯，到非洲，到东南亚，到中东，到欧洲，再到北美、东亚市场等，华为构建了一个全球性的市场网络与研发平台。

（二） 策略优势

1. 产品全球化——灵活运用营销策略

华为的产品以低价策略走入市场，却又完美转型成知名品牌，营销策略的灵活运用功不可没。自从 1990 年开始尝试“走出去”，华为在国际市场上都不是单打独斗的，它一直在走与国际大企业合作的策略，通过品牌的强强合作，联合营销取得很好的效果。此外，华为针对全球各个区域市场，采用“入乡随俗”的差异化传播策略，根据不同的区域，制订不同的传播策略来提升自己的品牌形象，向世界讲述自己的品牌故事，优秀的品牌形象让华为在全球拥有强大的认同感。[①] 随着企业的发展及其全球影响力的提升，华为朝着更高端，更国际化的方向转型。为了打造高端的品牌形象，华为选择优先在欧洲召开高端机型的新品发布会，并邀请全球近千家媒体为自己的新品手机增加曝光度，逐渐扭转形象，迈向高端市场。这样不断地变化，为品牌注入新的形象信息，让华为的产品在全球拥有知名度和口碑。目前，数据显示，截至 2020 年底，全球 700 多个城市、253 家世界 500 强企业选择华为作为数字化转型的合作伙伴，华为真正实现了产品的全球化。

2. 技术全球化——以强大技术实力提升“中国智造”形象

技术实力才是品牌建设的硬道理。华为一直坚持技术创新，充分发挥品牌的优势。首先，华为是全球最大的专利持有企业之一。截至 2020 年底，华为在全球共持有有效授权专利 4 万余族（超过 10 万件），90%以上专利为发明专利。其次，华为坚持每年将 10%以上的销售收入投入研究与开

① 贾文文，晋碧璇：《华为品牌的国际传播策略研究》，《视听》2019 年第 1 期。

发。2020 年从事研究与开发的人员约 10.5 万名，约占公司总人数的 53.4%。再次，华为近十年累计投入的研发费用超过人民币 7 200 亿元，2020 年研发费用支出为人民币 1 418.93 亿元，约占全年收入的 15.9%。[①]以 5G 为代表的新一代信息通信技术与工业经济深度融合，是国家“十四五”的重要战略方向。华为是全球通信行业及消费者业务的领军企业，是我国 5G 技术研发及应用的先行者及领导者，率先研发出的 5G 网络让华为在技术上处于领先位置，拿下了 5G 技术数量全球第一的专利申请，华为依靠强大的技术实力提升了“中国智造”形象。

3. 标准全球化——加强全球管理，增强品牌国际影响力

公司实力是基础能力的外延和支撑，品牌要想走出去，企业自身必须扎扎实实建设好。任正非一再勉励华为人，华为必须要真真实实走向科学管理，这需要很长时间，华为需要扎扎实实建设好一个大平台。华为公司拥有完善的内部治理架构，各治理机构权责清晰、责任聚焦，但又分权制衡，使权力在闭合中循环，在循环中科学更替。[②] 华为在全球化过程中，逐渐构建起了世界级的管理体系，使之如今成为当下中国企业的一个代表，带领中国品牌走向世界。“开放吸纳全球优秀人才，充分激发内部人才潜力”，这是华为时任轮值董事长郭平在 2022 年新年致辞中的内容。他讲道，要“开展顶尖竞赛，广纳天下英才，补齐和提升软件、算法、算力等关键领域人才”，广纳天下英才，才能持续创新突破。

三、 中国航空工业品牌塑造经验

中国航空工业集团有限公司（以下简称“航空工业”）是推动中国航空事业发展的中坚力量。新中国航空工业从 1951 年创立，筚路蓝缕、艰苦奋斗、创新突破，走出了一条不平凡的发展道路。

---

① 数据来源：华为官方网站。
② 资料来源：华为官方网站。

在70多年的奋斗历程中，航空工业传承红色基因，接续红色奋斗的精神密码，以航空报国精神锤炼政治品格，以航空强国使命打造发展新格局。面向未来，航空工业胸怀“两个大局”，牢记“国之大者”，承接国家战略意志，打造代表“中国力量、中国价值、中国精神”、具有国际影响力的航空强国品牌。

（一）传承建党精神，铭刻品牌基因

传承建党精神，见证红色奋斗。新中国航空工业自创建以来，就始终坚持党的领导，历经了探索、曲折、改革和新时代新发展，不断完善航空工业能力体系，研制生产航空装备，实现了航空装备从第三代到第四代、从机械化到信息化、从陆基到海基、从中小型到大中型、从有人到无人、从填补空白到体系化发展、从跟踪发展到自主研制的七大跨越，用新理念、新装备不断书写航空强国事业的新高度。

传承建党精神，延续航空血脉。航空工业从创始之日起，就肩负着保卫国家领土领空安全、支撑国民经济发展的重任。家国情怀、报国精神是航空工业固有的“精神基因”。从徐舜寿、黄志千、吴大观、宋文骢、顾诵芬等为代表的新中国航空工业创业者们的“航空救国、航空报国”奋斗，到罗阳、唐长红、孙聪、杨伟等新一代航空人的“忠诚奉献，逐梦蓝天”实践，航空工业人代代相传，用信念和奋斗，托举起中国航空事业的发展和进步，为祖国的强大贡献航空力量、奉献航空担当。

传承建党精神，坚持与时俱进。航空工业始终秉持承接国家战略意志“第一棒”的意识，对接百年建军目标，对标世界一流企业，持续深化改革，用治理体系和治理能力现代化来传承红色基因、保障红色优势，并通过创新发展，赋予航空报国精神更加丰富的内涵。

党的十九大吹响了全面建设社会主义现代化强国的号角，也为航空工业吹响了建设新时代航空强国的冲锋号。站在新时代的起点上，航空工业

不忘初心，牢记使命，高举航空报国旗帜，推动品牌建设高起点、高标准、高水平的发展，努力使“航空工业”成为鼓舞民族精神、提高民族自信的大国名片。

（二） 胸怀“国之大者”，规划品牌格局

胸怀“国之大者”，布局站位高远。航空工业坚决贯彻落实党中央、国务院决策部署，从掌握国际话语权、打赢意识形态领域主动仗、打造世界一流品牌的高度，决策部署品牌工作，明确以品牌战略为牵引，以品牌体系能力建设为根本，以优化品牌发展生态为目标，规划部署品牌工作，不断提升品牌管理的现代化治理水平。航空工业保持清醒的战略认知，坚持“航空科技、智造未来”的品牌定位，明确资源聚集和产业发展的方向，立足自主创新，通过品牌建设，以精准投入抓住市场，创造利润，实现持续投入科研创新的资本，形成持续发展的动力，促进科技产业的转型升级。

胸怀“国之大者”，创新凝聚力量。坚持科技自主，坚定发展意志。高科技是航空强国品牌的核心特质。在伟大祖国深度融入国际政治秩序、经济秩序、文化秩序的过程中，航空工业坚守初心使命，坚定追求核心科技自立自强，布局战略性、前瞻性、革命性技术前沿，打造原创技术策源地，做好国家自主发展、高质量发展的战略支撑，将发展主动权牢牢抓在中国人自己的手中。航空工业党组发布“创新决定 30 条”，包括揭榜挂帅机制、薪酬激励机制、宽容失败机制等，就是要全面激发航空科技创新动能，更好地履行新时代强国强军使命，努力抢占全球航空工业发展的制高点，提升中国在世界航空产业链中的地位，用领先的创新力、先进的文化力和卓越的竞争力，承担起航空工业国家队、主力军的使命责任。

胸怀“国之大者”，优化产业生态。秉承开放合作的理念，汇聚发展力量。航空工业秉承开放思维、合作理念，全力构建互利互惠、共创共生、共同发展的现代产业链、供应链体系，积极融入国内经济大循环和国内国际经济

双循环的新发展格局中。以运-20项目为代表，航空工业实现了六大主机厂和200多家系统研发厂所、上千家零部件供应商的高效协同。目前，航空工业主机厂平均一般能力社会化配套率已经达到75%。同时，航空工业不断加强同中国民族自主品牌、行业领先品牌的合作，通过歼-20与红旗、李宁、飞亚达等，歼-15、枭龙、攻击-11与飞亚达等开展品牌合作，实现了品牌相互助力，不断拓展抱团发展的“朋友圈”，共同打造中国品牌影响力，助力构建高质量发展新格局。

胸怀“国之大者”，彰显大爱情怀。航空工业贯彻落实党中央关于全面建成小康社会的决策部署，积极推进精准扶贫工作，以共克时艰、勇毅前行的精神抗击疫情，展现特殊时期、关键时刻央企担当，为践行人类命运共同体理念奉献航空情怀和航空力量。2020年11月23日，航空工业对口定点扶贫县包括贵州普定、镇宁、关岭、紫云和陕西西乡等全部脱贫摘帽；公益助学“蓝粉笔”活动已坚持12年，惠及6省31县4万多名乡村中小学教师；在抗击疫情过程中，航空工业第一时间按国资委统一部署向湖北省等疫情严重地区捐款5 000万元，组织全行业11万余名党员七天内捐款1 100余万元，及时选派医护人员“逆行出征”湖北一线，积极组织捐赠防护服、口罩等防疫物资驰援抗疫一线；航空工业自主研制的大型运输机运-20多次出国执行抗击疫情任务，包括向泰国、缅甸、斯里兰卡、印度尼西亚、巴基斯坦、乌兹别克斯坦等运载救援物资，为践行人类命运共同体理念提供中国方案，传播中国价值。

（三）　统筹品牌建设，系统科学管理

为助力伟大的中国梦，实现国资委关于央企“做强做优，世界一流”的目标要求，航空工业提出了“航空强国”两步走战略目标：到2035年，基本建成新时代航空强国，成为主业突出、技术先进、管理规范、绩效优秀、全球资源配置能力强的世界一流航空工业集团，集团品牌影响力跻身世界一流；到2050年，全面建成新时代航空强国，成为产业均衡、技术领先、管理科学、

绩效卓越、具有引领全球航空产业发展能力的世界领先的航空工业集团。在建设航空强国战略目标的引领下，航空工业尊重规律，聚焦工作，体系推进，履行使命。

1. 布局品牌规划，推进科学管理

航空工业指导下属专业研究所开展品牌专业研究，牵头制订《企业品牌培育指南》和《品牌管理要求》等国家标准，并在集团内部先后发布一系列品牌管理办法，明确集团品牌定位，开展集团品牌授权和复审，落实并优化品牌架构，即以“航空工业”为主品牌的企业品牌、以“歼－20、运－20、直－20”等为代表的产品品牌和“爱心·航空”为主题的公益品牌。2021年，航空工业发布了《“十四五”品牌建设规划》，明确了品牌发展目标、发展原则、重点任务等，全面推进品牌管理工作。

在总体战略指引下，航空工业搭建了品牌体系，明确了品牌定位、品牌架构、品牌名称与标识和品牌形象等战略要素，初步提出了品牌愿景和发展路径，为品牌建设科学有序地开展打下了坚实基础。

为保障品牌建设有序开展，航空工业建立了品牌管理组织体系，成立了品牌战略委员会和品牌管理办公室，并先后出台了《品牌管理办法》《集团品牌授权管理办法》《集团品牌授权判定细则》和《企业名称使用集团品牌特定字样管理办法》等系列制度文件，明确了品牌管理的规则、标准、流程和要求，使品牌管理有章可循。

2. 突出航空主业，统一品牌形象

航空工业以提升品牌价值为主线，聚焦航空主业，明确了以“航空工业”统一品牌为核心，以背书品牌、联合品牌、独立品牌等多种品牌使用形式并存的品牌架构，形成“一个集团、一个品牌、一个形象”，使航空强国品牌真正发挥战略导航、资源聚合、价值创新、业务协同作用。其中，航空产品，特别是军用航空产品，是集团品牌价值的核心载体，是集团品牌聚焦的核心和优势资源；同时，将航空业务领域积累的品牌资产逐步延伸到工业制

造领域；对现代服务业采取相对独立的品牌定位。

品牌建设涉及全产业链、全价值链发展，品牌建设流程贯穿从战略要素、组织运营到宣传推广全过程。为此，航空工业强化流程聚焦和管理统筹，以集团品牌和重要航空产品品牌的使用管理为重点，制订规则，提升品牌规范管理的水平。航空工业开展了品牌授权和特定字样审批，规范品牌的使用，2014 年实施授权管理以来，已完成了直属单位、成员单位、沪深港上市公司，产权层级处于 3 级及以内单位等的授权，并更新了规则，明确获准使用“航空工业”品牌单位的产权层级，将工作受理的范围进一步聚焦；开展品牌境内外商标注册，强化品牌授权基础，提高应用法律手段保护自身权益的能力。目前，在境内进行了全类别注册；在境外 85 个国家和地区对 12 个大类也进行了注册。

航空工业集中塑造强势品牌，做好资源整合、机制联动，打通内宣和外宣，发挥整体优势，实现统一发声、精准聚焦。2018 年对 VI 系统进行修订和完善，使其更符合世界级企业品牌标识要求。利用珠海航展、巴黎航展等境内外综合性展会、申报《财富》世界 500 强、履行社会责任等方式传播航空工业的品牌影响力和价值。在北京奥运会、世博会、亚丁湾护航等重大活动中，用实际行动诠释航空人履行社会责任的庄严承诺，树立了航空强国品牌良好的社会形象和美誉度。通过歼-20 列装、AG600 首飞等重要事件，借助明星产品的全方位、高质量、高密度传播推广，增加公众对航空强国品牌的情感认同，强化“航空工业”的品牌形象，牢牢把握舆论主导权、主动权，提高新闻传播力、引导力、影响力、公信力。

3. 坚持开放创新，激发品牌活力

航空工业充分利用品牌优势，举社会之力、聚社会之智共建大国防，进一步释放品牌活力，也使得航空工业的品牌价值深入人心，综合影响力进一步提升。

航空工业立足国民经济基础，强化核心能力，放开一般能力，打造“小核心、大协作”战略，促进内外资源优势互补与效益效率的提升。如在运-20研制过程中，形成了9家部件制造商、400多家成品单位、800多家附件配套单位的供应链，彰显了航空工业海纳百川、开放协作的胸襟以及品牌的影响力。

航空工业将航空科技融入国家技术创新体系，推动军民科技资源的融合与共享。一是与国内外著名高校和科研机构开展战略合作并设立联合技术中心，实现产学研结合创新；二是向全社会开放高低速风洞设备、国家级重点实验室等优势资源，促进国内科技创新、制造业升级和实体经济振兴；三是落实“双创”战略，打造“中航爱创客”平台，共享航空工业万余项科技资源，牵引带动100亿元意向投资。航空工业成功入选科技部第二批国家专业化众创空间示范名单，开放式创新得到了各界高度关注与认可，增加了航空强国品牌的美誉度和知名度。

航空工业充分利用自身品牌价值和财务杠杆，由国家“输血”转向自我“造血”，撬动社会“大资本”。启动了一批向全社会开放股权结构的改革试点，依靠资本纽带，促进投资主体多元化，使军民市场主体在产权层面相互进入、交叉融合、优势互补；持续推进军工资产上市，目前航空工业共有28家上市公司，资产证券化率已超过66%。截至2018年5月11日，所属上市公司合计市值4 669.59亿元，控股市值2 485.06亿元。特别是借助资本市场的刚性约束，深层次地推进了航空工业现代企业制度的建设，品牌影响力得到进一步增强。

4. 借力优秀平台，树立强国品牌

为了形成全集团上下同举一面旗、同吹一个调的局面，航空工业构建了“集团总部抓总、文化中心担纲、主机单位主责、全体单位参与”的品牌宣传工作机制。其中，集团总部负责搭框架、把方向、定基调、做策划、调资源、抓考核，重点策划航空强国品牌和重要产品品牌的宣传推广活动；下属单位特别是主机厂所，是集团主业发展的重要阵地，是执行集团品牌规划、协助并参与重大宣传活动的主体。由此，上下一心，聚焦发力，营造人人塑造品牌、维护品牌、传播品牌的良好氛围。

借力社会优势媒介力量，加强与新华社、央视等中央主流媒体的合作，加强与军事博物馆等综合展示平台的合作，深入挖掘特色鲜明的航空文化要素，充分展示航空人的血性和担当。航空工业通过珠海航展、巴黎航展、天津直博会等国内外重大展览展示活动，展现“航空工业”品牌的高科技、专业化、高品质、高性能。如在2018年珠海航展上，航空工业的歼-10B飞机轴对称推力矢量技术验证机，在航展首日进行了“眼镜蛇”等超机动飞行展示，成为航展最大亮点，航空工业官方微信当天阅读量突破50万；歼-20飞机打开弹仓的飞行展示，成为航展期间另一大热点。这些自主研制的先进航空装备都极大地振奋了国人的信心，燃爆了国人的爱国情怀，有力地彰显了航空工业作为军工央企的使命担当形象。此外，航空工业还陆续推出了十九大系列宣传贯彻活动、12位总师集体亮相央视“中国梦·劳动美”五一晚会、央视滚动播出AG600陆上首飞、水上首飞报道，拍摄制作的文化精品《大国鲲鹏》并在央视黄金时段播放等。特别是中国第一代舰载战斗机歼-15成功在辽宁舰起降，“航母style”随之走红祖国大江南北，这些都充分展示了航空强国品牌的强军报国主旋律与自主创新、追求卓越的正能量，极大提升了品牌价值和影响力。

统筹内外宣平台，打破常规，革故鼎新，丰富品牌载体传播途径。创新品牌合作理念，在内容、形式、手段上有所突破；做好合作伙伴的筛选与评价研究，挖掘品牌宣传社会资源，拓宽合作渠道，制订合作品牌、合作伙伴的选择标准与工作流程，探索合作新模式。积极与央视合作，融入国家品牌计划，以航空工业重要产品品牌运-20为载体，开展公益品牌合作，讲好航空工业高科技产品的故事，讲好航空工业人的故事，强势推出一批受众愿意听、喜欢看、乐意转，国家和社会高度认可、广泛赞誉的文化精品；与社会优质传媒资源建立长期合作机制，使航空强国品牌获得更加广泛的认可和支持，进而迸发出更大的发展活力。

5. 展示大国重器,弘扬航空文化

在庆祝新中国成立70周年阅兵式上,航空工业展示了自主研制的34型168架军机组成的12个空中梯队、3型4架高端无人机;庆祝中国共产党成立100周年大会上,6型71架军机组成4个空中梯队,展现了党领导下中国航空工业在航空装备上的发展成就。近年来,以歼-20、运-20、直-20等为代表的先进航空装备,用平台自主、技术自主和品牌自主,在世界航空装备领域举起中国力量、中国品牌的旗帜,彰显了中国航空工业发展实力,有力地振奋了民族精神、提振了人民信心。

航空工业积极传播航空文化。航空工业"黑闪"歼-20、"暗鸮"直-10变形机甲等文创产品的开发,航空科普进校园,军博航空馆、扬州航空馆等航空文化地标的建设,展示宣传了中国航空装备,传播了航空文化,营造了尊崇航空、热爱航空的文化土壤,在中国人心中培植了航空强国、自强自信的种子,助力构建高质量发展的新格局。

第三节　产品品牌的实践

近年来,由于国家和社会对企业品牌的关注,中国产品质量总体上不断提升,但是也存在对高端需求供应不足,因此出现了一些海外抢购现象。随着国家紧抓产品质量,以及企业注重新产品开发、技术性能升级以及品牌价值赋能,我国产品品牌发展处于良好水平,一部分产品品牌行销全球,成为世界品牌。

一、 我国培育产品品牌的策略

(一) 党中央高度重视质量发展

党的十八大以来,以习近平同志为核心的党中央高度重视质量,明确提

出把推动发展的立足点转到提高质量和效益上来。历次中央经济工作会议都强调,要以提高发展质量和效益为中心。习近平总书记多次就质量以及品牌产品发展发表重要讲话,2013 年 7 月在湖北考察时指出:“工业是我们的立国之本,要大力发扬自力更生精神,研发生产我们自己的品牌产品,形成我们自己的核心竞争力,推动国家繁荣富强,工人阶级要把这个历史责任承担起来!”他还提出,要把提高供给质量作为供给侧结构性改革的主攻方向,要把提高产品和服务质量作为提升供给体系的中心任务;要树立质量第一的强烈意识,下最大气力抓全面提高质量,要开展质量提升行动。李克强总理也不断强调质量工作,指出质量是强国之基、立业之本、转型之要。在政府工作报告中,李克强总理强调,加快建设质量强国,强调质量提升,推动中国经济发展进入质量时代。在 2021 年中国品牌日到来时,他的批示是:加强品牌建设、提升我国品牌影响力和竞争力,是优化供给、扩大需求、推动高质量发展的重要举措。各地区、各有关部门要坚持以习近平新时代中国特色社会主义思想为指导,认真贯彻党中央、国务院决策部署,坚持质量第一、效益优先,推动全社会牢固树立品牌意识,引导企业坚守专业精神、工匠精神,提升在开放市场中公平竞争的勇气和能力,围绕市场特别是消费者需求,立足创新、追求卓越,在扩大对外开放、积极参与国际公平竞争中锻造品牌,努力提高产品和服务的质量与综合竞争力,使更多中国品牌成为国内外市场值得信赖的选择。

（二）政策措施聚焦质量提高与品牌发展

党中央、国务院出台了一系列关于质量建设的重要政策文件。国务院先后印发了《质量发展纲要(2011—2020 年)》《计量发展规划》《深化标准化工作改革方案》等文件。国务院常务会议审议通过了《装备制造业标准化和质量提升规划》《消费品标准和质量提升规划》等,并且将“质量强国”写入“十三五”规划,写入政府工作报告。国务院对各省(区、市)实行质量工作的专门考核,批准设立中国质量奖。2016 年 5 月,国务院办公厅专门印发《关于开展消费品工业“三品”专项行动营造良好市场环境的若干意见》等一系列文件。该文件明确提出发展个性化、时尚化、功能化、绿色化消费品,推出一批科技含量高、附加值高、设计精美、制作精细、性能优越的精品,进一步提升我国消费品工业在全球产业价值链中的地位。发展中高端服装鞋帽、手表、家纺、化妆品、箱包、珠宝、丝绸、旅游装备和纪念品等消费品,进一步提升婴幼儿配方乳粉、厨卫用品等生活用品的有效供给能力和水平。适当降低低端消费品比重,促进产品向高性价比优势转变。发展智能节能家电、智能锂电电动自行车、智能照明产品、数字电视、智能手机、平板电脑、服务机器人、消费类无人机、可穿戴智能产品、智能音箱、虚拟现实产品、智能化计量器具等智能消费品。积极研发营养与健康食品、康复辅助器具、健身产品、智慧医疗产品等健康类消费品。进一步发展老年、儿童和婴幼儿用品。传承发展一批传统工艺美术、文房四宝等产品。支持发展一批传统特色食品。创新提升一批民族特色用品。传承保护民族服饰文化,研究设计一批具有民族特色的服饰。加强对藏药、维药、蒙药等特色民族药的发掘和保护。

该文件要求深入开展与国外中高端消费品对标,推进国内消费品标准与国际标准接轨,到 2018 年,主要消费品领域与国际标准一致性程度达到 95%以上。引导重点消费品企业参照国际先进标准组织生产。开展国内外中高端消费品质量品质比对,逐步缩小与国际标准差距。开展仿制药质量和疗效一致性评价,全面提升仿制药质量水平。支持标准化技术机构主导或参与国际标准化工作,增强我国参与制定消费品领域国际标准的话语权。

(三) 打好质量提升“组合拳”

组织开展质量提升行动:一是“找准着力点、牵住牛鼻子、打好组合拳”。“找准着力点”即抓住各地主打产业、主打产品提升质量,再抓 10 类消费者关注的消费品来提升质量。“牵住牛鼻子”就是抓住标准、提升标准，实施标准提档升级。“打好组合拳”就是充分调动社会各方力量，充分运用各种质量方法手段提升质量。比如，特别强调抓质量的宣传动员，就是要把党和国家的质量大政方针都宣传出去，把全社会动员起来，就像习近平总书记讲的，让重视质量、创造质量成为社会风尚，像李克强总理说的，让追求质量、崇尚卓越成为全社会、全民族的价值导向和时代精神。二是抓质量攻关和整治。对质量的短板，组织各方力量，进行技术攻关、提出技术改进提升方案。对一些产品生产集中、假冒伪劣又多的重点地区实行区域整治，甚至搞集中整治、挂牌督办。比如某个地方生产的某类产品比较多，但假冒伪劣的也多或者质量不高，便采取挂牌整治手段。必要的时候，约谈当地负责人，甚至亮黄牌、曝光。对于生产假冒伪劣产品的，坚决打击，毫不留情，抓好质量整治和专门治理。三是严抓全面质量管理。质量管理是企业永恒的主题。企业不仅要有国际国内先进质量管理办法，还要建立质量管理体系。对此，要树立一批质量标杆，培养一批“隐形冠军”。四是狠抓品牌建设。要培育一批真正叫得响、受消费者欢迎，甚至国外消费者都欢迎的中国品牌，打造我国的“金字招牌”，把老百姓的质量获得感搞得满满的，树立起国货形象。

在中国经济步入新常态、供给侧结构性改革进入关键期的背景下，促进产品品牌建设成为满足消费结构不断升级、适应把握引领新常态、提高经济发展质量和效益的重要抓手。产品品牌是生产者和消费者共同的追求，是供给侧和需求侧升级的方向，是企业品牌乃至国家品牌综合竞争力的重要体现。

二、 中国高铁品牌建设实践

“我国高铁发展虽然比发达国家晚 40 多年，但依靠党的领导和新型举国体制优势，经过几代铁路人接续奋斗，实现了从无到有、从追赶到并跑再到领跑的历史性变化。”这是2021年8月1日《求是》杂志第15期刊发的中国国家铁路集团有限公司董事长、党组书记陆东福的署名文章《打造中国高铁亮丽名片》中的一段话。改革开放以来，特别是近10年来，中国铁路人瞄准世界一流水平不懈奋斗，实现了高铁建设的历史性进步。从京津城际投入运营至今，我国高铁稳定运行已超10年，形成了全球最大的高铁网。中国铁路的发展历经百年沉淀，如今已成为中国运输业的支柱。它承载着50%以上的客运承载量和70%以上的货运承载量，被称为当代的中国“经济大动脉”。

（一） 从追赶者到领跑者——世界铁路发展新航标

中国高铁虽然起步晚，但是发展迅速，短短二十年，完成了从追赶者到领跑者的世界奇迹。中国高铁以系统技术最全、集成能力最强、运营里程最长、运行速度最高的标准，成为世界铁路发展的新航标。

高铁运行是一个复杂的项目。其中包括建筑、车辆制造、信号控制、运营和维护等。每个环节都很重要，如果任何一个环节出现问题，高铁都无法正常运转。中国高铁以惊人的速度发展，“十三五”期间，我国智能高铁技术全面实现自主化，形成涵盖时速160公里至350公里速度等级的复兴号系列化动车组。截至2021年6月底，复兴号已投用19款车型。“金凤凰”“红飞龙”“绿巨人”“蓝暖男”……复兴号家族成员不断增加。6月25日投用的CR400AF和CR400BF复兴号智能动车组车体上，飘逸的红黄条纹十分抢眼，“龙凤图腾”以及“舞龙”“飞凤”等意象寓意科技创新助力中国高铁领跑世界、造福人类，表达了对祖国繁荣昌盛、人民幸福安康的美好祝福，带动了沿线经济的发展。

在运营里程方面，2021年，全国铁路完成固定资产投资7 489亿元，一批国家重点工程如期开通运营，中国高铁运营里程突破4万公里，以复兴号为代表的中国高铁成为一张亮丽的国家名片。人民网2019年对中国高铁的评价称，“2019 年 7 月 8 日，根据世界银行发布的《中国的高速铁路发展》：中国高铁营业里程超过世界其他国家高铁营业里程总和，票价最低，建设成本约为其他国家建设成本的三分之二。中国高铁跑出中国速度，更创造了中国奇迹”。

在技术水平方面，随着近些年来国内铁路交通系统的发达，高铁的技术水平也在国内科研人员的推动下变得越来越高，带来的最显著的变化就是它的速度变得越来越快。截至 2019 年 11 月 23 日，中国已系统掌握各种复杂地质及气候条件下高铁建造成套技术，攻克铁路工程建造领域一系列世界性技术难题；全面掌握速度 200/小时至 250 千米/小时、300/小时至 350 千米/小时动车组制造技术，构建涵盖不同速度等级、成熟完备的高铁技术体系。

（二） 大数据与互联网赋能——高铁智能发展新阶段

智能高铁的总体组成可概括为“一核三翼”，即以 1 个智能高铁大脑平台为核心，包含智能建造、智能装备、智能运营 3 部分。智能建造以 BIM+GIS 技术为核心，综合应用物联网、云计算、移动互联网、大数据等新一代信息技术，与先进的工程建造技术相融合，通过自动感知、智能诊断、协同互动、主动学习和智能决策等手段，进行工程设计及仿真数字化工厂、精密测控、自动化安装、动态监测等工程化应用，构建勘察、设计、施工、验收、安质监督全寿命可追溯的闭环体系，实现建设过程中进度、质量、安全、投资的精细化和智能化管理，推动高速铁路建设从信息化、数字化走向智能化。智能装备基于全方位态势感知、自动驾驶、运行控制、故障诊断、故障预测与健康管理（PHM）等技术，实现高铁移动装备及基础设施的自感知、自诊断、自决策、自适应、自修复，实现动车组的自动及协同运行，实现新一代的智能化牵引供电和通信体系，实现线路、通信信号、牵引供电等基础设施全生命周期精细化管理及优化配置，保持基础设施的最佳使用状态。智能运营采用泛在感知、智能监测、增强现实、智能视频、事故预测及智联网等技术，实现智能化出行服务、预测性运营维护、主动性安全防控和智能化经营管理，具体包括：在服务方面，为旅客提供购票、进站、候车、乘车、出站等全环节的自助化、精准化、个性化、智能化全过程出行服务；在运维方面，全面掌握基础设施及移动装备劣化机理及演变规律，实现预测性维修；在安全方面，通过高铁固定设施、移动装备、运输过程及自然环境等的状态感知，实现设备故障、行车事故趋势预测预警，做到超前防范；在经营方面，准确把握市场需求，科学开展客运产品设计及优化，实现客票价格的动态化、售票组织的智能化、运输收益的最大化。

国铁集团出台的《新时代交通强国铁路先行规划纲要》明确提出，到 2035 年，智能高铁率先建成，智慧铁路加快实现。近年来，国铁集团依托智能京张、智能京雄等重点项目，广泛应用云计算、大数据、物联网、人工智能、北斗导航、BIM 等，促进新一代信息技术与铁路运输深度融合发展，在工程建造、技术装备和运营服务等三方面开展了一系列创新与实践，初步构建了中国智能高铁的体系架构，开启了我国智能高铁建设与发展的新篇章。“中国高铁正进入广泛应用云计算、大数据、互联网、移动互联、人工智能、北斗导航等新技术，实现高铁移动设备、基础设施，以及内外部环境之间信息全面感知、广泛互联、融合处理、主动学习和科学决策的智能高铁发展新阶段。”《上海科技报》对中国高铁技术这样评论。

智能高铁已成为全球铁路的前沿发展方向，抓住新一轮科技产业革命带来的难得机遇，加快制定中国智能高铁发展战略，这对持续保持中国高铁的全球领跑地位具有重要意义。分析全球铁路数字化、智能化发展趋势及我国高速铁路建设现状、信息化成就和面临的挑战，提出智能高铁的内涵，给出智能高铁的 4 个组成部分，即大脑平台、智能建造智能装备和智能运营。在此基础上开展基于信息物理融合系统的智能高铁蓝图设计，提出六维关联分析方法并应用于智能高铁战略规划，明确中国智能高铁于 2018—2035 年在创新示范、加速突破、全面提升 3 个阶段的发展目标，为中国智能高铁的战略实施以及城市轨道交通等其他领域的智能化实践提供参考。①

（三）　赋予铁路文化内涵，赋能强国国家形象

"高铁旅游承载了中国人文之美，也串联了中国自然之美，是美丽中国国家形象的重要代表，将高铁及铁路沿线打造成为美丽中国的产品线、风景线是铁旅品牌打造的重要支撑"，铁路部门以中国铁路文化为主线，以前沿科技为依托，通过提炼并串联文化、历史、地理等区域和城市特色，用"铁路旅游+美丽中国"的概念融合美食、美景、文博非遗和影视等主题，创新发展出各具特色的铁路旅游产品和商品，并依托铁路运营网络优势资源，逐步形成点线面一体的最美高铁站、高铁旅游新城、遗产和精品铁路旅游线路以及区域产业经济带，使得铁路旅游更具深厚文化内涵，更具现代时尚意识，使得铁路文化更具感染力影响力，进而有效提升铁路文化软实力。②

此外，随着"一带一路"倡议的快速推进，"高铁外交"日益成为描述中国外交新形态的一个重要概念。③ "高铁外交"既符合我国经济发展的需要，又塑造了中国的对外形象，"高铁外交"成为塑造中国国际形象的新名片，这契合"一带一路"展现和提升中国形象的长期目标。在十八大之后的多次出访活动中，中国国家领导人都亲自向国际社会推广中国的高铁技术。2014 年 8 月 22 日，李克强总理考察了中国铁路总公司

---

① 王同军：《中国智能高铁发展战略研究》，《中国铁路》2019 年第 1 期。

② 张红喜，魏卫：《美丽中国视角下的铁路文化活化与国家铁路旅游品牌建设》，《旅游学刊》2021 年第 12 期。

③ Tom Zoellner, Red Train Rising, *Foreign Policy* , December 16, 2014.Tom Zoellner, *China's High-Speed Rail Diplomacy* , *Foreign Affairs* , July 16, 2016. Gerald Chan, *Understanding China's New Diplomacy: Silk Roads and Bullet Trains,* Edward Elgar Publishing, Mar 9, 2018.

并在座谈会上说："我每次出访都推销中国装备，推销中国高铁时心里特别有底气。"①中南大学教授刘灿姣说，依靠"快捷便利、平稳舒适"的高速度，"安全可控、设备精良"的高性能，"服务优质、文明和谐"的高品质，中国高铁已经形成一定的品牌效应。《中国国家形象全球调查报告（2016—2017）》显示，海外受访者对中国科技创新能力给予比较集中的好评，其中高铁是海外认知度最高的中国科技成就。"高铁外交"的推进成效，已经远远超出了单纯的经济范畴，它与中国的国际地位和国家形象直接联系在了一起。"如果中国能够成功地向其他国家出口高铁，将会极大提升中国作为像德国与日本一样的科技大国的国家形象。事实上，中国可以比西方竞争对手更便宜、更快地建设高速铁路。很快，整个世界将附带更多的尊敬来审视中国的经济力量，从而增强中国的国际影响力。正由于经济实力是国家软实力的主要来源，所以中国在高速铁路领域的成功将无疑增强中国的软实力"②。改革创新，以产业报国，让中国高铁品牌走向世界。

三、中铁集团：践行"三个转变"做大盾构机品牌

2014 年 5 月 10 日，习近平总书记视察中铁高新工业股份有限公司（以下简称中铁工业）旗下中铁装备盾构机车间，发表了"推动中国制造向中国创造转变、中国速度向中国质量转变、中国产品向中国品牌转变"的重要指示。七年来，中铁人以"三个转变"指示精神为指针，大胆创新，勇攀高峰，取得了一系列骄人业绩。自 2017 年至 2020 年，中铁集团与河南省人民政府、品牌中国战略规划院共同组织以"中国品牌战略发展论坛"为龙头的践行"三个转变"系列活动，对盾构机这一很少为人知的工业产品进行传播普及，收到了非常好了品牌传播效果。

---

① 施张兵，吴玉兴：《中国"高铁外交"的特征与实践研究——基于雅万高铁的案例分析》，《当代亚太》2017 年第 5 期。

② Chen Dingding, "*3 Ways China's High Speed Railway Technology Can Help Its Foreign Policy*", the Diplomat, February 17, 2015.

(一) “三个转变”为“中国盾构”创新添活力

以践行三个转变为核心，中铁工业聚焦品牌战略，助力制造强国。系列活动围绕“三个转变”指示的时代内涵，从政府责任、企业担当和社会贡献的视角，探讨品牌强国的中国理念、中国智慧和中国方案；从技术创新、文化创意和融合传播的维度，用“三个转变”指导中国工业精神，从推动转型升级、赋能全球化发展的层面，为打造世界一流工业品牌助力。

被世界誉为“工程机械之王”的盾构机常见的为圆形。在品牌战略的推动下，在中国人的智慧创新中，中铁工业研制出了双车道超大断面矩形盾构机，彻底解决了软土隧道、浅埋隧道等人工开挖或明挖传统作业方式，提高了工程安全程度和施工效率。矩形盾构机诞生后，中铁工业不断突破核心技术，从“尺寸增加”到“形状与功能的三连变”，在异形盾构机领域形成了系统化的设计制造方法与技术。2019 年，“异形全断面隧道掘进机技术”荣获国家科学技术进步奖二等奖，其中的世界最大断面矩形盾构机入选“庆祝中华人民共和国成立 70 周年大型成就展”，成为 150 个“新中国第一”中的一个。中铁工业成为世界上异形盾构机最具领先地位的专业制造商，矩形盾构机成为国产高端装备走出国门。中铁工业已经是中国最大的盾构机研发、制造企业和综合服务商，产量突破 1 000 多台，产品遍布国内 40 多个省市地区，并远销意大利、丹麦、奥地利、阿联酋、新加坡、马来西亚、印度、黎巴嫩、以色列、越南等 20 多个国家和地区。2019 年，应用于巴黎地铁施工的两台大直径土压平衡盾构机下线，标志着中国盾构机反向出口到盾构机制造强国，进入全球顶级高端市场。

(二) “三个转变”与“中国品牌日”激励中铁盾构高质量发展

中铁装备作为习总书记“三个转变”要求的发表地，也是“中国品牌日”的发源地，寄托着习总书记对企业的认可，也有谆谆嘱托。中铁人时刻牢记

“三个转变”精神,以昂扬激情,振兴民族工业,在制造强国的建设路上砥砺奋进,为中国制造的高质量发展着色添彩。

近年来,在克服国际国内各种困难的过程中,中铁盾构机生产经营指标逆势增长:2020年完成新签合同额418.39亿元,同比增长16.69%,其中海外新签合同额折合人民币24.64亿元,同比增长18.99%;实现营业收入242.92亿元,同比增长18.06%;实现归属于上市公司股东净利润18.26亿元,同比增长12.26%。2020年,盾构机新签订单从59台增加到180台,增长近3倍;营业额增长了4.5倍。作为基建高端装备制造龙头企业,中铁工业重组上市4年来,面对各种压力和挑战,突破了诸多卡脖了难题,用改革创新不断实现新的跨越。产销量连续9年居行业国内第一、连续4年世界第一,在国内外打响了“中铁装备盾构机”的品牌知名度。中铁装备研制的40米跨1 000吨架运装备、1 800吨“空中架桥机”,实现了世界首创。这些都为企业持续高质量发展提供了坚实基础。

(三)“三个转变”与红色基因相结合,做强大盾构品牌

近年来,中铁盾构在打造特色品牌、推动中国产品向中国品牌转变的过程中,不断开展卓有成效的建设,塑造出特色鲜明的良好形象。

一是强化品牌顶层设计。构建特色品牌体系,规划设计“品牌组合拳,打造成员企业产品品牌”的运营策略,做大中国盾构产业。根据中国品牌建设促进会发布的价值评价,中铁盾构2020年以品牌强度896、品牌价值98.97亿元,跻身“机械设备制造”榜单前三强。

二是打造中国制造新名片。在战略性收购德国维尔特品牌使用权后,在掘进机领域实施了“中铁装备+维尔特”双品牌运营,促进跨文化融合,加速了企业国际化;公司坚持“标准化”“快响应”的售后服务理念,为海外客户提供24小时响应的“5S”服务,在盾构行业建立了专业的技术服务流程和标准化服务模式,成为行业内海外技术服务的标杆。目前,掘进机产品已

远销法国、意大利、丹麦、新加坡等 21 个国家，在发达国家市场树立起了中国制造的新形象。

三是提升品牌人文内涵。公司与品牌中国战略规划院等机构形成合作联盟，共建品牌战略发展研究基地，品牌建设案例连续两年入编中国品牌发展报告蓝皮书；在世界首创最大马蹄形盾构机建设蒙华铁路白城隧道的过程中，推出了“盾构咖啡”创意品牌，在业内大力宣传“隧道深处咖啡香”的故事，为“盾构咖啡”进行了品牌定位，致力于打造“工程建设者爱喝的咖啡”“让一线劳动者更加体面劳动”的品牌形象及理念，通过品牌的具象化，为公司品牌赋予了“科技+人文”的新鲜内涵。“隧道深处咖啡香”故事入选国资委评选的“2020 年度 100 个国有企业品牌建设典型案例”，品牌建设活力得到了有力激发。

四是有效开展品牌营销。从 2018 年起，连续三年举办“三个转变”研讨会暨中国品牌战略发展论坛，中铁盾构品牌影响力不断提升，活动已经成为中国制造品牌界的一桩盛事，加深了“中国品牌日从这里走来”的中国中铁印记。在川藏铁路极端装备展中，一批具有开创意义的新产品首次面世，向系统内外客户全面展示了中铁工业的产品和技术实力，对产品起到了良好推介和品牌宣传作用。另外，在上海宝马展、德国慕尼黑宝马展、第二届重庆西洽会、迪拜轨道交通展、首届中非经贸博览会等国内外展会上进行了有特色的品牌展示、创意策划及相关品牌文化产品设计制作，充分彰显了“中铁盾构，世界品牌”的品牌定位，全方位展示企业发展成就，取得了较好的效果。

五是挖掘中铁红色品牌形象。在 2021 年 7 月建党百年纪念日期间，中铁工业结合中共一大代表王尽美在中铁的红色基因，大力宣传不忘初心的红色精神，重温 1922 年 8 月，24 岁的王尽美受李大钊同志的派遣，秘密来到中铁山桥组织和领导工人运动。王尽美组织领导了声势浩大的“京奉铁路工人大罢工”并取得全面胜利，在中国工运史上留下了厚重的一笔。王尽美播撒的红色火种在中铁企业中一直生生不息、代代相传。2017 年，继王尽美之后，中铁工业又一位出席中国共产党全国代表大会的党代表诞生了，她就是 20 年参建近千座大桥，用智慧和汗水“焊”卫大桥永固的“最美焊将”王中美。从党的一大到党的十九大，从王尽美到王中美，这绝不是历史的偶合，而是中铁人的信仰追求和共产党人永葆先进本色的传承与发扬。

中铁工业把党的领导和党的建设嵌入改革发展的各个环节，持续构建以发挥领导作用为核心的领导体制、运行机制，完善以发挥党组织战斗堡垒作用和党员先锋模范作用为基石的管党治党工作体系，全面推进从严治党要求落地生根，大力开展党建工作创新，红桥党建、彩虹党建、蜂巢式党建、红盾同心圆党建、铁流党建、“六廉”文化理念等特色党建品牌逐渐成熟，“守正创新、六廉兴企”廉洁文化蔚然成风。中铁工业党委要求各级党组织一定要站在“根”和“魂”的高度，传承百年红色基因，深入践行“三个转变”理念，着力解决好将党的政治优势转化为企业核心竞争力的问题，解决好“传承超越、创新发展”的时代命题。

学百年党史，开事业新局。在“我为群众办实事”实践活动中，党员干部强化精神洗礼，树牢群众意识，忧民所忧、急民所急，聚焦发展问题，深化国企改革三年行动要求，修订“三重一大”决策实施办法和党委会议事规则，形成了包含 23 个方面 143 项的“重大事项决策权责清单”。截至 2021 年底，深化改革三年行动累计完成 147 项，占总任务的 80.77%，企业治理能力和竞争力进一步增强，创新驱动引擎更加强劲，发展质量提升，职工收入实现同比增长，实现“十四五”规划良好开局。通过系列演讲、演唱、辩论、历史实物展示等形式多样的红色活动，有效宣传了中铁人的品牌形象，增强了中铁盾构品牌的社会影响力和知名度，取得了令人十分满意的社会美誉传播效果。

第六章

我国品牌强国战略要素

我国品牌战略的实施需要科技创新、知识产权运用与保护、质量强国战略实施、企业诚信与信用体系建设、法律法规等的协同。品牌强国战略的实施对这些要素也提出了更多的要求。

第一节　科技创新驱动发展战略

近年来,我国大力实施科技创新发展战略,提出了我国 2035 年进入创新型国家行列的目标,推动了高技术制造业和战略性产业的发展。科技创新战略的实施有力地支撑了品牌强国战略目标的实施,也加快了科技品牌战略的实施。与传统产业不同,科技领域将会涌现出一批像华为、阿里、腾讯这样的科技型的国际品牌。

一、　制造业质量实现了大幅提升

总的来说,改革开放四十年来,我国制造业质量取得了显著成效,对日益增强的国力和人民获得感,形成了重要的支撑。经过 40 多年的快速发展,中国制造业不仅实现了由小到大的历史性转变,质量水平也有较大提升。部分重大装备、消费类及高新技术类产品的质量达到或接近发达国家水平，产生了一批具有较强质量竞争力、引领产业发展的制造企业；产生了一批以神舟十号载人飞船、“蛟龙”载人潜水器、歼-15战斗机、歼-20战斗机、北斗卫星导航系统、超级计算机、高铁装备、高压输变电装备、百万千瓦级超临界火电机组、万米深海石油钻探装备为代表的先进重大装备。①

全面建设富强、民主、文明、和谐、美丽的社会主义现代化强国的宏伟蓝图已经绘就，制造业质量需要在第二个一百年的战略目标实现中发挥关键作用。从制造业质量竞争力指数走势看，过去十多年，我国制造业质量竞争力指数稳步提升（如图6-1所示）。从制造业强国的指标来看，我国连续多年位居第四，但质量效益与美、德、日等制造强国相比仍有较大的差距。这反映出中国制造业仍在由规模拉动的路径向质量效益拉动的路径转变之中。质量效益仍是中国制造业的短板，是质量提升的主要突破点，也是成为制造业强国的主要着力点。

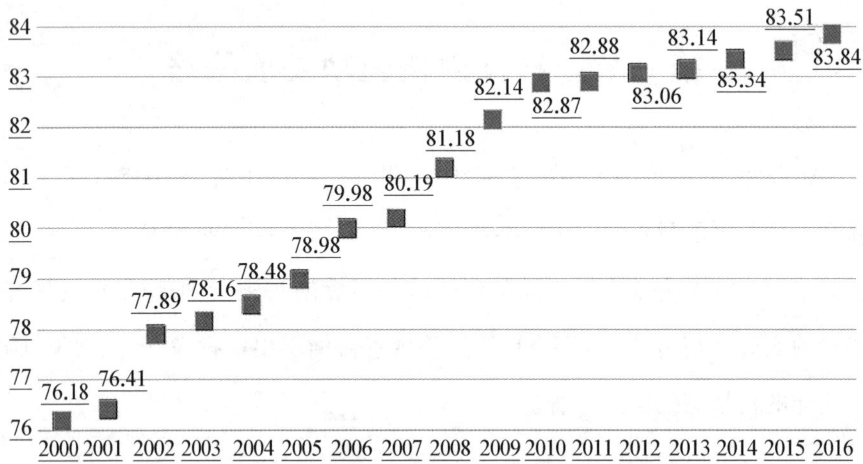

图6-1 2000—2016年我国制造业质量竞争力指数变化趋势

近年来，我国制造业供需结构失衡问题比较突出，低端供给过剩，高端供给不足，在一些行业存在产能严重过剩的同时，大量关键装备、核心技术

① 上海交大中国质量发展研究院课题组：《优质制造评价及升级策略研究》，上海交大，2019年8月。

和高端产品还不能满足需求。据统计，目前我国居民一年在境外购物消费大约 2 000 亿美元①，且每年以 20%的速度增长，暴露出我国部分产品质量层次偏低，无法满足国内日益变化的消费需求的问题。

另外，我国制造业质量也是问题频发，从 2017 年的奥凯电缆事件，到 2018 年的长生疫苗事件，都暴露出制造业产品存在的质量问题。从重点领域抽查结果分析来看，以家电为例，2017 年全年国家监督抽查 164 种产品，包括净水器、电磁灶、室内加热器、家用电动洗衣机和空气净化器等 32 种 1 601 家企业生产的 1 625 批次电子电器产品。根据统计，总抽查合格率为 83.4%，比 2016 年提高了 1.3 个百分点。其中，笔记本电脑、豆浆机 2 种产品抽查合格率为 100%，电冰箱、电热水壶、吸油烟机、彩电、空调等 11 种产品抽查合格率均高于 90%，洗衣机、热水器等 15 种产品的抽查合格率在 80%和 90%之间，而空气净化器、净水器、电磁灶等 4 种产品的抽查合格率不到 80%，质量问题较为严重。②

我国制造业除了面临质量问题，也面临诸多其他问题，如低端产品众多，或者给别人代工，没有自己的品牌形象；其次我国大多数企业抱着“造不如买”和“买不如租”的心态，不注重自己的研发能力，创新能力不足，没能够形成自己的核心竞争力；最后，中国制造业面临着“投资难”和“收益难”两座大山的压力，无数资本涌入互联网等行业，却鲜有资本注入制造业，制造业的利润率比较低，效益不高。

二、　实施科技创新驱动发展战略

改革开放后的 30 年，基于低成本及人口红利的优势，我国以出口贸易为重点，以投资驱动工业化和城市化，实现了经济的飞速发展。2010 年中国 GDP 超越日本，位居全球第二。但是随着 2008 年国际金融危机导致的

① www.chinanews.com，中新网，商务部部长钟山在十三届全国人大一次会议记者会答记者问。

② 国家质量技术监督总局公布的 2017 年国家监督抽查产品质量状况。

全球市场的持续低迷，尤其是那些作为我国传统出口目的地的发达国家市场的持续萎缩，我国的外贸出口形势愈发严峻，亟须一种全新的以创新为驱动的发展思路。

自 2005 年始，我国开始制定相关政策，以促进经济领域的创新发展。2006 年 1 月，我国发布了《国家中长期科学和技术发展规划纲要（2006—2020）》（以下简称《纲要》）。《纲要》提出了创新发展的三大目标——建设国家创新体系、改善创新能力、培养创新人才及营造创新环境，旨在“到 2020 年，全社会研究开发投入占国内生产总值的比重提高到 2.5%以上，力争科技进步贡献率达到 60%以上”。

在《纲要》的推动下，我国在创新发展基础上有了较大的进步。但是从全球价值链角度考量，我国仍然处于中低层次，在一些关键的领域水平仍然不高，缺乏优秀人才和创新公司。因此，进入“十三五”以来，深化科技创新驱动发展战略和改革成为重点。国家《十三五规划纲要》将创新发展作为首要战略。2016 年 5 月 19 日，中共中央、国务院印发了《国家创新驱动发展战略纲要》。

《国家创新驱动发展战略纲要》明确了创新发展的 4 项基本原则、10 大重点领域、6 大战略保障，并制定了“1 - 2 - 6”战略原则，部署了 8 大核心任务：推动产业技术体系创新，创造发展新优势；强化原始创新，增强源头供给；优化区域创新布局，打造区域经济增长极；深化军民融合，促进创新互动；壮大创新主体，引领创新发展；实施重大科技项目和工程，实现重点跨越；建设高水平人才队伍，筑牢创新根基；推动创新创业，激发全社会创造活力。

相关数据表明，2020 年我国创新投入大幅增加。我国全年研究与试验发展（R&D）经费支出 24 426 亿元，比上年增长 10.3%，与国内生产总值之比为 2.40%。其中，基础研究经费 1 504 亿元，比上年增长 12.6%，持续保持较快增长。科技投入持续迈上新台阶，为创新型国家和科技强国建设奠定了投入基础。①

虽然经费支出整体增速较为平稳，在10%左右，但是我国科研投入力度逐年递增，且依据《加强国家重点实验室建设发展的若干意见》，2020年建成700多个重点实验室的目标尚未达成。预计未来国家将会加大科研投入力度，加快筹建国家重点实验室。全国政协委员卢春房认为，当前，很多企业树立为国担当意识，加大科研投入，培养使用人才，组织科技攻关，实现对国外先进企业的赶超。然而，不论国企还是民企，还有相当一部分企业创新能力不强，鲜有创新成果。除人才、地域、行业方面等因素外，主要有3个原因。②

一是创新动力不足。有些企业，特别是有的国有企业认为创新是国家的事，本企业能把别人的成果用好，把产品质量管好就行，懒得去费那么大劲；有的认为创新是长远任务，花了钱也收不到成效，才不给别人做嫁衣裳；有的认为创不创新都能活。总之是不想创新，不愿担当。这既有企业领导的思想认识问题，也与政府部门引导不力、政策层面向企业传递压力不够有关，使得一些企业没有创新压力和动力。

二是创新投入不够。华为公司2017年投入研发资金占销售收入的15%，这是一个很多所谓大型企业目前难以企及的数字。从短期看，虽然研发投入与产出不一定成正比，但长期看，绝对不会成反比。华为公司2017年PCT（专利合作协定）专利申请量4 024件，全球第一，就是例证。

三是方向目标不准。创新方向目标具有引领性，目前很多企业把目标定为世界一流或世界领先。过高的目标容易造成失望，挫伤创新积极性。

三、 推进战略性新兴产业发展

为促进产业结构的调整和经济发展的转型，并抢占新一轮科技革命的

① 万劲波，吴博：《强化科技强国对现代化强国的战略支撑》，《中国科学院院刊》2019年第5期。
② 金国强：《通过管理创新实现企业高质量发展》，《质量春秋》2019年第6期。

制高点，我国开展了7大战略性新兴产业战略行动。在国际金融危机的冲击下，我国面临着经济发展方式的转型和产业结构的调整。2010年9月，我国正式出台《国务院关于加快培育和发展战略性新兴产业的决定》（以下简称《决定》），布局战略性新兴产业已成为我国乃至世界主要国家抢占新一轮科技和经济发展制高点的战略性举措。《决定》进一步明确将生物产业、节能环保产业、新能源产业、新一代信息技术产业、新能源汽车产业、高端装备制造产业、新材料产业等作为我国战略性新兴产业的7大重点方向。国务院在2012年7月份发布的《"十二五"国家战略性新兴产业发展规划》将7大战略性新兴产业细分为23个子产业，并提出了23个子产业到2020年的发展目标。

党的十八大以来，为加快培育和发展战略性新兴产业，国家出台了《"十三五"国家战略性新兴产业发展规划》《关于在部分区域系统推进全面创新改革试验的总体方案》《关于创新管理优化服务培育壮大经济发展新动能加快新旧动能接续转换的意见》《关于促进分享经济发展的指导性意见》，以及网络强国、"互联网+"行动、大数据发展、新一代人工智能发展等一系列重大政策。在全社会的共同努力下，我国战略性新兴产业发挥出越来越大的引领带动作用，呈现出"快、高、优、活"的特点，即产业规模快速壮大、产业水平迈向中高端、整体效益不断优化、产业创新持续活跃。战略性新兴产业年均增长15%，在高速铁路、航天工程、超级计算机、量子通信、大飞机工程、国产航母、人工智能、新能源汽车等高技术和高端制造领域取得了一批有国际影响力的重大成果，若干领域实现了从跟跑到并跑、领跑的跃升。

战略性新兴产业发展的重点区域中，东部地区的引领示范作用更加显著，深圳市战略性新兴产业增加值占GDP比重已经超过40%，江苏省战略性新兴产业中的工业产值占工业总产值比重达到30%，浙江、山东等多个省份战略性新兴产业产值突破万亿元大关。上海电子信息制造业增长迅猛，2018年全年增幅达到58.4%。新能源汽车行业完成投资同比增长

42.8%，特别是总投资500亿元的特斯拉项目也呈现出“特斯拉效应”，推动上海新能源汽车投资迎来高峰期。生物医药的产业能级正不断提升，行业最前沿的基因药物、医疗诊断设备两大领域投入呈现爆发式增长，2018年同比分别增长344%和38.4%。在中部、西部和东北地区，一些地方形成了各具特色的新兴产业集聚发展态势，战略性新兴产业已成为带动区域经济转型升级的重要力量。

四、 科技创新对品牌发展战略的影响

科技创新战略的实施将会使中国品牌更具有科技特性。与传统的品牌发展路径不同的是，我国在计划经济时期产生的一批品牌，如上海牌手表，由于科技含量不足，已经不能适应当今社会，只有融入科技的新元素才能焕发青春。而更多的品牌将会在新一轮科技变革中成长。5G是推动经济高质量发展的重要支撑。移动通信技术每十年完成一次演进升级、代际跃迁。每一次技术进步都极大地促进了经济社会发展。从1G到2G，实现了模拟通信到数字通信的过渡，降低了应用成本，使移动通信走进了千家万户。从2G到3G、4G，实现了从语音业务到数据业务的转变、从窄带通信到宽带通信的跃升，促进了移动互联网的全面普及和繁荣发展。5G具备超高带宽、超低时延、超大规模连接数密度的移动接入能力，其性能远远优于4G，服务对象从人与人通信拓展到人与物、物与物通信。这不仅是量的提升，更是质的飞跃，在经济高质量发展中必将发挥更加重要的支撑作用。发展5G有利于提升产业链水平。与4G相比，5G的高速率、高可靠、大连接、低功耗等性能，对元器件、芯片、终端等都提出了更高要求，将直接带动相关技术产业的进步升级。而且，我国具有全球规模最大的移动通信市场，以华为等为龙头的5G商用产业链将形成万亿级的产业规模，有利于推动核心技术攻关突破，带动上下游企业发展壮大，促进我国产业迈向全球产业链中高端。

科技创新战略的实施将会促进中国品牌与进口品牌同台竞争。现代企业要求强化基础通用标准研制，健全技术创新、专利保护与标准化互动支撑机制，及时将先进技术转化为标准，促进并提升技术转化和创新驱动发展能力，从而实现部分产品对进口产品的替代，形成在高端市场的品牌地位。在高端医疗器械行业中，上海联影医疗科技有限公司（以下简称“联影”）就是杰出代表。公司成立于 2011 年 3 月，总部位于上海市嘉定区，研发中心辐射全球。公司通过自主研发提供全线高端医疗设备和医疗信息化解决方案，普及高端医疗，提升服务价值，矢志成为世界级的中国医疗设备公司。联影以“打造世界级的中国医疗设备公司”为愿景，以“提供高端医疗设备，惠及天下大众 立足自主创新，变‘中国制造’为‘中国创造’”为使命，专注自主研发，截至 2019 年 5 月，各事业部累计提交专利申请近 2 000 项，其中发明专利逾 70%。联影自主研发的医学影像产品上市 4 年来累积装机近 2 500台，同时以稳定的产品质量，低剂高清快速的影像链获得广泛好评。第三方报告显示，联影 MR（磁共振成像系统）、CT（X 射线计算机断层摄影系统）、DR（数字化 X 射线摄影系统）、MI（分子影像系统）产品自上市以来市场占有率逐年提升，全线产品跻身行业前五；MR 和 CT 产品 2019 年市场占有率已升至第 4 名（图 6－2）；MI 产品 2016 年市场占有率为第 3 名；2019 年度尤以 DR 产品表现最为突出，全面超越深耕医疗影像行业多年的 GE（通用电气公司）、Siemens（西门子公司）、Philips（飞利浦公司）等国际巨头，在业内首度夺冠。①

之所以从科技创新角度论述其对品牌战略的影响，是因为不管是传统品牌的维护，还是新兴产业品牌的打造，都离不开科技创新。由于互联网的影响和作用，未来新兴品牌，传播的速度已经与传统品牌不一样。此外，未来品牌的整体科技含量也会更高。

---

① 数据来源：＊IPSOS（益普索）；# Bidding 招投标信息。

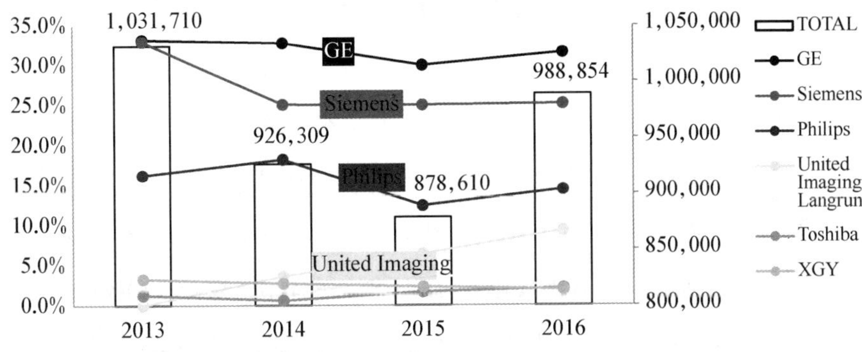

图 6-2　MR 和 CT 产品 2019 年市场占有率已升至第 4 名

第二节　知识产权的保护与运用战略

近年来,我国在知识产权的保护和运用上成效显著,一方面对假冒品牌的行为进行严厉打击,另一方面,以华为为首的一批企业从引入专利转为输出专利,确立了中国企业的品牌地位。

一、　国家知识产权战略实施成效显著

2017 年 7 月至 2018 年 6 月,在国务院知识产权战略实施工作部际联席会议的部署下,国家对《国家知识产权战略纲要》(以下简称《纲要》)的实施情况进行了全面评估。① 评估认为,《纲要》实施十年来,特别是党的十八大以来,我国知识产权事业迅速发展,成效显著,具备了向知识产权强国迈进的坚实基础。2008 年 6 月 5 日,《纲要》颁布,这标志着国家知识产权战略的正式确立。至 2017 年,国内有效发明专利拥有量从 2007 年的 8.4 万件增长至 135.6 万件,有效注册商标总量从 235.3 万件增长至 1 492 万件,著作权年登记量从 15.9 万件增长至 274.8 万件。《纲要》实

① 国家知识产权局发展研究中心:《〈国家知识产权战略纲要〉实施十年评估报告》,新华社,2019-04-25。

施以来,我国知识产权拥有量大幅增长,已成为名副其实的知识产权大国。

国家知识产权局知识产权发展研究中心发布的《2020 年中国知识产权发展状况评价报告》指出,知识产权保护效果显著。2020 年,我国知识产权保护社会满意度达到 80.05 分,比 2012 年提高了 16.36 分。2008 年至 2019 年,我国研发投入强度增加了 0.79 个百分点,市场主体研发投入增长强劲,同时我国规模以上工业企业申请专利比例和知识产权使用费进出口额均实现显著增长。这表明,提升知识产权保护水平对创新产生了显著的激励作用,知识产权保护与创新投入之间已经形成了明显的正反馈。

二、 知识产权司法保护力度持续加强

我国知识产权司法保护力度不断加大。2008 年,全国法院审结知识产权民事、行政、刑事一审案件量分别为 2.4 万件、0.1 万件、0.3 万件,2020 年分别增至 44.3 万件、1.8 万件、0.6 万件。2008 至 2020 年,检察机关批准逮捕涉及知识产权犯罪案件数量从 1 210 件增至 3 930 件,提起公诉的涉及侵犯知识产权犯罪案件数量从 1 432 件增至 5 848 件。

当前,知识产权犯罪呈现出新的特点。最高人民检察院检察委员会委员、第四检察厅厅长郑新俭认为,一是随着网络信息技术的迅猛发展,利用互联网实施知识产权犯罪的数量快速增长,假冒注册商标商品的销售渠道由原来传统的实体店面、固定场所向互联网等新型渠道发展,侵权作品也多以网络方式传播。二是案件呈现生产、物流、销售环节分离,上下线延长,受害人分布广及数额认定复杂等特点,查办难度增大。三是侵犯商标权的犯罪案件占侵犯知识产权犯罪案件的 90%以上,涉及烟酒、食品、服帽、化妆品、数码产品等多个领域。其中,高档烟酒、服饰等由于利润高、门槛低,成为制假售假者的首选。四是侵犯知识产权犯罪手段不断翻新,犯罪分工日

趋细化，隐蔽性越来越强。犯罪分子采取各种手段蒙蔽经销商和消费者，如利用假许可文件、假包装、假批号、假海关证明等蒙骗经营者和消费者，侵权产品极具迷惑性，难以辨别。

有关部门大力开展“雷霆”“护航”“溯源”“净化”等专项行动。相关数据显示：2020 年，全国市场监督管理部门查处专利违法案件 0.7 万件，罚没金额 1 135.2 万元。2020 年，全国知识产权管理部门办理专利侵权纠纷行政裁决案件 4.2 万件，较上年增长 9.9%。2020 年，全国市场监督管理部门查处商标违法案件 3.1 万件，罚没金额 7 亿元。版权行政执法方面，2019 年办理版权行政处罚案 2 539 件，罚款金额 2 399.5 万元。2020 年，知识产权海关保护备案量为 3.3 万件，是 2010 年的 3.1 倍。

三、《知识产权强国建设纲要》全面实施

完成重新组建国家知识产权局工作，实现专利、商标、原产地地理标志集中统一管理。国务院知识产权战略实施工作部际联席会议办公室印发《2019 年深入实施国家知识产权战略加快建设知识产权强国推进计划》（下称《推进计划》），明确 2019 年推进国家知识产权战略实施的 5 大重点任务、106 项具体措施。

深化知识产权领域改革。《推进计划》提出，将推进知识产权管理体制机制改革，推进完善知识产权重大政策制定出台，深化知识产权“放管服”改革。具体措施包括整合专利、商标和地理标志政策、项目和平台，推动重大政策互联互通，统一服务窗口和办事流程，推动知识产权业务申请“一网通办”等。

加大知识产权保护力度。《推进计划》提出，完善法律法规，加强保护长效机制建设，强化知识产权行政保护，加强知识产权司法保护，配合做好专利法修正案（草案）审议，深入推进“互联网+”知识产权保护，组织开展侵权假冒问题专项执法行动等。

促进知识产权创造运用。《推进计划》提出，要提高知识产权审查质量和效率，强化知识产权创造质量导向，加强知识产权综合运用，促进知识产权转移转化，完善知识产权信息服务。具体措施包括健全专利审查质量保障体系和业务指导体系，全面深化商标注册便利化改革，严厉打击非正常专利申请和商标囤积、恶意注册行为，实施中小企业知识产权战略推进工程等。目前，版权工作由中央宣传部统一管理。知识产权审查质量和审查效率持续提升，商标注册平均审查周期缩短至 6 个月，高价值专利审查周期压减 10%，全年(2018)累计减免专利费用 58.6 亿元(人民币)。最高人民法院知识产权法庭成立，持续优化审判资源配置。

中国知识产权保护方面的进步是多个方面的，其中，在侵权惩罚性赔偿制度上迈出了重要步伐。在《专利法修正案(草案)》中明确写入了侵权惩罚性赔偿制度，对恶意侵权行为可以处以最高五倍的惩罚性赔偿。在刚刚通过的《商标法(2019 修正)》中，将恶意侵犯商标专用权的行为，最高赔偿额提高到了五倍，这样的赔偿数额在国际上也是比较高的。①

四、 知识产权战略对品牌发展战略的影响

知识产权战略实施对品牌发展战略的作用主要体现在营造良好的生态环境、重点打击商标侵权案件、打击与运用并举三个方面。

营造品牌保护的良好生态环境。以往为何禁不住，主要是打击不得力，一旦上到司法这个层次，就会有力支持权利人维护合法权益。在涉及知名品牌“老板”电器的商标权及不正当竞争纠纷上诉案中，浙江高院根据侵权人在另案中提交的销售数量证据、侵权网站上的产品售价并参照权利人上市公司年报中的营业利润率，全额支持了权利人 1 000 万元的诉讼请求，体现了加大知识产权保护力度的价值导向。

---

① 学习强国平台：《我国将以更大力度保护知识产权》，新华社，2019－04－24。

重点打击商标侵权案件。商标与品牌是直接关联的。在整个知识产权案件中,9 成以上是商标权犯罪,涉及烟酒、食品、服帽、化妆品、数码产品等多个领域。其中,高档烟酒、服饰等由于利润高、门槛低,成为制假售假者的首选。只有打得及时、处罚严厉,才能遏制这一现象。

打击与运用并举。保护知识产权是为了促进运用,而发明专利的有效发布将会提升品牌影响力。2007 年至 2017 年,国内有效发明专利拥有量从 8.4 万件增长至 135.6 万件,有效注册商标总量从 235.3 万件增长至 1 492 万件,著作权年登记量从 15.9 万件增长至 274.8 万件。中国制造展现出向中国精造和中国智造转变的特征。

之所以从知识产权战略的角度论述其对品牌战略的影响,是因为知识产权战略过去强调的主要是保护,经过四十多年持续的对侵权的打击,特别是司法的介入,现在知识产权战略已经进入保护与运用并重的阶段。《纲要》实施以来,我国知识产权拥有量大幅增长,已成为名副其实的知识产权大国。中国从大企业率先示范,到专精特新的战略性新兴产业中小企业,都将发明专利的申请作为质量和品牌竞争力的一个重要标志。这正是十多年知识产权战略实施的重点成效。在面向 2035 中国知识产权战略纲要制订工作的推动下,更多的企业从购买专利权到输出专利权,从并跑到领跑,中国企业品牌影响力大大提升。

第三节　实施质量强国战略

多年来,从质量振兴到质量发展,再到近年来提出的质量强国战略,质量问题一直被国家所重视。与此同时,品牌战略也一步步走向国家层面。未来,质量强国战略的实施,将会使科技创新的优势在制造过程中得到确立,从而在品牌强国战略中得到体现。

一、 从质量振兴、质量发展到质量强国战略的提出

新中国成立尤其是改革开放以来，国家制定实施了一系列政策措施，初步形成了中国特色的质量发展之路。特别是国务院颁布实施《质量振兴纲要（1996—2010年）》以来，全民质量意识不断提高，质量发展的社会环境逐步改善，我国主要产业整体素质和企业质量管理水平有较大提高，产品质量、工程质量、服务质量明显提升，原材料、基础元器件、重大装备、消费类及高新技术类产品的质量接近发达国家平均水平，一批国家重大工程质量达到国际先进水平，商贸、旅游、金融、物流等现代服务业服务质量明显改善，覆盖第一二三产业及社会事业领域的标准体系初步形成。①

21世纪的第二个十年，是我国全面建设小康社会、加快推进社会主义现代化的关键时期，是深化改革开放、加快转变经济发展方式的攻坚时期。在这一重要历史时期，经济全球化深入发展，科技进步日新月异，全球产业分工和市场需求结构出现明显变化，以质量为核心要素的标准、人才、技术、市场、资源等竞争日趋激烈。同时，我国工业化、信息化、城镇化、市场化、国际化进程加快，实现又好又快发展需要坚实的质量基础，为了满足人民群众日益增长的质量需求也对质量工作提出更高要求。面对新形势、新挑战，坚持以质取胜，建设质量强国，是保障和改善民生的迫切需要，是调整经济结构和转变发展方式的内在要求，是实现科学发展和全面建设小康社会的战略选择，是增强综合国力和实现中华民族伟大复兴的必由之路。②

建设中国特色社会主义，首先要明确社会主要矛盾。长期以来，我国都处于社会主义初级阶段，党的十一届六中全会指出，“我国所要解决的主要矛盾，是人民日益增长的物质文化需要同落后的社会生产之间的矛盾”。这一表述一直持续到党的十八大报告。但党的十九大报告指出，“我国社

①② 国务院：《质量发展纲要（2011—2020年）》，2012年2月。

会主要矛盾转化为人民日益增长的美好生活需要和不平衡不充分的发展之间的矛盾”。社会主要矛盾发生重大变化，反映出我国社会主义进入了新的阶段，质量强国战略也是在这种背景下因时而生的。[①]

提高供给质量是供给侧结构性改革的主攻方向，全面提高产品和服务质量是提升供给体系的中心任务。经过长期不懈努力，我国质量总体水平稳步提升，质量安全形势稳定向好，有力支撑了经济社会发展。但也要看到，我国经济发展的传统优势正在减弱，实体经济结构性供需失衡矛盾和问题突出，特别是中高端产品和服务有效供给不足，迫切需要下最大气力抓全面提高质量，推动我国经济发展进入质量时代。[②]

二、　质量强国战略指导思想

多年来，我国在质量方面制定了一系列政策措施。制定政策措施，首先要明确其指导思想，并确立其基本原则，在此基础上，提出目标、实施战略。如何实现目标，则要建立指标体系。

2017 年 9 月发布的《质量提升行动的指导意见》中指出：“全面贯彻党的十八大和十八届三中、四中、五中、六中全会精神，深入贯彻习近平总书记系列重要讲话精神和治国理政新理念新思想新战略，牢固树立和贯彻落实新发展理念，紧紧围绕统筹推进‘五位一体’总体布局和协调推进‘四个全面’战略布局，认真落实党中央、国务院决策部署，以提高发展质量和效益为中心，将质量强国战略放在更加突出的位置，开展质量提升行动，加强全面质量监管，全面提升质量水平，加快培育国际竞争新优势，为实现‘两个一百年’奋斗目标奠定质量基础。”

《质量发展纲要》提出的指导思想是：“高举中国特色社会主义伟大旗帜，以邓小平理论和‘三个代表’重要思想为指导，深入贯彻落实科学发展

---

① 中国社科院课题组：《质量强国战略的财政金融政策研究》，2019 年 8 月。
② 中共中央、国务院：《开展质量提升行动的指导意见》，2017 年 9 月。

观,从强化法治、落实责任、加强教育、增强全社会质量意识入手,立足当前,着眼长远,整体推进,突出重点,综合施策,标本兼治,全面提高质量管理水平,推动建设质量强国,促进经济社会又好又快发展。”

我们经过比较分析,提出质量强国战略指导思想是:以习近平新时代中国特色社会主义思想为指导,全面贯彻党的十九大精神,牢固树立和落实新发展理念,紧紧围绕统筹推进“五位一体”总体布局和协调推进“四个全面”战略布局,认真落实党中央、国务院决策部署,以提高发展质量和效益为中心,以供给侧结构性改革为主线,推动经济发展质量变革、效率变革、动力变革,加快培育国际竞争新优势,加强全面质量管理,持续推动质量提升,培育先进质量文化,夯实质量基础设施,全面提高质量水平,以质量发展推动高质量发展,把我国建设成为质量强国,为实现“两个一百年”奋斗目标奠定质量基础。

质量强国建设。在2012年的《质量发展纲要》中,基于当时的历史背景,将质量强国建设作为促进经济社会又好又快发展的手段。在2017年的《质量提升行动的指导意见》中,提出将质量强国战略放在更加突出的位置。这是因为经过五年发展,质量强国目标更加明晰,实施更加迫切。而我们认为界定范围到2050年,提出把我国建设成为质量强国。党的十八大以来,我们建设质量强国的战略更明确,目标更坚定,因此在《质量发展纲要》和《质量提升行动的指导意见》实施到期的情况下,我们提出制定《质量强国纲要》,以承接2020年后的质量强国战略实施目标。

《质量发展纲要》提出:从强化法治、落实责任、加强教育、增强全社会质量意识入手,立足当前,着眼长远,整体推进,突出重点,综合施策,标本兼治,全面提高质量管理水平。《质量提升行动的指导意见》提出:开展质量提升行动,加强全面质量监管,全面提升质量水平,加快培育国际竞争新优势。而本文提出:加强全面质量管理,持续推动质量提升,培育先进质量文化,夯实质量基础设施,全面提高质量水平,以质量发展推动高质量发展。由于《质量提升行动的指导意见》是2017年提出的,有一定的时代特征,特别是质量提升行动，这是今后一段时期要坚持的工作，质量强国战略在实施过程中，可以包含各个时期的工作内容，因此，其表述丰富但言简。

《质量提升行动的指导意见》的提出为实现“两个一百年”奋斗目标奠定了质量基础。《质量发展纲要》提出质量强国战略是为了促进经济社会又好又快发展。两份文件都强调质量战略与强国战略的协同，其终极目标和使命是服务社会主义现代化强国建设，为实现“两个一百年”奋斗目标奠定质量基础。

综上，《质量发展纲要》和《质量提升行动的指导意见》是一脉相承的。这也证明从《质量振兴纲要》颁布的26年来，我们国家一直在往质量强国目标迈进，战略的实施是有效的。

三、　质量强国战略的基本原则

若要将指导思想指引转化成可实施的路径，我们需要明确坚持的原则是：

1. 创新驱动，智慧引领。把创新驱动作为质量强国的强大动力。加快技术进步，实现管理创新，提高劳动者素质，优化资源配置，增强创新能力，增强发展活力，坚持创新引领质量发展，加快质量领域宏观政策、制度、标准创新，持续推动产业结构调整和技术创新，实现质量治理体系和治理能力现代化，提高国家核心竞争力。广泛应用现代前沿科技和管理理念，推动智能化装备和智慧化模式在质量领域的研发推广，推动质量事业全面、协调、可持续发展。

2. 市场主导，企业主体。充分发挥市场机制对质量提升的作用。只有市场机制充分发挥作用，才能够在真正意义上有效地推动供给侧改革和全社会质量意识的提升。坚持发挥市场在质量资源配置中的主体作用，更好发挥质量管理部门的作用。有效解决质量供给侧结构性矛盾和体制机制障碍，重构质量资源组合方式，实现资源最优配置，更好提升质量发展水平。

坚持以企业为质量提升主体。加强全面质量管理，推广应用先进质量管理方法，提高全员、全过程、全方位质量控制水平。弘扬企业家精神和工匠精神，提高决策者、经营者、管理者、生产者质量意识和质量素养，打造质量标杆企业，加强品牌建设，提高企业质量管理水平和核心竞争力。

3. 以人为本，安全为先。坚持以人民为中心，把以人为本作为质量发展的价值导向。质量发展必须不断满足人民群众日益增长的物质文化需要，更好地保障和改善民生。提高质量水平，促进质量发展，也必须依靠人民群众的共同努力。不断提升产品、服务和工程质量，推动企业提质增效和转型升级，扩大有效供给，减少无效和低端供给。

坚持安全为先，守卫质量底线，严厉打击各类假冒伪劣违法犯罪行为，维护市场正常秩序和商务诚信，不断提升人民群众的幸福感、获得感、安全感。把安全为先作为质量发展的基本要求。强化质量安全意识，落实质量安全责任，严格质量安全监管，加强质量安全风险管理，提高质量安全保障能力，科学处置质量安全事件，切实保障广大人民群众的身体健康和生命财产安全。

4. 整体推进，重点突破。建成社会主义现代化强国是总目标，从以经济建设为中心转向以生活质量为发展主题，即从以满足人民物质文化需要为中心转向以满足人民美好生活需要为发展主题。科技强国、质量强国、航天强国、网络强国、交通强国等战略是强国建设的组成部分。整合资源，突出重点，实施若干重大工程，在重要领域率先突破。

坚持统筹规划、蹄疾步稳，全面推动质量强国战略落地实施，推进各行业满意度、品牌、创新能力等质量要素整体水平的提升。以产品、工程、服务为重点，实现质量供给新突破，促进中高端产品供给大幅增加，高附加值产品和优质服务比重不断提升，质量推进供给侧结构性改革和经济社会发展的支撑作用更加明显。

5. 夯实基础，加强合作。不断完善计量、标准、检验检测、认证认可等国家质量基础设施，提高技术水平和服务能力。加强政府、企业、社会、公民全方位合作，实现质量共治，更好地维护市场秩序。

推动质量领域国际合作，不断提升我国质量治理话语权和影响力。将对外开放作为质量发展保障。

四、　质量强国战略对品牌强国战略的影响

品牌与质量紧密相连，品牌强国战略与质量强国战略紧紧相连。质量强国战略、知识产权战略是推动高质量发展的手段，是建设品牌强国的基础。没有对质量的把控，品牌强国战略是难以完成的。质量强国战略的核心是优质制造。没有优质制造，中国的质量强国战略是难以完成的。优质制造要做到四个“精”。一是需求精准感知：应用大数据、智能化等技术方法，感知顾客需求的动态变化，并传输到系统精益优化中。二是系统精益优化：将需求转化为产品开发设计、制造系统规划、服务系统设计等环节中的以增值为导向的优化决策。三是过程精准控制：通过面向制造全过程的数据分析，结合工程知识，对过程进行精确控制，保证过程的稳健性。四是要素精细管理：分析全生命周期中全要素对质量的作用机理，应用集成质量管理方法，实现全要素的协同、融合。通过优质制造的实施，保障产品质量，为品牌建设打下坚实基础。

2016 年 12 月，国家质检总局印发《质量品牌提升“十三五”规划》。该规划提出建立产品质量、知识产权等领域失信联合惩戒机制，推动完善惩罚性赔偿制度，大幅提高质量违法和失信成本；积极推动重点商场质量责任首负承诺，健全由销售者牵头发起的质量追溯链条，保障消费者合法权益；等等。

第四节　企业信用体系建设战略

诚信体系的建立是企业走向成熟的一个重要标志，而信用体系的建立，反映了市场主导体制的成效。在信用体系建设中，过去我们重点是提升失

信成本,加强消费领域信用体系建设,使信用管理达到一个新的高度。这些对品牌企业是一个极大支持,可形成品牌企业产品和服务价值效应。

一、 加强诚信与质量信用体系建设

诚信是中华文化中的基本道德观念之一。从晚商、西周到春秋战国以来,诚信作为基本的行为准则为社会各界所推崇。儒家学派的代表——孔子,把诚信看作人生追求的重要目标之一,“人而无信,不知其可也”。孟子曰:“诚者,天之道也。思诚者,人之道也。”意思是:诚信是自然的规律,追求诚信是做人的道理。作为一种社会道德伦理准则,诚信在我国多民族凝聚力和向心力的激发与保持中发挥着极其重要的作用。

中国传统文化中的诚信主要包含五个方面的内容:第一,诚实无欺,即人与人相处时,应当坦诚相待,言行一致。第二,信守诺言,即对别人许下的诺言一定要兑现。第三,信任和信从,即在与他人的交往中,一定要信任他,并服膺他的真知灼见。第四,执着与志向,即对某种理想、价值要有执着的追求。第五,信的天理根据是诚,即诚是天理的根本道德属性,因而也是人伦道德的本源。

因此可以说,诚信属于道德概念,它的内涵丰富,主要用于人的行为,是道德规范;见于人的修养,是道德品质。“诚信”的“信”,意为人的内在善意和良心,即孟子所说的“有诸己之谓信”;按照北宋思想家张载的解释,就是“诚善于心之谓信”。

企业诚信,正如清华大学魏杰所言,包含了三个层次的含义:以契约为基础的诚信、信息非对称条件下的诚信、完全考虑当事者利益的诚信。以契约为基础的诚信,就是企业应该信守自己的承诺,按照自己的承诺办事。信息非对称条件下的诚信,就是指有的当事者可能因为信息获取上的阻滞而无法清楚地把握信息的全部内容,而另外的当事者可能因为各种原因而能够全面地拥有信息,这种信息的非对称性,使得更多地拥有信息的一方处于交易的优势地位，可以说，较多地掌握信息的当事者，可以借助拥有的信息优势地位而欺骗信息不全的当事者，但是该方当事者却并没有去这样干，而是诚信地对待信息不全的一方。完全考虑当事者利益的诚信是指当事者一方并没有仅仅从自己的利益出发，而是在追求自身利益的同时，充分考虑了另一方当事者的利益，告诉对方应该怎么做利益才最大。这种考虑对方当事者利益的诚信，是一种最高形式的诚信。

三种诚信虽然都属于诚信理念的内容，但是其层次是不同的。从市场经济的角度来看，人们最低应该坚持以契约为基础的诚信，就是要信守各种契约和合同中自己的承诺。因此可以说，诚信作为一种道德规范，它对人、对企业的要求是较高的，在一定的条件下，我们可能只能达到或者包含其一方面的要求或含义，但诚信永远是人类行为的方向和目标。

企业要坚守质量信用。企业质量信用是指企业在生产经营活动中遵守质量法律法规、贯彻执行标准、兑现质量承诺的能力和程度。加强企业质量信用监管，对于提高企业诚信意识和产品质量水平、促进社会经济健康发展具有十分重要的意义。

市场经济是信用经济。频频发生的质量安全问题说明，我国企业质量失信行为正在蔓延，质量问题亦是经济社会发展的战略问题。对内，它关系到人民群众切身利益，质量事件会带来消费者的怀疑和信任危机，造成产业和企业的损失；对外，它关系到国家形象，质量失信影响着中国国家形象及声誉。如不重视质量诚信，最终将会对我国市场经济的可持续发展造成严重阻碍。因此，要保障质量安全，提高质量水平，必须加快中小企业质量诚信体系的建设，形成中小企业的诚信品牌效应。

加强质量领域信用体系建设。线上线下的买卖，关系到每个消费者的账单，也关乎国家经济的发展。统计显示，去年社会消费品零售总额达 38.1 万亿元，消费对 GDP 增长的贡献率达到 76.2%，连续 5 年成为经济增长第一引擎。正因如此，加强消费领域信用体系建设，营造更加安全、让人放心的消费环境,既是亿万消费者实现美好生活的共同期盼,也是促进高质量发展的必然要求。

二、 探索“政府+市场+社会”的多元信用监管模式

以管制经济学为基础的传统监管理论仍然将政府部门预设为唯一的监管主体,将行业协会、企业组织等视为监管对象,忽视其在信用监管领域的重要作用。对此,学界相继提出回应型监管、合作监管、后设监管、智慧监管等新一代监管理论,试图将行业组织、第三方评价机构、企业等政府以外的机构纳入分析框架,以“构建政府与非政府合作型监管新范式”①。

政府在信用监管中发挥主导作用。国务院办公厅在 2019 年 7 月印发了《关于加快推进社会信用体系建设 构建以信用为基础的新型监管机制的指导意见》(以下简称《指导意见》)。在 2019 年 7 月 18 日举行的国新办政策例行吹风会上,国家发改委等有关部门负责人通报了《指导意见》有关情况,并答记者问。国家发改委副主任连维良介绍,以信用为基础的新型监管机制的重点在全生命周期、分级分类监管、大幅提升失信成本、信息充分共享和依法依规充分公开、大数据监管、更注重市场主体权益保护以及法治化、标准化、规范化等 7 个方面。根据市场主体的不同信用状况,实施差异化监管措施。对于信用状况好、风险小的市场主体,合理降低抽查比例和频次,尽可能减少对市场主体正常经营活动的影响;对于信用状况一般的市场主体,则执行常规的抽查比例和频次;对于存在失信行为、风险高的市场主体,则增加抽查比例和监管频次。信用监管要让守信者无事不扰,让失信者时时不安。《指导意见》明确建立公共信用综合评价制度,即以公共信用综合评价和行业信用评价为主要依据,同时充分采用第三方机构和行业协会商会的评价结果。此外,还建立了企业信用信息自愿注册制度,企业可以主

① 陈丽君,杨宇:《构建多元信用监管模式的思考》,《宏观经济管理》2018 年第 12 期。

动提供自己的信息，使信用评价更加客观。

社会团体在信用监管中发挥重要作用。美国、欧洲、日本、韩国等均已建立较为完善的质量评价体系和质量满意度的发布制度。调查民众的质量消费体验并向社会发布，已成为这些国家倒逼质量提升的重要方式之一。全国市场质量信用等级评价是2018年中国质量协会在全国用户满意工程活动中开展的一项新工作，包含了市场用户评价、第三方信用评价机构评价和专家评级等环节。市场质量信用等级评价，按类别划分为企业、产品、工程和服务四类，等级划分为AAA、AA、A、B、C、D六级。中国质量协会公布了2018年中国质量消费体验指数调查结果。该研究报告通过对133个行业中的2 000多个品牌的分析评价，围绕质量消费体验的核心，形成一个将高质量发展、新消费和顾客体验整合起来的测评体系。该公示名单根据社会反馈和大数据监测动态调整，“全国用户满意企业信用服务平台”大数据系统可以查询企业在工商、税务、法院、检察院、环保、卫生等多个系统公示的信息。对经核实存在失信行为的，撤销公示资格，将信息载入企业信用数据库，该系统成为保护诚信、惩戒失信的有效“紧箍咒”。

城市在信用监管中的作用。上海是我国最早开展信用体系建设试点的城市之一。在信用监管法律法规制度建设方面，上海在全国首先制定了社会信用地方性法规，并率先推出了完整、系统的事中事后监管体系。基于数据、行为、应用“三清单”，上海已建成事前告知承诺、事中评估分类、事后联动奖惩的全过程信用管理模式。在信用行为监测及信用联动奖惩方面，上海注重信用数据的开放共享，并实行“互联网+监管”模式，实现在线即时监督监测与政企“联防、联控、联打”机制。2016年5月24日，上海自贸区市场监管部门与蚂蚁金服旗下独立第三方征信机构——芝麻信用签署合作协议，向其提供行政处罚、经营异常名录等信息。这些信息将被披露给相关合作商户，使失信者受到消费与交易限制。2017年，上海率先打通政府公共信用信息与市场信用信息之间的壁垒，建立起以公共信息与市场信息交互共享为特色的上海商务诚信公众服务平台。该平台上线以后，“拆除”了政府数据和市场数据之间的“壁垒”，更全面地反映了市场主体的信用状况，“从而编织起一张从政府监管、行业自律、企业自治到社会监督的社会共治网和一条从征信、评信到用信的完整生态链”。2018 年，上海食药监局会同公安局与阿里巴巴集团共同签署《打击网络无证食品经营违法行为合作备忘录》，将抽检信息、行政处罚、监督检查等政府信息向第三方订餐平台开放。同时，第三方平台在服务中形成的信用评价、投诉举报等信息也将同步流向政府部门，从而实现政企“联防、联控、联打”机制。

三、 联合惩戒，增加失信成本

2016 年以来，最高法院密集出台涉及财产保全、财产调查、执行和解等重要司法解释和规范性文件。据了解，为持续推进执行工作体制机制现代化，最高法院正在推动“强制执行法”出台，推动建立个人破产制度，完善企业破产制度。

从最高法院了解到，截至目前，已有 351 万余被执行人迫于压力自动履行了义务。从 2013 年 10 月至 2018 年 12 月，全国法院累计限制 1 746 万人次购买机票，限制 547 万人次购买动车、高铁票。仅中国工商银行一家就拒绝失信被执行人申请贷款、办理信用卡 247 万余次，涉及资金达到 114 亿元。

最高人民法院建立的“总对总”网络查控系统，与 16 家单位和 3 900 多家银行业金融机构联网，可以查询被执行人全国范围内的 16 类 25 项信息（不动产、存款、金融理财产品、船舶、车辆、证券、网络资金等），基本实现了对被执行人主要财产形式和相关信息的有效覆盖。

截至 2018 年 12 月 31 日，全国各地法院通过最高人民法院“总对总”网络查控系统，为 6 038 万余件案件提供查询冻结服务，共冻结资金 4 136 亿元，查询不动产信息 984 万条，查询到车辆 5 142 万辆、证券 1 421 亿股、渔船和其他船舶194万艘、互联网银行存款257亿元，有力地维护了当事人的合法权益。

2016年以来，最高人民法院与国家发改委等60家单位签署文件，限制失信被执行人担任公职、党代表、人大代表、政协委员，对其出行、购房、投资、招投标等方面予以限制。限制失信被执行人担任企业法定代表人及高管29万余人次。

四、 信用体系建设对品牌战略实施的影响

一方面，品牌战略的实施依赖于企业良好的信用，政府提供的公共信用评价信息，使消费者增加了对品牌的认知，这是对信息不对称的信号识别，通过这样一种机制，消费者可在技术日益复杂的情况下放心进行消费。另一方面，企业也要通过诚信体系建设来打造品牌，这是在信息极不对称的情况下，给消费者一个明确的信号，告诉消费者，你可以放心使用品牌产品和品牌服务。品牌传递的是信息，传递的是信用，传递的是信任。

信用环境将直接影响企业品牌的塑造。在熟人社会，在产品从量上满足的阶段，在产品以低端为主的阶段，消费者对信用问题要求并不高。随着经济转型的持续推进，消费升级态势明显，突出表现在消费形态从实物消费向服务消费转变，消费结构由基本生存型向发展享受型转变。这也就意味着，从健康养老到金融理财，从文化旅游到信息服务，信用消费在消费领域的应用场景越来越多，信用环境将直接影响消费者的满意度和消费市场的新增长点。这是与传统消费最大的不同。在科技日益发达的今天，信用体系的建立可以大大节约信息收集成本，可以帮助企业确立品牌。

品牌企业要在建立诚信体系上下工夫。市场监管总局办公厅于2019年2月18日曾发布公告：近期，中国北京同仁堂(集团)有限责任公司下属

的北京同仁堂蜂业有限公司因更换标签虚假标注生产日期和使用回收蜂蜜作为原料生产蜂蜜受到行政处罚。根据《中国质量奖管理办法》(原质检总局令第167号)第三十二条:“获奖组织和个人两年内发生重大质量和安全事故,发生违法、违规、违纪行为,撤销奖励并公开通报,”经市场监管总局研究决定,现撤销中国北京同仁堂(集团)有限责任公司中国质量奖称号,收回证书和奖杯。①

我们对这家公司都耳熟能详,其公司古训为“炮制虽繁必不敢省人工,品味虽贵必不敢减物力”。但是这家百年老字号企业陷入信任危机,这是对公司声誉的巨大打击。此次事件爆发的原因应该与同仁堂近些年快速扩张下的内部管控有关。但是同样在大力扩张中,有些企业却能坚持诚信建设。近些年来,同仁堂走上产业多元化道路,产业规模迅速增长,企业逐步进军日化、食品、保健品等行业,但急于扩张产业的同时,内控管理体系很容易出现问题并最终导致严重后果。此次“蜂蜜门”事件就是一个很好的例子。

第五节 品牌建设法治化战略

品牌是市场经济竞争的典型产物,而市场经济也是法治经济,就是说对政府的公权力必须以法律的手段给予必要的规范以及限制,并以法律的手段规范一切公民以及权利人的经济竞争行为,唯如此,品牌建设才能获得良性的发展。此是法治中国的题中应有之义,是法治中国的有机体现。品牌建设法制化涵盖国家层面以及地方层面的品牌战略、品牌立法、品牌司法、品牌执法、品牌普法、品牌守法、品牌督法、品牌政策等各环节。加入WTO

① 学习强国平台:《食品锐观察》,2019-02-22。

后，我国中央政府清理法律法规和部门规章 2 300 多件，地方政府清理地方性法规 19 万多件，构建起符合多边贸易规则的法律体系。

一、 品牌建设立法实践深入展开

在我国法律体系中，品牌专门法依然缺失，但与品牌建设要素相关的法律法规则相对健全。自改革开放以来，特别是我国加入 WTO 后，我国品牌立法驶入快车道，夯实品牌建设良性发展基础的相关法律法规（包括国家层面、地方层面）已出台不少。

1. 国家层面的法律法规较为广泛。国家层面出台的刑法、民法、经济法、商法中均含有品牌保护相关的法律条文，在品牌建设中具有不同作用。具体而言，刑法以刑罚的形式对品牌侵权的主体作出处罚，民法针对品牌权利人的权利作出界定，商法明确品牌相关各方主体之间的平等关系，经济法对被侵害的品牌受到经济损失、权益损失作出规范。涉及的法律包括《刑法》《民法典》《著作权法》《专利法》《商标法》《公司法》《保险法》《合伙企业法》《海商法》《破产法》《票据法》《电子商务法》《产品质量法》《反不正当竞争法》《标准化法》《评估法》《消费者权益保护法》《个人信用信息法》等，行政法规包括《征信业管理条例》《认证认可条例》《企业名称登记管理规定》等。

例如《刑法》第二编第三章第七节侵犯知识产权罪、第八节扰乱市场秩序罪，包含了与品牌相关的法律条文 13 条，主要集中在商标、专利、著作权、商业秘密、商业信誉、广告等领域。例如其中第二百一十三条“假冒注册商标罪”规定：“未经注册商标所有人许可，在同一种商品、服务上使用与其注册商标相同的商标，情节严重的，处三年以下有期徒刑，并处或者单处罚金；情节特别严重的，处三年以上十年以下有期徒刑，并处罚金。”第二百二十二条：“虚假广告罪”：“广告主、广告经营者、广告发布者违反国家规定，利用广告对商品或者服务做虚假宣传，情节严重的，处二年以下有期徒刑或者拘役,并处或者单处罚金。”正在修订的《产品质量法》中的相关品牌内容,主要在质量促进这一部分,其中第五十六条即为“品牌建设”,具体内容:国家推动全社会提高品牌意识,建立品牌保护制度,推进品牌培育、示范、评价建设,鼓励企业通过市场竞争打造知名品牌。2021年6月1日起施行的《乡村振兴促进法》已直接纳入品牌相关内容,第二章第十三条:“国家采取措施优化农业生产力布局,推进农业结构调整,发展优势特色产业,保障粮食和重要农产品有效供给和质量安全,推动品种培优、品质提升、品牌打造和标准化生产,推动农业对外开放,提高农业质量、效益和竞争力。”

2. **地方层面法律法规快速增多**。上海、浙江、四川、山西、江苏等地方在通过人大立法制定的中小企业发展条例、质量促进条例以及知识产权保护条例等多项条例中纳入品牌建设相关条款,内容主要为促进地方政府建立品牌培育、创建、认定、激励机制等,并明确发展方向以及具体举措。例如,2006年7月28日,浙江省第十届人大常委会第26次会议为呼应中共浙江省委、省政府建设“品牌大省”要求,表决通过《浙江省促进中小企业发展条例》,该条例第二十三条明确规定:“加强对中小企业自主品牌保护。有关部门应当完善品牌建设激励机制。中小企业应当树立品牌意识,提高产品质量,创造自主品牌,增强品牌产品在国内外市场上的竞争力。”自中共上海市委、市政府于2018年4月出台《关于全力打响上海“四大品牌”率先推动高质量发展的若干意见》之后,上海市人大表决通过的多部地方法律纳入“四大品牌”相关内容,包括《上海市促进中小企业发展条例》《上海市红色资源传承弘扬和保护利用条例》《上海市公共文化服务保障与促进条例》《上海市知识产权保护条例》《上海市反不正当竞争条例》等,为上海服务国家重大战略和中共上海市委、市政府重大决策部署提供必要的法治保障。

3. **品牌立法三个角度与创建品牌资产三个角度高度重合**。从对国家到地方的品牌建设立法工作的分析可知，我国已有的品牌立法中，主要有三个角度的产权保护，一是居于品牌权利人角度，即进行财产权保护——确权保护；二是居于市场角度，即对品牌在市场活动中获取价值过程以及获取价值后的保护，这既是对市场经济活动的有序维护，同时也是对创建品牌的市场保护；三是居于消费者角度，即对消费者权益的保护，引导引费者认牌消费。此三个角度与建立品牌资产的三个角度高度重合，所谓品牌建设立法便是对品牌资产创建的全方位保护的立法。

二、　品牌建设司法保护被动局面正在改变

我国品牌建设中，司法保护往往表现为知识产权保护，从全国各地知识产权保护现状可见一斑，这种保护包括民事审判、行政审判和刑事审判。2014 年 8 月 31 日，第十二届全国人民代表大会常务委员会第十次会议通过了《关于在北京、上海、广州设立知识产权法院的决定》；2020 年 12 月 31 日，海南省成立海南自由贸易港知识产权法院，成为继北京、上海、广州后第四个设立的知识产权专门法院。与此同时，各省市也逐步建立起专门的知识产权法院、知识产权法庭，实行知识产权民事、行政、刑事案件审判“三合一”，切实缓解我国品牌建设司法保护难问题，有力地扭转了知识产权案件逐年积压的被动局面，极大地提高了技术类案件的审判效率和审理质量。

1. 知识产权民事审判新收著作权案件占比较高。2020 年，全国地方人民法院新收知识产权民事一审案件共 443 326 件，较上年增加 44 295 件，同比上升 11.10%；审结 442 722 件，较上年增加 48 201 件，同比上升 12.22%（见表 6.1）。其中，新收著作权案件 313 497 件，占比 70.71%；商标案件 78 157 件，占比 17.63%；专利案件 28 528 件，占比 6.43%；不正当竞争类案件 4 723 件（含垄断民事案件 61 件），占比 1.07%；技术合同案件 3 277 件，占比 0.74%；其他知识产权民事纠纷案件 15 144 件，占比 3.42%。

表 6.1 2016—2020 年全国地方人民法院知识产权民事案件一览表①

项目 \ 年份	2016	2017	2018	2019	2020
新收知识产权民事一审案件	136 534	201 039	283 414	399 031	443 326
新收案件同比增长（%）	24.82	47.24	40.97	40.79	11.1
新收专利案件	12 357	16 010	21 699	22 272	28 528
新收商标案件	27 185	37 946	51 998	65 209	78 157
新收著作权案件	86 989	137 267	195 408	293 066	313 497
新收技术合同案件	2 401	2 098	2 680	3 135	3 277
新收不正当竞争案件	2 286	2 543	4 146	4 128	4 723
新收其他知识产权民事纠纷案件	5 316	5 175	7 483	11 221	15 144
知识产权民事审结案件	131 813	192 938	273 945	394 521	442 722
审结案件同比增长（%）	30.09	46.37	41.99	44.02	12.22

2. **知识产权行政审判案件结案数量增幅较高**。各级人民法院着力强化对知识产权授权确权行政行为和行政执法行为合法性的审查。知识产权行政审判不仅包括知识产权授权确权类行政案件，还包括涉及知识产权的行政处罚、行政强制措施等引发的普通行政案件。2018 年，行政审判新收案件增长率达到新高，为 53.57%，之后便大幅下降。2020 年比 2019 年增长 14.44%（见表 6.2）。从北京知识产权法院行政审判分析，该院自 2014 年成立时起至 2020 年，共审结各类案件 71 131 件，结案数量年均增幅约 41%，其中受理的知识产权授权确权行政案件占比近七成。在新冠疫情防控期间，北京知识产权法院针对专利行政案件线上审理难问题，综合运用电子送

① 国家知识产权局：《中国知识产权保护状况白皮书》，https://www.cnipa.gov.cn/col/col91/index.html。

达、增设技术调查官线上审理端口等多项创新举措，打通各个流程节点，实现技术类专利行政案件全流程线上审理，形成了有利于当事人参诉、行政机关应诉和法院审理的工作机制。[①] 该院开启的“云”审理模式，线上庭审案件近4 600件，占收案总数的45%。云上信息共享，建立台账，定期梳理、提前预警，实现团队、庭室、全院对案件进度的精确监督管理。[②]

表 6.2　2016—2020 年全国地方人民法院知识产权行政审判案件数量表[③]

项目＼年份	2016	2017	2018	2019	2020
新收知识产权行政一审案件	7 186	8 820	13 545	16 134	18 464
新收案件同比增长（%）	－26.96	22.74	53.57	19.11	14.44
专利案件	1 123	872	1 536	1 661	1 417
商标案件	5 990	7 931	11 992	14 457	17 035
著作权案件	37	17	17	16	12
其他行政案件	36				
知识产权行政案件审结	6 250	6 390	9 786	17 938	17 942
审结案件同比增长（%）	－42.80	2.24	53.15	89.74	0.02

3. 知识产权的刑事审判案件审结率较高。随着《刑法修正案（十一）》关于品牌刑事立法保护的与时俱进，国家对与品牌相关的知识产权犯罪的打击构成了品牌保护中的重要一环。2020 年，全国地方人民法院共新收侵犯知识产权罪一审案件 5 544 件，较上年增加 302 件，同比上升 5.76%；审结 5 520 件，较上年增加 445 件，同比增长 8.77%（见表 6.3）。

---

① 北京知识产权：《专利技术案件线上审理难？ 北京知产法院多措破局审判效率显著提升》，http://bjzcfy.chinacourt.gov.cn/article/detail/2020/09/id/5510765.shtml。

② 北京知识产权法院：《这半年，看知产速度！》，http://bjzcfy.chinacourt.gov.cn/article/detail/2020/07/id/5363729.shtml。

③ 国家知识产权局：《中国知识产权保护状况白皮书》，https://www.cnipa.gov.cn/col/col91/index.html。

为集中管辖某一地市辖区内特定类型涉互联网第一审案件,探索建立与互联网时代相适应的审判模式,自 2017 年起,我国逐渐在杭州、北京、广州成立专门的互联网法院用来集中审理辖区内基层人民法院有管辖权的涉互联网案件,力求实现网上纠纷网上审理,以便当事人有效快捷地维护自身的合法权益。2018 年,最高人民法院出台了《关于互联网法院审理案件若干问题的规定》,明确了互联网法院的管辖范围(比如互联网购物、互联网上完成的网络服务合同纠纷;互联网著作权或者邻接权权属和侵权纠纷;互联网域名权属纠纷;互联网侵权责任纠纷;互联网购买产品责任纠纷;检察机关提起的涉互联网公益诉讼案件;因对互联网进行行政管理引发的行政纠纷等)、上诉机制和诉讼平台建设要求,及身份认证、立案、应诉、举证、庭审、宣判、送达、签名、归档等在线诉讼规则。截至 2020 年 8 月 31 日,三家互联网法院共受理案件 222 473 件,审结 194 697 件,在线立案申请率达 99.7%,在线庭审率达 98.9%。其中,通过审理具有填补制度空白、完善规则内容、先导示范意义的一大批互联网案件,实现了以司法审判定标尺、明边界、促治理的积极作用。

表 6.3　2016—2020 年全国地方人民法院知识产权刑事案件数量表①

项目 \ 年份	2016	2017	2018	2019	2020
新收侵犯知识产权刑事一审案件	3 795	3 621	4 319	5 242	5 544
新收案件同比增长(%)		－4.69	19.28	21.37	5.76
以假冒注册商标罪判处案件	1 793	1 687	1 852	2 134	2 260
以销售假冒注册商标的商品罪判处案件	1 543	1 494	1 724	2 279	2 528

① 国家知识产权局:《中国知识产权保护状况白皮书》,https://www.cnipa.gov.cn/col/col91/index.html。

续　表

项目 \ 年份	2016	2017	2018	2019	2020
以非法制造、销售非法制造的注册商标标识罪判处案件	311	260	305	423	395
以假冒专利罪判处案件	5	1	2	1	2
以侵犯著作权罪判处案件	207	170	136	191	273
以销售侵权复制品罪判处案件	4	4	6	8	17
以侵犯商业秘密罪判处案件	40	26	39	39	45
以侵犯知识产权罪审结案件	3 903	3 642	4 064	5 075	5 520
审结案件同比增长（%）		－6.69	11.59	24.88	8.77

三、　品牌建设执法保护力度越来越大

执法保护具有执法主体多、范围领域广、行为数量大等特点，其中行政执法极其重要，它是行政机关依法行政的直接体现。据统计，80%的法律、90%的地方性法规和几乎所有的行政法规，均由行政机关执行，执法包括综合执法、集中执法、专项执法等，其中综合执法包括行政执法与公、检、法、海关等机构跨部门联动，对执法对象发挥联合惩戒作用。

1. 通过行政执法对专利、商标、版权领域的侵权案件严管常抓。（1）专利行政执法。专利行政执法是指管理专利工作的部门（一般指地方知识产权局）处理专利侵权纠纷、调解专利纠纷以及查处假冒专利行为的执法活动。据《2020 年中国专利调查报告》中“专利权人采取的维权措施”一节披露，“请求行政处理”及“通过仲裁、调解方式解决”的维权措施占比分别为 18.7%及 16.4%，分别位列所有维权措施占比的第四位以及第五位。2020

年，全国共查处假冒专利案件和商标违法案件近 3.9 万件，办理专利侵权纠纷行政裁决案件 4.2 万件。（2）商标行政执法。由工商行政管理机关商标管理部门查处商标违法案件，主要包括商标侵权以及假冒案件、商标违法使用案件、非法印制或者买卖商标标识案件、商标使用许可违法案件，及其他违反商标法律法规及规章的案件。2020 年全年，各类专项行动共查处商标违法案件 31.6 万余件。其中，商标侵权案件 3.1 万余件，抗疫防护用品、食品、家居用品、电子产品等关系健康安全的重点商品商标违法案件 2.8 万余件。针对侵权假冒高发多发的重点实体市场开展执法行动 12 万余次。（3）版权行政执法。根据《中共中央办公厅、国务院办公厅印发〈2020—2021 年贯彻落实《关于强化知识产权保护的意见》推进计划〉的通知》部署，国家版权局、工业和信息化部、公安部、国家互联网信息办公室于 2020 年 6 月至 10 月联合开展第 16 次打击网络侵权盗版“剑网 2020”专项行动，构建版权社会共治工作格局，营造良好的网络版权环境。

2. 反不正当竞争行政执法积极有为。2020 年，市场监管部门共查办各类不正当竞争案件 7 371 件，罚没金额 4.16 亿元。2021 年 1 月到 5 月，查办各类不正当竞争案件 1 345 件，罚没金额 1.22 亿元。2021 年 7 月，国家市场监管总局发布了《2020 年反不正当竞争执法报告》及其成立以来反不正当竞争影响力十大事件，对反不正当竞争典型案例进行解析。极具影响力事件包括国家市场监管总局直接查处的“瑞幸咖啡”财务造假事件等，已对之给予必要的行政处罚。

各省市在反不正当竞争中积极作为。例如 2018 年 11 月 12 日，四川省市场监管局挂牌成立，同时将连续开展 5 年的“红盾春雷行动”正式更名为“春雷行动”。该局立足新职能，突出元旦、春节等特殊时期，围绕名酒、食品、医药、烟草等行业和领域的不正当竞争，集中优势兵力奋战 100 天，发挥集群作战作用，坚持打规结合，严查不正当竞争等违法行为，曝光一批典型案件，规范一批经营行为，努力实现“查处一案、警示一片、震慑几年”的目的。三年来,全省开展协作执法近1.5万余次,行政指导1.8万余次。受理和处理消费者申诉举报案件24万余件。其中,立案查处各类案件10.4万件,案值11.4亿元,罚没金额6.5亿元;查办大要案件9 965件;省局挂牌督办案件45件;移送司法机关案件396件。“春雷行动”成为四川省乃至全国的一个响亮的执法品牌。

3. 网络市场行政执法强势出击。网络市场作为近年新兴产业领域,飞速发展,鱼龙混杂,在行政管理机关深入开展的相关行动中,既有针对电子商务、旅游、游戏动漫文化服务等不同模块的监管与处罚,也有针对个人信息保护、合法经营等普遍内容的综合执法。在《2018中国社交电商TOP50强榜单》所公布的50个社交电商平台中,11家平台或多或少都有被行政处罚的记录。网络市场执法近年来主要反映为对违反《禁止传销条例》、发布虚假信息或违反《广告法》、违反《消费者权益保护法》、侵犯用户信息及个人隐私、销售标签不合格食品等行为的严格执法。例如,2018年9月10日,唯品会销售的“达沃滋无花果干”不符合预包装食品标签标准,被行政机关处罚。2018年10月8日,唯品会被行政机关认定其销售的“新西兰D迪莱特速溶早餐粉固体饮料”属于不合格的食品。

4. 立法机关执法检查切实有效。全国人大常委会或专门委员会、地方人大常委会以及专门委员会开展执法检查,督促法律实施主管机关改进执法工作,促进法律有效实施。例如,2020年,全国人大常委会对《反不正当竞争法》开展执法检查,共召开10次部门座谈会,9次企业和行业协会座谈会,实地调研36家企业,听取互联网、高新技术、传统老字号等58家企业和19个行业协会,还有部分专家学者的意见建议;同时委托河北、辽宁、江苏、福建、河南、海南、贵州、甘肃等8省的人大常委会对本省《反不正当竞争法》实施情况进行检查。此次执法检查,全面了解了《反不正当竞争法》实施的情况,总结了法律实施的成效和经验,查找存在的问题和不足,提出进一步加强和改进工作、完善法律制度的意见和建议。

四、 企业品牌认证中的地方行政法规

随着我国国家层面上名牌以及驰名商标认证工作的终止，各省、市的名牌推荐以及著名商标推荐工作也纷纷终止，转而开展品牌建设工作推进新尝试，其中较为突出的是品牌认证，走在前列的有"上海品牌"认证、"浙江制造"认证、"蒙字标"认证、"泰山品质"认证、"江苏精品"认证、"食安安徽"品牌认证、"深圳标准"认证、"佛山标准"认证、"苏州制造"认证等。这些活动正呈方兴未艾之势，其一般做法是，根据《认证认可条例》，引入国际通行的第三方认证评价机制，作为自愿性认证，由政府推动，建立起一系列政策文件，形成认证制度，统一产品目录、统一认证标准、统一认证模式、统一认证标志等。与此同时，工业和信息化部着力推进专精特新企业、隐形冠军、独角兽等类型企业的发展。这些是我国从政府角度推进企业品牌以及产品品牌发展的新情况新方法。

各地还以行政法规的形式推动品牌认证工作。2018 年，为加快打造深圳标准，提升深圳质量，规范深圳标准认证活动，促进深圳先进标准的应用，深圳根据《中华人民共和国认证认可条例》《深圳经济特区质量条例》《认证机构管理办法》《检验检测机构资质认定管理办法》及《深圳市人民代表大会常务委员会关于加强深圳经济特区标准建设若干问题的决定》等有关规定精神，结合深圳市实际，制定了《深圳标准认证管理办法》。2017 年实施的《深圳经济特区质量条例》更是以法律形式明确建立"深圳标准"认证制度。目前，"深圳标准"标识认证目录已经涵盖 27 类产品和 1 类服务，涉及多个领域，累计有 24 家企业、33 个产品和服务获得了"深圳标准"认证，它们既包括华为、大疆等高端制造业企业，也包括全棉时代、森堡家具等传统优势企业。

1. 提出依据。为了推进"上海品牌"认证工作，加强品牌建设，促进质量提升，上海根据《中华人民共和国产品质量法》《中华人民共和国标准化

法》和《中华人民共和国认证认可条例》等规定，结合上海实际，制定了《上海市“上海品牌”认证管理办法（试行）》。[①]

为贯彻落实浙江省委、省政府关于打造“浙江制造”品牌的决策部署，构建“浙江制造”标准体系，提升浙江制造业核心竞争力，根据《浙江省人民政府办公厅关于打造“浙江制造”品牌的意见》（浙政办发〔2014〕110 号）要求，浙江省各行业协会就“浙江制造”标准制定和实施工作提出意见。[②]

2. 突出标准的先进性。“浙江制造”标准为团体标准，由浙江省浙江制造品牌建设促进会组织制定和批准发布，其中的主要技术指标应达到国内一流、国际先进，且符合“浙江制造”内涵，即国际上没有同类产品的，应达到国内一流水平；国际上有同类产品的，应达到国际先进水平。“上海品牌”认证是高端品牌自愿性认证，是认证机构根据国际通行的合格评定方式，按照国内领先、国际一流的标准，运用认证方法对上海的服务、制造、购物、文化及标准等所涉及的产品和服务开展的第三方评价。《深圳标准认证管理办法》所称深圳标准认证，“是指由认证机构对申请认证的企业的产品、服务是否符合企业在深圳市标准信息平台上自我声明公开，并经深圳标准先进性评价通过后的标准或者相关技术规范的合格评定活动”。分析三个地区标准的定位，上海定位最高，为“国际一流标准”，浙江定位“达到国内一流水平”，深圳定位“先进性评价”标准。作为竞争性标准，三个类型标准水平实则上都是动态的，不是一成不变的。

3. 突出政府主导、机构服务定位。上海市质量行政管理部门依职责开展质量提升活动，围绕“上海服务”“上海制造”“上海购物”“上海文化”四大品牌建设，开展“上海品牌”认证总体策划，制定基础规则，进行综合协调等，推进“上海品牌”认证工作。深圳市市场和质量监督管理部门是“深圳

---

① 上海市质量技术监督局：《上海市“上海品牌”认证管理办法（试行）》，文件编号：沪质技监规〔2018〕7 号，2018－11－16。

② 浙江省质量技术监督局：《“浙江制造”标准制定和实施工作的指导意见》，文件编号：浙质标发〔2015〕144 号。

标准”认证的主管部门，负责统一管理、综合协调、监督管理“深圳标准”认证工作。浙江省质监局建立“浙江制造”标准制定和实施协调推进机制，根据“浙江制造”标准发布情况，确定“浙江制造”品牌培育范围。各级质监（市场监管）部门应建立相应的工作机制，鼓励相关主体积极提出“浙江制造”标准制定建议，参与“浙江制造”标准制定工作；会同有关部门、行业协会等，组织开展“浙江制造”标准的宣传贯彻工作，提高“浙江制造”标准的实施覆盖面。分析表明，各地政府都由原质量技术监管部门负责。政府对这项制度从立法到监管实施全方位统一管理，同时又放手让第三方机构进行认证活动，体现了释放国家质量基础设施的一体化活力，提供计量、标准、检测、认证服务，而作为法规执行者与市场监管者，政府仍给予充分的重视与参与。

4. **成效显著**。“深圳标准”的公信力，让企业如虎添翼。“华大智造”形成了以技术带标准，以标准促质量的良性循环。全棉时代在内地城市的知名度和市场占有率持续提升。一些消费者更表示，看到的“深圳标准”标识的产品，不用考虑就可以直接购买了。①

① 包丽娟等：《“深圳标准”认证和标记制度受到企业和市场的广泛认可》，《中国质量报》2019 年 8 月 9 日。

第七章

我国品牌强国文化要素

品牌强国与文化有着密切关系，两者互为表里。品牌强国建设必须有一系列强大的文化要素作支撑。品牌强国竞争力在某种程度上反映为文化竞争力。文化作为社会历史发展过程中所创造的物质财富和精神财富的总和，具体到某一载体时，往往与品牌本身画等号，品牌即文化结晶。当然品牌的特征与文化的特征有着巨大差异。品牌作为一种标准或规则，是商品经济发展到一定高度的产物，它通过对理念、行为、视觉、听觉四方面进行标准化、规则化，具备特有性、价值性、长期性、认知性。对于某一国家的品牌的认知与接纳，不仅包括该品牌本身，还往往包括在国际社会和国内民众心目中形成的对该特定国家的历史与现状、国家行为与活动的印象和评价。因此，品牌在一定意义上又代表国家形象，国家形象又作用于品牌的市场拓展。习近平总书记在中共中央政治局第十二次集体学习时明确提出“注重塑造我国的国家形象”。建构良好的国家形象，对于提升国家地位、促进国家发展、维护国家安全、增强综合国力和国际竞争力具有重要意义，是品牌强国建设的应有之举。

第一节 文化要素与品牌强国的关系

一、 文化以及品牌文化的概念

一般来说,文化是一个社会和群体形成的共同的信念、价值观和行为方式。社会学家认为,文化的基本要素有六大方面:信仰、价值观、规范和法令、符号、技术、语言。其中,价值观对人的行为和观念产生的影响尤为突出。霍夫斯坦德提出了文化洋葱模型,认为文化是由象征物、英雄、礼仪和价值观组成,其中价值观处于核心地位。费孝通认为,文化包含三个层次:第一个层次是生产、生活的工具,这是器物层次;第二个是组织层次,即这个社会怎样把个人组织起来,让单独的个人能够结合在一起、在一个社会里面共同生活,以及他们之间怎样互动 ,它包含很多内容,如政治组织、宗教组织、生产组织、国家机器等;第三个是价值观念层次,包括宗教信仰、风俗习惯、伦理道德、意识形态与科学假说等多种价值观集合。他认为三个层次不可分割,是一个有机整体,它们构成"文化"的完整含义。①

品牌文化是指文化特质在品牌中的沉淀和品牌经营活动中的一切文化现象,以及它所代表的利益认知、情感归属、个性形象等价值观念的总和。企业通过赋予品牌深刻而丰富的文化内涵,建立鲜明的品牌定位;品牌在经营中形成的这种文化积淀,代表着品牌自身价值观、世界观。品牌本质上是一种能够降低质量信息不对称的有效信号,而该有效信号本质上来源于长期市场交易过程中,消费者对该企业产品质量承诺、质量能力和质量信用的认可。品牌文化就是体现出品牌人格化的一种文化现象,一旦某种品牌文化在消费者心智上建立起来,选用该品牌便成为消费者理解、接近该种文化或该品牌的一种途径。

---

① 见费孝通等翻译的马林诺夫斯基的《文化论》,商务印书馆 1946 年版。

张红霞等在细致的消费者访谈基础上，通过“扎根理论”对品牌文化的概念模型进行了探索性研究，提炼出了品牌文化的金字塔模型和品牌文化的四个重要维度，其四个重要维度即企业文化、产品和服务、品牌个性和理念、品牌归属。该模型认为，品牌文化以企业文化为基础，以产品和服务为载体，通过理念、个性、声誉等品牌精神的塑造，最终升华为品牌归属感。在这一过程中，品牌文化的形成受到企业营销手段、社会潮流和消费者理念的共同影响。①

从消费者角度看，品牌文化的核心是文化内涵，具体而言是其蕴涵的深刻的价值内涵和情感内涵，也就是品牌所凝练的价值观念、生活态度、审美情趣、个性修养、时尚品位、情感诉求等精神象征。品牌文化通过创造产品的物质效用与品牌精神高度统一的完美境界，能超越时空的限制，带给消费者更多的高层次的满足、心灵的慰藉和精神的寄托，在消费者心灵深处形成潜在的文化认同和情感眷恋。在消费者心目中，他们所钟情的品牌作为一种商品的标志，除了代表商品的质量、性能及独特的市场定位以外，更代表了他们自己的价值观、个性、品位、格调、生活方式和消费模式。他们所购买的产品也不只是简单的物品或服务，而是一种与众不同的体验和特定的表现自我、实现自我价值的道具。他们认牌购买某种商品也不是单纯的购买行为，而是对品牌所能够带来的文化价值的心理利益的追逐和个人情感的释放。因此，他们对自己喜爱的品牌形成强烈的信赖感和依赖感，融合进许多美好联想和隽永记忆，他们对品牌的选择和忠诚不是建立在直接的产品利益上的，而是建立在品牌深刻的文化内涵和精神内涵上的，将他们与品牌长期维系在一起的是独特的品牌形象和情感因素。这样的顾客很难发生“品牌转换”，毫无疑问他们是企业的高质量、高创利的忠诚顾客，是企业财富的不竭源泉。

---

① 张红霞，马桦，李佳嘉：《有关品牌文化内涵及影响因素的探索性研究》，《南开管理评论》2009 年第 4 期。

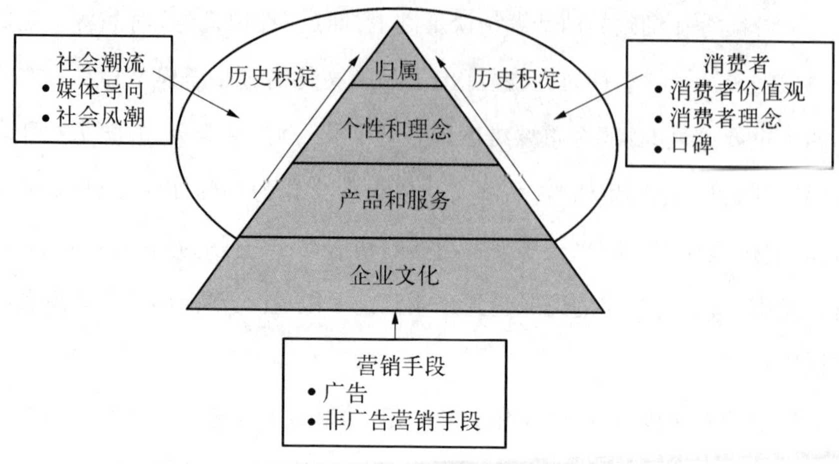

图 7-1 品牌文化金字塔

从生产者的角度看，品牌文化是品牌在经营中逐步形成的文化积淀，代表了企业和消费者的利益认知、情感归属，是品牌与传统文化以及企业个性形象的总和。品牌是连接企业与消费者的桥梁，通过理解消费者想要什么和他们相信什么来创造真正的价值。品牌创造是一种个性化的技术，要使之成为消费者真正参与和难忘体验的手段。品牌的力量在于能够加快企业业务的多元化和规模化，它存在于企业成长的全部生命周期，指导企业如何随着他们的成长，适应着不断变化的市场。企业文化是指一个企业由其价值观、信念、仪式、符号、处事方式等组成的特有文化形象。与企业文化的内部凝聚作用不同，品牌文化突出了企业外在的宣传、整合优势，将企业品牌理念有效地传递给消费者，进而占领消费者的心智。品牌力要依托于品牌的文化内涵，拥有品牌忠诚就可以赢得顾客忠诚，赢得稳定的市场，大大增强企业的竞争能力，为品牌战略的成功实施提供强有力的保障。①

二、 品牌强国建设的文化要素

优秀的品牌文化是民族文化精神的高度提炼和人类美好价值观念的共

① 品牌文化[EB/OL]，https://wenku.baidu.com/view/6ba039d233d4b14e8524682c.html，2019。

同升华，凝结着文明发展的时代精髓，渗透着对亲情、友情、爱情和真情的深情赞颂，倡导着健康向上、奋发有为的人生信条。优秀的品牌文化可以生生不息，经久不衰，引领时代的消费潮流，改变亿万人的生活方式，甚至塑造几代人的价值观。优秀的品牌文化可以以其独特的个性和风采，超越民族，超越国界，超越意识，使品牌形象深入人心，吸引全世界人民共同向往、共同消费。优秀的品牌文化可以赋予品牌强大的生命力和非凡的扩张能力，企业可充分利用品牌的美誉度和知名度进行品牌延伸，进一步提高品牌的号召力和竞争力。最为重要的是，优秀的品牌文化还可以使消费者对其产品的消费成为一种文化的自觉，成为生活中不可或缺的内容。

我国传统文化历史悠久，古代文化代表了当时世界先进文化，有极强的引领作用。中国古代文化是中华民族的先人在改造自然、发展自己的过程中创造的物质财富和精神财富，体现了他们对人生、对社会、对自然的认识及感悟，充满了智慧，同时体现了中华民族的心理特征、文化传统、精神风貌、价值取向。中国古代文化集中体现在中华民族五千多年的文明史中，蕴藏在古代文化的典籍中，体现在古代仁人志士的思想和行动里。我国品牌强国建设的文化要素集中体现在三个方面：精神层面、制度层面、物质层面。

1. 精神层面

儒、释、道精神是中国文化的精神内核，影响着中国思想史、文化史，影响着中国人精神世界和物质世界的方方面面，是中国人信仰的发源之处，是中国人价值观形成之因。要研究中国传统文化就离不开对儒、道、释三家思想的理解和掌握，我国品牌强国文化的塑造，自然也离不开对儒、道、释三家思想的解读以及在品牌强国实践中的运用，具体反映在品牌定位、品牌愿景以及品牌价值主张等方面。

春秋时期产生了以孔子为代表的儒家思想学说。孔子创立的儒家学说在继承夏、商、周三代传统文化的基础上形成了一个完整的思想体系。儒家学说的核心概念有仁、义、礼、智、信、恕、忠、孝、悌等。“仁”是孔子思想体系的核心,孟子提出了“性善论”,倡导“义”,主张“民贵君轻”。董仲舒吸收了道家、法家等有利于君主统治的成分,对儒学进行了改造,增加了“君权神授”和大一统的思想,这在客观上有利于封建中央集权的加强。《童子问易》认为,儒家思想核心,就个体而言,是仁、义、礼、智、圣、德性论“五行”思想;就社会而言,是德道思想,即博爱、厚生,公平(涵盖“中”)、正义(涵盖“正”),诚实、守信,革故、鼎新,文明、和谐,民主、法治等,它是我们社会核心价值观的基石。儒家思想在商业品牌的塑造中有着重要作用,许多商人把诚实、守信作为经商的第一原则,那些百年老店、老字号品牌都把诚信作为重要的品牌文化要素,这是其经营生生不息的原因。我国十大商帮之一的徽商就往往以儒商自诩。

佛教产生于公元前 6 世纪至前 5 世纪的古印度,东汉时期传入中国,南北朝时期中国佛教开始进入兴盛阶段,寺庙遍布全国,出家人数量激增,隋唐时期佛教进入鼎盛阶段,而后衰落。佛教对中国文化产生了巨大影响,留下了辉煌的文化遗产,包括寺庙建筑、佛经、音乐、绘画、诗歌等。汉语的大量用语,如世界、如实、实际、平等、现行、刹那、清规戒律、相对、绝对、觉悟、意识、忽然等都来自佛教语汇。佛教对中国哲学的发展也产生了深远影响,宋代以来的理学思想几乎都从佛教思想中汲取营养,程颐、朱熹的理学思想借用了华严宗的某些命题,陆九渊、王守仁的心学吸收了禅宗的某些思想。佛教对世俗商业也产生了深远影响,佛教的因果轮回、众生平等思想成为我国不少传统品牌在建设中恪守的重要原则。

春秋时期,老子总结前人智慧,形成了比较完整的道家思想体系。道家思想以“道”为最高哲学范畴,“道”是宇宙万物的本源,是事物运行的规律。道家思想提倡道法自然,无为而治,主张人与自然和谐相处。道家思想含有辩证法和无神论思想,道家思想具有海纳百川、承载万物的气魄。道家思想孕育了道教。《道德经》被奉为道教主要经典,道教以“道”为信仰核心,强调内以治心，外以救世，以生为乐，重生恶死，主张通过加强道德自律和修行体验，求得生命能量的升华。《道德经》对宇宙、社会、人生的独特发现，极大地影响了中国人的民族性格和民族文化心理。道教这一土生土长的民族宗教，逐步成为民族传统文化重要的一支，并以其独特的方式诠释了民族文化的博大精深。① 道家思想对中华哲学、文学、科技、音乐、养生、宗教、书法、美术、体育、史学、商业、军事等影响极为深远。道家文化对商业管理、商业战略、品牌文化方面也产生了深刻影响。

2. 制度层面

封建土地所有制是中国古代地主阶级实现统治的主要制度。从春秋时期开始形成，战国时代确立，一直延续了两千多年，它包括国家土地所有制、农民土地所有制、地主土地所有制。其中，国家拥有土地并不占主体地位，土地私有制和土地可以自由买卖是封建土地制度的根本特征。这些制度形成了等级森严的统治和管理体系，虽然不同朝代管理形式略有不同，对儒家来说最重要的是宗族或家族。以宗族为单位的社会组织形式一直贯穿封建社会始终，它是中国封建社会组织管理的基本单元。个人所在的宗族寄托着古代文化重要的价值观念，如血缘观念、宗亲观念、身份象征等。家族中子对父、妻对夫的遵从关系延伸到臣对君、下级对上级的遵从关系，这是一种等级森严的家长式的社会管理模式。

这种社会治理模式影响了中国文化的方方面面，产生了长幼有序、和谐互助、勤劳节俭、尚古尚贤等思想，延伸到品牌的塑造和选择上，则是更加看重一个品牌的从属关系和品牌背后的道德立场。

3. 物质层面

汉字是中华文化的一个重要物质载体，是中华文化最核心的代表符号。汉字具有形象、声音、辞意合一的特点，这在世界范围内独一无二。汉字读

---

① 区域文化[EB/OL]，https://baike.so.com/doc/6748185－6962731.html，2019。

起来抑扬顿挫，声调有平上去入。汉字在描绘诗歌意境方面有天然的优势，语言精练、意境悠远。联合国有六种官方语言，分别为阿拉伯文、中文、英文、法文、俄文、西班牙文，用六种语言发布同一个文件，中文文本永远最薄。中国的文字象形特征使得我们能够理解古老的甲骨文，甲骨文、金文、大篆、小篆、汉隶、魏碑、唐楷，这些汉字虽然在外形上改变了很多，但对一些基本的汉字只要稍加辨识，就可大概猜出其含义。“一个美国汉学家对我说：‘你们中国人太幸运了，能看懂几千年前的文章，而英文却不能。’原因是：我们的汉字是表意的，英文是表音的。”①汉字的特点保证了中华文化的源远流长，许多文化精髓一脉相承，传承至今。

中华文化的其他物质载体还有书法、绘画、诗歌、建筑、民间手工艺品等。比如书法艺术，很玄妙，反映了中华民族独有的艺术创造能力和审美情趣，从甲骨文、金文演变而为大篆、小篆、隶书，到东汉、魏、晋时期，楷书、草书、行书诸体基本定型。东汉末年，书法开始成为一门艺术，魏晋南北朝时期，众多书法家创造出风格多样、繁花似锦的书法艺术，出现了王羲之、王献之等著名书法家，创作出一些书法神品。唐代书法犹如唐朝的国势一样，气势雄浑，名家辈出。这些书法散发着古老艺术的魅力，是中国文化当之无愧的代表。浏览历代书法，“晋人尚韵，唐人尚法，宋人尚意，元明尚态”为精辟的总结。这些不同的风格，反映了不同时期历史的审美。

中华文化的又一独特载体就是民间工艺品，如竹刻、铸铜、螺钿、剪纸、风筝、中国织绣（刺绣等）、中国结、泥人面塑、玉器（玉佩、玉雕等）、瓷器、景泰蓝、漆器、彩陶、紫砂壶、蜡染……它们的名字都成了流芳百世的品牌。这些物质文化遗产承载了中国传统的审美意识、精神旨趣，许多传统风格要素如今变成一种流行的审美趋势，被融入现代品牌形象设计中。

---

① 马未都：《中国人的文化基因是什么？》，2009 年。

三、 文化要素在品牌强国建设中发挥巨大作用

今天,品牌强国的文化要素挖掘如果仅仅停留于传统的儒、释、道文化显然是不够的,必须注入现代性,与时俱进,对之实现现代性转换,即吸纳世界上一切先进文化,以现代文化要素作为我国当前以及未来品牌强国建设中的文化支撑、精神动力。

1. 文化要素对品牌强国建设的影响

文化要素一直影响着品牌文化的形成。每个品牌的塑造均离不开其所处的社会环境、区域文化的孕育,文化相关要素如信仰、价值观、道德、社会规范等自然而然地被注入品牌,进而形成该品牌独有的文化内涵。品牌文化是品牌塑造的魂,一个品牌没有良好的品牌文化建设,没有价值观、信仰、道德理念、行为规范等建设就像一个人没有了灵魂,虽然在一定的社会规范中可能会获得成功,但是很难变得伟大且持久。一个伟大且持久的品牌,天然地要具备优秀的文化基因。一个国家形成众多伟大且持久的品牌,品牌强国的目标也会水到渠成。

在国际竞争越来越激烈的情况下,随着一批国内知名品牌逐渐拓展海外市场,在国际品牌林立的格局下快速占有一席之地,同时面临更大竞争压力以及更加严峻挑战,我国应不断增强品牌建设的全球战略引领能力。2015 年,国务院印发《中国制造 2025》,这是我国实施制造强国战略的第一个十年行动纲领。文件明确提出未来一段时期内我国品牌建设的战略目标与具体要求,深刻地揭示了我国加快品牌建设、发展品牌经济的重要性以及路径选择。同时,在政策层面,商务部、工业和信息化部、国资委等各部委到国务院都从不同角度出台了相关政策,明确了品牌发展的主导方向和品牌管理的相关政策,为我国品牌崛起创造了非常有利的政策环境。在信息化高速发展的今天,中国乃至于全球经济发展已经有了新的态势。随着中国社会主要矛盾的转变,经济发展进入新常态,原有的经济运行模式发生了改

变。随之而来的是产业转型,企业利用不断变化的市场,改变了管理策略与经营方式。与此同时,世界领先的大企业、大品牌不会毫无作为地等待全球经济改变的发生,它们在不断行动而不是被动应对,在不断突破而不是仅仅保持规模,在变化的世界里掌握成长。企业在成长过程中存在着许多不确定性,而应对挑战的关键是建立与升级品牌。企业必须随时准备好沿着消费者偏好和市场的方向改变它们的发展轨迹。

2. 品牌文化建设是中国经济社会发展的必然选择

未来经济模式中,品牌经济模式必然是其重要的组成部分,而我国在品牌建设方面还有巨大的提升空间。根据联合国工业发展署发布的《工业发展报告》,我国工业制造竞争力评价已经达到了世界第七位。但是,根据世界品牌实验室发布的世界品牌 500 强和亚洲品牌 500 强排名,即使我国每年均有企业上榜和名次上的进步,但我国和世界发达经济体相比仍有较大差距,中国制造业仍然呈现重产品生产、轻品牌创造的局面。品牌就像一面高高飘扬的旗帜,品牌文化代表着一种价值观、一种品位、一种格调、一种时尚、一种生活方式,它的独特魅力就在于它不仅仅提供给顾客某种效用,同时帮助顾客去寻找心灵的归属,放飞人生的梦想,实现他们的追求。习近平总书记多次强调,“推动中国制造向中国创造转变、中国速度向中国质量转变、中国产品向中国品牌转变”;李克强总理在政府报告中也明确提出:打造更多享誉世界的“中国品牌”,推动中国经济进入质量时代。为了促进我国经济结构转型,党的十九大报告指出,我国经济已由高速增长阶段转向高质量发展阶段,正处在转变发展方式、优化经济结构、转换增长动力的攻关期,建设现代化经济体系是跨越关口的迫切要求和我国发展的战略目标。必须坚持质量第一、效益优先,因此品牌文化变得更为重要。

在过去的十几年中,全球品牌 100 强的演变反映了科技对品牌增值的巨大作用、全球金融危机的破坏性影响、技术创新的变革和关于健康的消费观念的转变。消费者尤其是年轻人,期望品牌有明确的战略定位和服务理念,这不仅仅是为了改善消费者的生活,甚至是为了改善世界。因此,品牌需要是为未来的增长奠定基础,而不是对过去增长的重新解释。一些最先进的公司将被新兴市场涌现的公司所取代,发达国家内部的公司也将不断更新换代。根据创见研究所(innosight)的研究,标准普尔 500 强公司在 1965 年的平均寿命是 33 年,到 2026 年将降至 14 年,预计未来 10 年将有一半标准普尔 500 强公司被替换。要注意的是,在高度数字化、全球化和城市化的时代,品牌的重要意义是有进一步代表国家形象的作用。我们从经济发展的角度看,新中国成立初期,迅速恢复和发展国民经济、实现国家工业化,为的是改变我国落后的经济面貌。经过社会主义建设时期的探索,我国形成了完整的国民经济体系。改革开放后,邓小平同志提出“发展才是硬道理”,经济建设成为党和国家工作的中心,我国经济赢得高速增长,一个经济发展充满活力的国家展现在世人眼前。至 2010 年,我国成为世界第二大经济体,成为世界经济发展的重要引擎。中国虽仍属于发展中国家,但正阔步走向全面小康,中国人民摆脱了贫穷落后的状态,走上了富民强国的道路。

当前,品牌文化的发展已经和国家经济形象甚至于国家整体形象息息相关,我国品牌文化的表达应该是中国精神的弘扬与时代风貌创新的结合。因此,如何打造中国品牌已经成为经济社会发展的重点。

3. 品牌文化是品牌强国建设之魂

在全球化的维度下,经济日趋一体化,互联网迅速发展,形成了麦克卢汉所说的“地球村”;其他产业尤其是高科技行业已经因全球化而日益趋同,但文化是别人替代不了的。每个民族、每个国家都有自己独特的文化历史。民族间的差异很明显。然而,如果没有关注自身的文化资源,没有对本土文化进行产业化发展,本土文化就会受到其他国家文化产业浪潮的冲击。西方国家的生活模式和价值观到处传播,尤其是冷战后美国文化对发展中国家大量渗透,全球文化的同质化现象日趋明显。从 20 世纪 80 年代末开始，以美国为首的西方国家对发展中国家的文化传播力度加大，文化帝国主义现象加重，发达国家（尤其是美国）确实在有意或无意地控制发展中国家的媒介系统和文化生活。即使意识形态相对淡薄的纯粹娱乐性节目，也因有意无意间展示、倡导了西方社会的生活方式，对发展中国家的人们尤其是年轻人产生了重大影响。20 年来，我们既引进了西方先进的生产技术设备，同时也引进了大批的文化产品。可口可乐、麦当劳等具有象征意义的美国文化一方面改变了我们的生活方式，另一方面也改变了我们的生活观念。①

虽然中国有悠久的历史，有丰富的文化资源，但是以产业形式进行文化推广方面的工作做得很不够。在当今世界，创意产业已不再是一个理念，而是有着巨大经济效益的现实。约翰·霍金斯在《创意经济》一书中指出，全世界创意经济每天创造 220 亿美元，并以 5%的速度递增。文化创意产业的核心就在于人的创造力以最大限度地发挥人的创造力。“创意”是产生新事物的能力，这些创意必须是独特的、原创的以及有意义的。在“内容为王”的时代，无论是电视影像这样的传统媒介产品，还是数码动漫等新兴产业，所有资本运作的基础就是优良的产品，而在竞争中脱颖而出的优良产品恰恰来源于人的丰富的创造力。文化创意产业的本质就是一种“创意经济”，其核心竞争力就是人自身的创造力。由原创激发的“差异”和“个性”是文化创意产业的根基和生命。很多地方已经开始意识到文化产业发展的高端形态是创意产业。创意产业的最大特点是以高科技为支撑，以全球化为背景。因此，中国应努力营造鼓励创新的宽松的社会环境，鼓励文化生活的多元化，国家要出台一系列相关的配套政策，奖励优秀的文化创意产品。

① 品牌文化[EB/OL]，https://wenku.baidu.com/view/6ba039d233d4b14e8524682c.html，2019。

第二节　文化要素促进品牌强国的实践

促进品牌强国建设的文化要素的构成当然还包括区域文化、城市文化、企业文化等多个层面，当然还包括重大文化活动。随着我国区域发展战略、构建城市群战略以及鼓励企业“走出去”战略的积极实施，同时对区域化、国际化重要文化活动的创立以及引进，我国品牌强国的文化要素的内涵与外延得到了极大扩展。

一、区域文化的品牌化实践

我们现在通常所说的中华民族文化，是在当今中国版图范围之内，以汉民族为主体的多民族共同创造的文化。大量考古发现，资料和古代文献记载说明，华夏文化是汉文化、中华民族文化的母体文化。华夏文化主要源自中国古代早期国家夏商文化及其更为久远的河南龙山文化，多年来的考古发现与研究已经证实，河南龙山文化是夏文化的直接源头。河洛地区是河南龙山文化的重要分布地区，就这一点而言，河洛地区可以说是夏文化、华夏文化的发源地及其形成、发展的核心地区，也可以说是以后汉文化、中华民族文化的发源地之一。

每种区域文化都包含自己特有的商品品牌、文化品牌，并且分别孕育了自己的商帮，例如三秦文化对应秦商，徽文化对应徽商，三晋文化对应晋商，吴越文化对应宁波商帮、洞庭商帮、龙游商帮，岭南文化对应闽商以及粤商，齐鲁文化对应鲁商。随着我国区域经济协调发展的推进，新的区域文化形成了，包括城市群文化、都市圈文化，从大的方面来说，形成了长江经济带、京津冀、粤港澳和长三角等区域；从城市群来说，形成了十大城市群，分别为辽中南城市群、京津冀城市群、山东半岛城市群、中原城市群、关中城市群、长三角城市群、长江中游城市群、川渝城市群、海峡西岸城市群和珠三角城市群。这些城市群之下形成了都市圈,例如长三角城市群中拥有宁波都市圈、杭州都市圈、苏锡常都市圈、南京都市圈和合肥都市圈。这些新的区域以及城市群与传统的区域文化有着高度的重合性,因此它们的区域文化既有一脉相承的一面,同时也有推陈出新的一面,全新的区域文化正在加速形成,同时新的品牌形象也在加速形成,包括全新的商帮形象、产业品牌集群形象等。

对此,应加强新的区域文化建设,其重要内容就是整合历史、人文、自然、经济等多种资源,打造具有区域特色和国内外知名度的文化、商品等品牌,将资源优势转化为品牌优势,从而令区域文化更具特色和知名度,区域中的品牌更具竞争力和影响力。

全力打造我国品牌文化,应大力发展区域性的品牌文化,这对我国品牌文化体系创建和突出各地特色非常有利。比如,上海作为我国品牌文化发展的先锋,在品牌文化创建中,着重顶层设计和精细化管理,对我国品牌文化建设会产生带动作用。上海市着力打响“上海服务”“上海制造”“上海购物”“上海文化”四大品牌,这是上海更好落实和服务国家战略、加快建设现代化经济体系的重要载体,是推动高质量发展、创造高品质生活的重要举措,也是上海当好新时代全国改革开放排头兵、创新发展先行者的重要行动。“上海服务”的首要任务是深化中心城市核心服务功能,全面增强城市综合服务的全球竞争力,其具体包括:提升国际经济中心服务枢纽地位、提升国际金融中心定价权和辐射力、提升国际贸易中心服务辐射能级、提升国际航运中心综合服务能力、提升全球科技创新中心服务影响力。“上海服务”聚焦创造高品质生活,加快推动生活性服务业向精细化和高品质提升。“上海制造”的主要目标是培育一批技术更先进、制造更智能、产品更高端、品牌更响亮的制造企业,为上海加快建设全球卓越制造基地,迈向卓越的全球城市提供实力支持。“上海购物”的总目标是要打造面向全球的消费市场,形成与卓越的全球城市定位相匹配的商业文明,建成具有全球影响力的国际消费城市。以满足需求、创造需求、引领需求为导向,着力增强消费对经济发展的基础性作用,抓住举办中国国际进口博览会的契机,主动顺应消费需求升级的大趋势,增强供给结构对需求变化的适应性和灵活性,提高供给质量和效率。大力推动新业态、新模式发展,以供给创新释放消费潜力,创造品质生活。“上海文化”的目标是形成结构更优化、特色更鲜明、布局更合理、优势更突出的文化创意产业集群,产业辐射带动效应更加强劲,形成具有重要影响力的创新、创意、创业中心,有力推动设计之都、时尚之都、品牌之都建设,有力推动联合国创意城市网络的重要节点城市建设,为上海基本建成社会主义现代化国际文化大都市提供强力支撑。上海质量品牌的综合提升,必将为上海成为国际一流大都市提供新动力。

中共中央、国务院印发的《长江三角洲区域一体化发展规划纲要》明确要求,要“形成有影响力的上海服务、上海制造、上海购物、上海文化‘四大品牌’,推动上海品牌和管理模式全面输出,为长三角高质量发展和参与国际竞争提供服务”。这一规划提及的品牌建设内容还包括政务品牌、农业品牌、创新品牌、高端服务业品牌、健康品牌机构、文旅品牌、公共创业服务品牌、品牌展会、文化品牌、生态品牌、知名品牌养老服务机构和特殊经济功能区品牌。它们标志着我国区域品牌建设进入新的发展阶段,同时也为区域文化注入新内涵以及表现载体。对此,必须提炼新的区域精神,形成新的区域文化,为区域品牌建设提供强大的精神动力。

二、 城市文化的品牌化实践

每个城市都有自己的城市品牌文化,以市徽、市花、市树和市歌等作为城市品牌文化代表很是普遍。

1. 市花。市花是一个城市的代表花卉。市花通常是在该城市常见的品种。市花是城市形象的重要标志,也是现代城市的一张名片。国内外已有相当多的大中城市拥有了自己的市花。市花的确定,不仅能代表一个城市独具特色的人文景观、文化底蕴、精神风貌,体现人与自然的和谐统一,而且对带动城市相关绿色产业的发展,优化城市生态环境,提高城市品位和知名度,增强城市综合竞争力,具有重要意义。对于市花不能轻视或随意损坏。

上海市市花为白玉兰,是玉兰花的一种。白玉兰作为上海市市花,象征着一种开路先锋、奋发向上的精神。1986 年,上海市人民代表大会常务委员会通过审议,决定白玉兰为上海市市花。其他城市的市花为:北京市是月季、菊花、玉兰,重庆市是山茶花,天津市是月季,澳门是莲花,香港是洋紫荆,合肥市是桂花、石榴,福州市是茉莉,兰州市是玫瑰,广州市是木棉,贵阳市是兰花,石家庄市是月季,郑州市是月季,哈尔滨市是丁香,武汉市是梅花,长沙市是杜鹃,长春市是君子兰,南京市是梅花,南昌市是金边瑞香、月季,沈阳市是玫瑰,西宁市是丁香,成都市是木芙蓉,济南市是荷花,太原市是菊花,西安市是石榴,台北市是杜鹃,昆明市是云南山茶,杭州市是桂花,南宁市是朱槿,呼和浩特是丁香,银川市是玫瑰,拉萨市是玫瑰,乌鲁木齐市是玫瑰。

2. 市树。与市花一样,市树是城市形象的重要标志,也是现代城市的一张名片。国内外已有相当多的城市拥有了自己的市树。市树的确定,不仅能代表一个城市独具特色的人文景观、文化底蕴、精神风貌,体现人与自然的和谐统一,而且对带动城市相关绿色产业的发展,优化城市生态环境,提高城市品位和知名度,增强城市综合竞争力,具有重要意义。市树既是一个城市繁荣昌盛的象征,也是一个城市风范品格的代表。市树与一般树木相比,具有更多的文化价值。开展市树评选活动,目的是提升城市品位和知名度,展示城市文化风貌和城市绿化特色,体现人与自然的和谐统一,增强城市的竞争力和影响力,同时也有利于激发广大市民爱绿护绿、热爱大自然、热爱生命和爱国爱乡热情,有利于增强广大市民种树栽花、保护和改善城市生态环境的意识,有利于调动广大市民参与环境友好型城市建设的积极性，推动创建国家生态园林城市工作的开展。

上海的市树是香樟树，香樟树为亚热带树种，主要分布在长江以南地区，是樟科的常绿高大乔木，初夏开花，黄绿色、圆锥花序，树冠广展，叶枝茂盛，浓荫遍地，气势雄伟，是优良的行道树及庭荫树。香樟树因含有特殊的香气和挥发油而具耐温、抗腐、驱虫之特点，是名贵家具、高档建筑、造船和雕刻等理想用材。日常用的樟脑就是由香樟树的根、茎、枝、叶蒸馏而制成的白色晶体，无色透明，有清凉香味，用于防蛀，也广泛应用于医药和化学工业。在民间，人们常把香樟树看成是景观树、风水树，寓意避邪、长寿、吉祥如意。香樟树深受广大城乡居民的青睐，杭州、义乌、马鞍山等城市均将其选为市树。此外，北京市的市树是国槐、侧柏，天津市的市树是绒毛白蜡，重庆市的市树是黄葛树，哈尔滨市的市树是榆树。

三、　企业文化的品牌化实践

华为的品牌价值观是“以客户为中心，为客户创造价值”。华为非常注重打造企业品牌文化，其中最重要的是以客户为中心的服务文化和奋斗文化。华为在技术研发方面投入巨大，每年投入不少于 10%的收入用于研发，在产品品质方面贯彻“工匠精神”。因为具备这两种条件，华为才能一次次克服困难，不断发展壮大。2019 年 5 月，华为用《山海经》中的神兽名称注册产品，大力塑造具有本土特色的品牌文化。品牌名称作为品牌文化最具代表性的一部分，是品牌能否被消费者接受的关键。《山海经》是我国战国时期到汉代形成的奇书，记录了中国民间传说中的山川地理、植物、动物、矿物、风俗等，内容宏大，是中国记载神话最多的一部奇书。华为作为一个国际化的品牌企业，将品牌文化与民族文化紧密相连，塑造了具有中国特色的品牌文化内涵，将中国文化中的神秘、力量展示给国际消费者，将本国文化具有代表性的符号内化为自身的品牌文化底蕴，本国消费者对这样的品牌更具有文化认同感，国外的消费者对此具有向往、好奇、期待等情感。

华为非常注重狼性文化和工匠精神的培养，用《山海经》中的名称注册相关产品品牌名称，有利于将本土文化特色赋予产品，增强民族品牌的自豪感与自信心，同时也是对本民族文化遗产的一种传承、保护和弘扬。越是民族的，越是世界的，由此华为在品牌国际化方面走出了一条自己的路。①

星巴克是全球最著名的咖啡零售品牌，其品牌文化值得中国企业品牌借鉴。星巴克卖的不仅仅是一杯精致的咖啡，更多的是为顾客提供一种具有鲜明休闲性质的品牌文化。星巴克努力使自己的咖啡店成为“第三空间”。所谓“第三空间”是指一个可以振奋人心并重新思考的感性空间；一个让人感受到热忱及活力的随意性环境；独具设计感及优雅特质，并且相当友善及亲切；舒适温馨的感觉带来启发及惊喜；便利；与社区融合的随意性空间，一个人们休闲交流的聚会场所。

阿里巴巴是中国成功的互联网企业之一，其使命是“让天下没有难做的生意”，形成了“六脉神剑”的价值观。阿里在使命和价值观的驱动下，制定了“培育开放、协同、繁荣的电子商务生态圈”的发展战略。为何用“阿里巴巴”作为企业名称？阿拉伯民间故事集《一千零一夜》中有一个广为流传的“阿里巴巴与四十大盗”故事，讲述了主人公阿里巴巴与四十大盗斗智斗勇，获得财宝的故事。马云调查后发现，“阿里巴巴”这个名字在世界范围内都有影响力，“芝麻开门”的咒语也为世人所熟知，这些更有助于品牌走向世界，实现“让天下没有难做的生意”，“芝麻开门”寓意着为全天下想做生意的人打开财富之门。阿里巴巴在发展过程中形成了独特的“阿里橙”文化，其内核是“六脉神剑”，即拥有 6 个核心价值观：客户第一——客户是衣食父母；拥抱变化——迎接变化，勇于创新；团队合作——共享共担，平凡人做平凡事；诚信——诚实正直，言行坦荡；激情——乐观向上，永不放弃；敬业——专业执着，精益求精。“橙肉”是各子公司文化，“橙皮”是各子公

---

① 孔惠：《从华为技术有限公司注册〈山海经〉看中国企业品牌国际化》，《企业科技与发展》2019 年第 11 期。

司文化丰富多彩的外显形式。这种文化建设的方式给了每个子公司自由发挥的空间,也使集团文化达到“统一而不同一”的境界。从阿里巴巴推出的公益广告、品牌宣传片等都可以看到,阿里巴巴向受众传递的是共建“诚信”社会的理念,讲述平凡人身上的善良、诚信,所传达的阿里巴巴信守承诺、不负所托的信念,与支付宝“知托付”的品牌精神以及阿里巴巴集团公司坚持诚信的品牌文化相通。虽然宣传片只讲了“诚实守信”,一个非常简单的道理,但正是这样的价值观和理念能够很好地引起公众的情感共鸣。

四、 重大文化活动的品牌化实践

我国各地根据各自文化资源禀赋,大力举办各种标志性的重大文化活动,一方面有效地凝聚了本区域的精神力量,为各自的区域文化注入了新的时代内涵,有效地促进了品牌文化建设,另一方面其本身打造的文化品牌,引人瞩目,在国内外产生了良好的社会影响、文化影响。较为突出的一是主办国际性论坛、知名博览会以及文体旅活动,二是争取在国内承办国际组织的重大活动,吸引不同国家的人来到中国,相互交流沟通,了解中国,三是积极参与国外举办的书展、电影节等重大的国际性活动,以此作为传播中国品牌文化的重要载体实践。

1. 西部文博会

首届西部文博会于 2005 年在云南昆明举办,2008 年在西安举办,此后,组委会商议决定西部文博会永久落地陕西西安。西安这座中国传统文化的“首善之都”,在中国文化软实力的提升战役中,作为十三朝古都,更是全球华人追寻中华历史、探究中华精神的寻根之城,可以说是全球华人瞩目的焦点。这项活动与“一带一路”“文化强国”“文化软实力提升”等国家战略要求有着诸多联系。习近平总书记在构建文化强国的论述中多次强调:“中华优秀传统文化是中华民族的突出优势,是我们最深厚的文化软实力。”推进中华传统文化的复兴,增强中华文化的国际影响力,是提高国家文化软实力的迫切需要。①

2018年第九届中国西部文化产业博览会以“弘扬丝路精神、凝聚产业力量”为主题,文博会设有创意生活馆、国家馆、城市馆、陕西馆和产业馆五大展馆,所有展馆及展览都向公众免费开放,共有伊朗、泰国、柬埔寨、英国等12个国家和地区的展团,以及国内外800多家展商参会参展。本次文博会可谓亮点纷呈,雁塔馆电竞表演、高新馆机器人展、渭南馆的华阴老腔、碑林馆的cosplay等令人大饱眼福,伊朗馆别具特色的民族乐器演出也异常精彩。文博会最热闹的区域莫过于电子竞技区。会场上,不少展团都设立了电子竞技区。雁塔X电竞展台上还举行了一场娱乐赛,来到现场的市民组队挑战美女玩家战队,现场PK“王者荣耀”,只见现场每个人都戴着耳机全神贯注地“推塔”,而场外解说实时播报战况,现场气氛紧张却也热闹非常,身着黑衣的美女战队坐在那里本身就是一道亮丽的风景线,在手机上打着游戏更有一种“邦德女郎”的既视感。每个场馆各具特色,比如宝鸡展馆充分展示了城市文化产业发展的整体形象。宝鸡馆展馆外形以石鼓阁为造型,体现了浓郁的宝鸡特色;四周立柱用大幅水墨晕染,巨幅水墨画《丝路山水图》悬垂于展馆顶部,突显宝鸡作为古丝路重镇、新丝路枢纽、关天经济区副中心城市的辉煌与荣耀。展馆由六大版块构成,分别为周风秦韵,青铜之美;风雅陈仓,文化之美;非遗传承,匠心之美;文化旅游,秦地之美;智慧宝鸡,科技之美;西北古道,丝路之美。展馆采用多媒体演示、巨幅灯箱照片等形式,通过实物精装与多媒体播放相结合,艺人现场制作与民间绝活表演相结合,现场体验与观众互动相结合,烘托出独特的西府风情,集中展示了宝鸡丰厚的历史文化、秀美的自然风光、丰富的人文景观以及文化产业的辉煌成就。

2. 上海世界博览会

2010年上海世博会以“和谐城市”的理念来回应“城市,让生活更美

① 方秉文:《国家重大文化活动频定西安 中华文化首善之都再迎历史机遇》,《每日经济新闻》2016年9月13日。

好”的诉求。和谐的理念蕴藏在中国古老的文化之中。中华文化推崇人际之和、天人之和、身心之和。从“乌托邦”到18世纪的“理想城市”,再到“田园都市”,一系列的理论、主张和模型无不在探索如何在空间上、秩序上、精神生活和物质吐纳上建立城市的平衡与和谐。自20世纪80年代以来,随着环境问题和发展问题的日趋严重,可持续发展的理念应运而生。各国城市政府提出的发展战略,大多围绕如何重建人与城市、人与自然的和谐,最终达到现实与未来之间的和谐而展开。由此可见,对“和谐生活”和“和谐城市”的追求和实践贯穿于人类社会的发展历史,并且正彰显在人们为城市明天所描绘的蓝图之中。建立“和谐城市”,从根本上是立足于人与自然、人与人、精神与物质和谐上的,在形式上体现为多文化的和谐共存、城市经济的和谐发展、科技时代的和谐生活、社区细胞的和谐运作以及城市和乡村的和谐互动。“和谐城市”的理念对城市管理和城市规划提出更新的挑战,并将之引入更高的境界。

3. 北京奥运会

第29届夏季奥林匹克运动会于2008年在北京举办,“同一个世界,同一个梦想”口号体现了奥林匹克精神的实质和普遍价值观——团结、友谊、进步、和谐、参与和梦想,表达了全世界在奥林匹克精神的感召下,追求人类美好未来的共同愿望;口号也反映了北京奥运会的核心理念,体现了作为“绿色奥运、科技奥运、人文奥运”三大理念核心的人文奥运所蕴含的和谐的价值观;表达了中国人民与世界各国人民共有美好家园,同享文明成果,携手共创未来的崇高理想;表达了一个拥有五千年文明,正在大步走向现代化的伟大民族致力于和平发展、社会和谐、人民幸福的坚定信念;表达了13亿中国人民为建立一个和平而更美好的世界做出贡献的心声。

北京奥运会共有参赛国家及地区204个,参赛运动员11 438人,设302项(28种)运动,共有60 000多名运动员、教练员和官员参加。北京奥运会共创造43项新世界纪录及132项新奥运纪录,共有87个国家和地区在赛事中取得奖牌，中国以51枚金牌居金牌榜首位，是奥运历史上首个登上金牌榜首的亚洲国家。

北京奥运会筹备和举办的过程中以自愿为原则，以志愿服务为基本形式，在奥运会志愿者行动项目体系内，服务他人、服务社会，其中服务奥运的各界人士共约170万人。北京奥运会提升了中国的国际声望、强化了民族认同感、增强了社会凝聚力、增强了社会的整合能力、改善了社会风气、增强了政府的行政能力、加快了社会发展进程。国际奥委会前主席萨马兰奇评论北京奥运会是所有奥运会中最好的一届奥运会。经历过奥运洗礼的中国人，将以更加自信、开放的姿态，为全面建设小康社会、实现民族伟大复兴而努力奋斗。①

4. 博鳌亚洲论坛

博鳌亚洲论坛又称为亚洲论坛、亚洲博鳌论坛。博鳌亚洲论坛是一个非政府、非营利性的国际组织。它由25个亚洲国家和澳大利亚于1998年发起，2001年，博鳌亚洲论坛正式宣告成立，论坛的成立获得了亚洲各国的普遍支持，并赢得了全世界的广泛关注。从2002年开始，论坛每年定期在中国海南博鳌召开年会。论坛为非官方、非营利性、定期的国际组织，为政府、企业及专家学者等提供一个共商经济、社会、环境及其他相关问题的高层对话平台，海南博鳌为论坛总部的永久所在地。

近半个世纪以来，亚洲各国通过自身努力，在经济与社会发展方面取得了显著成就，在国际和地区事务中的影响力日益上升。特别是近二三十年来，亚洲经济总体发展迅速，东亚经济实现了腾飞，创造了令世人瞩目的“东亚奇迹”，并成为世界最具经济发展活力的地区之一。虽然在世纪之末，遭受了金融危机的重创，但经过自我调整与改革，亚洲经济已迅速复苏。由于亚洲大多数国家现已实行开放政策，彼此间的贸易和投资联系日益密

① 赵广涛：《2008年北京奥运会文化遗产的研究》，《少林与太极（中州体育）》2009年第11期。

切，双边、区域、次区域以及跨区域的合作逐步展开；各国间工商、金融、科技、交通、文化等领域的合作与交流不断增加；东亚地区合作（10+3）已进入实质性阶段；东盟内部经济一体化、澜沧江—湄公河流域合作、图们江流域合作等次区域合作正在进行；亚太经济组织、亚欧会议、东亚—拉美论坛等跨区域合作也在向前推进。可以预言，亚洲经济发展与合作的前景十分广阔。跨入新世纪，在经济全球化和区域化不断发展，欧洲经济一体化进程日趋加快、北美自由贸易区进一步发展的新形势下，亚洲各国正面临巨大的机遇，也面临许多可以预见和难以预见的严峻挑战，这些挑战一方面要求亚洲国家加强与世界其他地区的合作，同时也要求增进亚洲国家之间的交流与合作。为应付全球化对本地区国家带来的挑战，保持本地区经济的健康发展，加强相互间的协调与合作已成为亚洲各国面临的共同课题。

博鳌亚洲论坛致力于通过区域经济的进一步整合，推动亚洲国家实现发展目标，成为亚洲以及其他大洲有关国家政府、工商界和学术界领袖就亚洲以及全球重要事务进行对话的高层次平台。博鳌亚洲论坛旨在增进亚洲各国之间、亚洲各国与世界其他地区之间的交流与合作。论坛的具体内容如下：召开年会、研讨会以及其他学术讨论会，讨论亚洲和世界经济与社会发展，包括金融、贸易、投资及环境等领域的重要问题；提出地区性或全球性的倡议，促进和加强各国政府与商业实体之间在商贸和投资方面的合作关系；跟踪影响全球和地区经济的动向；甄别可能影响贸易、金融和社会发展的各种问题；搜集和发布相关信息，凸显地区经济合作机会；通过论坛建立的工作网络，可增进区域内外企业间联系；创建和成为具有国际影响力的研究及培训中心，为商业团体提供先进的管理经验和技术；独立或合作开展有助于实现论坛宗旨的会议展览、信息交流、经济评估、教育培训、电子商务等各类活动。①

① 博鳌亚洲论坛[EB/OL]，https://baike.so.com/doc/5364661－5600274.html，2019。

第三节 品牌强国的品牌文化构建

一、 取精华、去糟粕，增强品牌文化自信心

19 世纪以来，中国由于生产力落后、科技落后，在短短一百年间落伍于西方世界。从鸦片战争，到火烧圆明园，再到 1900 年的八国联军的入侵，中国在与西方列强的对抗中一败再败，这象征着中国封建社会权力中心的紫禁城被洗劫一空，至今世界各国博物馆内的中国文物，大部分都是这一时期流失的。百年的抗争史也是百年的屈辱史，在痛定思痛找罪魁祸首的时候，许多人把中国落后挨打的原因归于文化的落后，并开展了一系列政治上的革新、文化上的革命和思想上的革命，从维新运动到五四运动，近代以来中国思想界在文化的自我革新方面从未停止，其力度也是空前的，成效是显著的。一方面这种文化、思想革命是推动社会变革的前提，它推翻了传统文化和思想的权威，揭露了传统文化中许多黑暗的糟粕的东西；另一方面由于力度空前，也产生了负面效果，其一是产生了文化的自卑心态，即对西方文化盲目崇拜，对中国传统文化盲目自贬、自惭形秽，其二是急功近利，原有的文化、信仰被打倒了，以为能够通过学习西方，迅速建立西式的信仰和价值观念和思维方式，实际上任何一种文化都有其优点和缺点，我们应该对自己文化和民族身份有自豪感和自信心。

二、 深刻把握品牌文化健康发展的原则

品牌文化一旦形成，就会对品牌的经营管理产生巨大影响和能动作用。它有利于各种资源要素的优化组合，提高品牌的管理效能，增强品牌的竞争力，使品牌充满生机与活力。

1. 导向原则。在企业内部，品牌文化应集中反映员工的共同价值观，

规定着企业所追求的目标,具有强大的感召力,能够引导员工始终不渝地为实现企业目标而努力奋斗,使企业获得健康发展;同时,在企业外部,品牌文化所倡导的价值观、审美观、消费观,可以对消费者起到引导作用,把消费者引导到和自己的主张相一致的轨道上来,从而提高消费者对品牌的追随度。

2. **凝聚原则**。在企业内部,品牌文化像一种强力黏合剂,把全体员工紧密地联系在一起,使他们同心协力,为实现企业的目标和理想而奋力进取。品牌文化成为团队精神建设的凝聚力。在企业外部,品牌所代表的功能属性、利益认知、价值主张和审美特征会对广大消费者产生磁场作用,使品牌像磁石一样吸引消费者,从而极大地提高消费者对品牌的忠诚度。

3. **激励原则**。物质激励到了一定程度,会出现边际递减现象,而精神激励的作用更强大、更持久。优秀的品牌文化一旦形成,在企业内部就会形成一个良好的工作氛围,它可以激发员工的荣誉感、责任感、进取心,使员工与企业同呼吸、共命运,为企业的发展尽心尽力。对消费者而言,品牌的价值观念、利益属性、情感属性等可以创造消费感知,丰富消费联想,激发他们的消费欲望,使他们产生购买动机。因此,品牌文化可以将精神财富转化为物质财富,为企业带来高额利润。

4. **制约原则**。一方面,企业在生产经营过程中,必须通过严格的规章制度对所有员工进行规范,使之按照一定的程序和规则办事,以实现企业目标;另一方面,企业应更多地通过企业文化中的道德规范、精神、理念和传统等无形因素,对员工的言行进行约束,将个体行为从众化。和规章制度相比,这种软约束具有更持久的效果。

三、 把现代品牌文化内涵渗透到品牌塑造的各个环节

1. 建立品牌的文化差异战略

品牌文化的建立,能让消费者在享用商品所带来的物质利益之外,还能有一种文化上的满足。塑造品牌文化,其行为根本上是受商业动机支配的,

通过品牌文化来强化企业品牌力，从而谋求更多的商业利润。社会营销观念认为，企业在满足消费者需求、取得企业利润的同时，也需要考虑到社会的长期整体利益。这要求企业在宣传自己产品功效品质的同时，也要弘扬优秀的文化，倡导正确的价值观，促成社会的进步。品牌文化的塑造有助于培养品牌忠诚群体，是重要的品牌壁垒，因此，维护、壮大品牌的忠诚群体至关重要。在品牌树立、壮大过程中，商品在满足用户效用诉求的同时，也应该始终向目标消费者灌输一种与品牌联想相吻合的积极向上的生活理念，使消费者通过使用该品牌的产品，达到物质和精神两方面的满足。尤其在竞争激烈的今天，不同品牌的同类产品之间的差异缩小，要让消费者在众多的品牌中能鲜明地识别一个品牌，有效的方法是让品牌具有独特的文化。这可以称为品牌的文化差异战略。这种文化差异一旦让目标消费者接受，对提高品牌号召力是十分有利的，因为对一种文化的认同，消费者是不会轻易加以改变的。这个时候，品牌文化就成了对抗竞争品牌和阻止新品牌进入的重要手段。这种竞争壁垒，存在时间长，不易被突破。

2. 强调品牌文化的营销力

品牌文化需要进行营销，品牌文化营销是产品文化营销的延伸和拓展，它包括整个社会对品牌的信任和保护。名牌效应与企业创立名牌产品、生产名牌产品的行为等有着密切的关系。品牌文化营销是利用文化来进行品牌的设计创建与生产的过程，是利用品牌文化来提升品牌的竞争力。进行品牌文化营销可以增强品牌溢价能力、市场竞争力和品牌忠诚度。实施品牌文化营销需要设计品牌的名称和标志，强调品牌文化的民族内涵，对品牌进行独特的文化定位以及塑造个性的品牌文化。

首先，品牌文化营销能增强品牌溢价能力。如果某个品牌产品由于顾客方有很高的期望价值，从而能够按照更高的价格进行购买，就可以认为这个品牌具备了很强的产品溢价能力。消费者在选择品牌产品时，就会对不同的品牌产品形成不同的心理预期价值，只有心理预期价值（收益）大于购买产品付出的代价(成本)时,消费者才会购买产品。

其次,品牌文化营销可能会增强品牌的竞争力。品牌竞争力不等于产品的竞争力,较低的价格、较高的质量不等于较强的品牌竞争力。通过价格战可以扩大品牌的知名度,但缺乏美誉度,至今还很少有企业通过价格战能使得品牌形象得到提升、美誉度得到增强的。高质量的产品也不是必然能提升品牌竞争力的,因为产品质量分为技术质量和认知质量。所谓技术质量是指产品设计过程中应遵循的技术标准,既包括国家或国际标准,又包括行业标准。技术质量作为产品的内在质量是产品质量水平的最低要求,低于技术质量要求的产品是没有竞争实力的,甚至是不具备进入市场资格的。认知质量也称消费者认知质量,是指消费者对产品功能特性及其适用性的心理反应或主观评价。认知质量不同于技术质量,技术质量作为一种富有科学性的可辨识的标准,具有客观性;而认知质量则是消费者对产品技术质量或客观质量的主观反应。消费者认知质量的形成基础是产品的技术质量,但又不等同于技术质量。受主观因素的影响,有时两种产品的技术质量可以完全一样,但消费者对这两种产品的认知却可能不相同。知名度、美誉度、忠诚度是品牌文化的三重境界,也是提高品牌竞争力的有效途径。

3. 加强合作创新与知识产权保护

首先,创建自主品牌。自主品牌是指由企业自主开发,拥有自主知识产权的品牌。它有三个主要衡量因素:市场保有量、生产研发的历史及其在整个行业中的地位。企业自主品牌首先应强调自主,产权强调自我拥有、自我控制和自我决策,同时能对品牌所产生的经济利益进行自主支配和决策,主要有两方面:对品牌知识产权的控制权和所有权。如果对品牌只有使用权,如进行贴牌生产的企业,其处理权和最终的决策权在他人手中,就不是真正意义上的自主品牌。从生产环节上看,很多无自主品牌的企业集中于传统产业和劳动密集型产业,如服装、鞋业、食品、五金、玩具等。在这些企业中贴牌生产十分普通,它们往往没有自己的品牌,也没有自主技术,但企业觉得有利可图，又没有什么风险，因此比较热衷贴牌生产，但是没有自主品牌的企业没有前景可言。我国企业应积极创建自主品牌，形成独立的品牌文化，走出国门。

其次，建设好企业联盟。行业的间隔或品牌多元化发展的强大源动力促使不同行业的品牌间产生更多的合作。未来的企业增长在很大程度上取决于它们将技术集成到产品创新过程中的能力，企业联盟在今天比以往任何时候都更为重要。传统企业和新兴科技企业之间通过战略合作，将资源、人才和创造力结合起来，这已成为众多企业首选的商业战略。比如，在无人驾驶等科技浪潮的推动下，BAT（百度公司、阿里巴巴集团、腾讯公司的合称）等中国顶尖的科技公司通过投资传统车企，正式入局"新造车企业"。创新和企业合作不仅是中国汽车品牌不断发力冲向高端的必经之路，也是所有品牌在激烈的市场竞争中把握先机，保持企业旺盛的生命力的源泉。

再次，关注集群品牌和国家品牌。随着现代品牌拓展范围的扩大，我国自主品牌建设应当从企业品牌、集群品牌和国家品牌三个维度上进行。这三个维度的自主品牌创建都有利于我国跨国经营竞争力的提升。在品牌创建中，要三者同时进行，使其相互促进，共同发展。我国主要偏重于企业自主品牌建设，而对集群品牌和国家品牌关注较少。在这方面我国可以适当参考日本和韩国的经验。如在二战之后，日本曾与质量低下的产品联系在一起，但随着一些日本企业如丰田、索尼和本田成功地打入国际市场，日本成了质量和技术的同义词。韩国不仅通过大力培育现代、三星等国际企业提升国家形象，还发布了《利用国家品牌增强出口产品竞争力对策》，并设立国家品牌管理总部，制定"KOREA 品牌路线图"，开发韩国溢价象征，来"支持出口企业在海外开展营销活动，并扶植下一代增长动力产业和世界一级企业，努力带动新的出口增长动力"。[①] 在此基础上，我们可通过举办

① 曾洁雯：《基于竞争力提升的企业自主品牌发展对策的思考》，《财经界（学术版）》2011 年第 6 期。

各种国际重大活动，进行多层次民间文化交流，促进我国品牌文化的国际化。

最后，增强知识产权的保护力度。知识产权的保护可从“生产后”提前到“生产中”，甚至“生产前”，从而从源头上遏制侵权行为发生的可能性。发达国家、跨国公司和产业联盟还力争将自己拥有的专利技术转变为行业技术标准，从而形成事实上的技术垄断，标准化成为专利技术追求的最高形式。目前，与发达国家相比，中国的品牌发展还存在很多问题，如缺少国际知名品牌、品牌影响力弱、话语权小、品牌总体形象欠佳等，中国可以考虑成立类似的机构，来综合管理城市或国家品牌。

第八章

我国品牌强国技术要素

我国品牌强国战略的实施除了战略因素和文化因素之外，要有技术要素作为保障。我们认为，品牌强国的技术要素可以包括品牌价值评价、品牌发展指数、品牌建设信息化、质量基础设施建设等内容。针对中国缺少品牌评价国际话语权的现状，我们需要加强品牌评价的国际标准制定，在标准的规范下开展品牌价值测评工作，以提升企业的品牌竞争力；品牌强国战略实施需要信息化手段的有机结合，用信息化赋能品牌创新与营销；品牌强国战略需要质量基础设施建设同步保障，质量基础设施由计量、标准、检验检测、认证认可组成。

第一节　以品牌基础设施促进品牌提升

基础设施是指为社会生产和居民生活提供公共服务的物质工程设施，是保证国家或地区社会经济活动正常进行的公共服务系统，它是社会赖以生存发展的一般物质条件。基础设施不仅包括公路、铁路、机场、通讯、水电煤气等公共设施，即俗称的基础建设(physical infrastructure)，而且包括教育、科技、医疗卫生、体育、文化等社会事业即社会性基础设施(social infrastructure)。它们是国民经济各项事业发展的基础。一个国家或地区的基础设施是否完善，是其经济是否可以持续稳定发展的重要基础。在国际上，国家质量基础设施（National Quality Infrastructure，简称 NQI）包括计量、标准、认证认可、检验检测等要素，NQI 对于支撑产业升级、加强质量安全、保护消费者、促进公平竞争、推进国际贸易便利化、营造良好商业环境具有积极作用。与此相类似，品牌基础设施包括品牌法治化、品牌标准、品牌认证、品牌活动、品牌展会、品牌资产评估、品牌交易等多项内容。

一、品牌标准

标准已成为与法律同频共振的规范体系，不同形式的团体标准、协会标准、联盟标准、论坛标准和企业标准旨在为市场化生产经营活动提供依据，成为各类市场主体建构自发秩序和进行自我规制的重要基础。品牌建设同样离不开标准，下文从四个方面分别用案例说明。

1. 国家标准

我国通过科技支撑计划项目、品牌价值提升工程等经济类研究项目，不断深化研究和实践，逐渐形成了较为成熟的品牌价值发展理论，支撑了国内品牌评价标准体系的建立。中国品牌建设促进会作为 ISO/TC 289 和 SAC/TC 532 秘书处承担单位，依据相关标准，在市场监管总局的指导下，联合相关单位，举办了从 2013 年第一次进行制造业品牌价值评价发布，到 2021 年涵盖企业品牌、产品品牌、自主创新品牌、地理标志产品区域品牌、中华老字号品牌和城市品牌的公益评价发布等诸多活动，取得了良好的社会效益。截至 2021 年 6 月，SAC/TC 532 归口的品牌领域国家标准已发布实施 40 项。

2. 行业品牌标准

2011 年，工信部组织专业机构研究开发了品牌培育管理体系方法，并以《品牌培育管理体系实施指南》和《品牌培育管理体系评价指南》的技术指南形式，在企业品牌培育试点工作中推广应用，开创了系统化品牌培育的先河。2017 年，工信部指导机械、轻工、纺织、石化、建材、钢铁、有色、电子信息、食品等行业协会，联合中国航空综合技术研究所、电子五所、中国质协和信通院等专业机构，着手研究编制“品牌培育管理体系实施指南”系列行业标准，并于 2018 年 4 月 30 日公告发布，这标志着工业企业品牌培育迈入标准引领升级发展的新阶段。2018 年 10 月，《上海医药行业企业品牌指数评价通用要求》发布，上海医药行业企业品牌指数评价立足于上海医药行业发展特点和现状，对企业的财务、创新、质量、诚信、影响力、管理等方面进行系统全面的评价，为医药企业品牌建设提供参照系，为推动医药行业企业品牌建设树立标杆，进一步促进了医药产业的创新发展。

3. 区域品牌标准

如“武夷山水”区域公用品牌编制完成茶、竹、水果等 63 个品类农产品标准体系，制定了涵盖食用菌、果蔬等 14 个大类 33 个小类产品的《“武夷山水”产品质量技术规范》，基本覆盖全市“名特优”农产品。当地推进农产品标准体系全品类覆盖，以武夷标准、武夷质量支撑“武夷山水”绿色招牌。又如“上海品牌”认证建立了管理标准、工作标准、技术标准。这些标准包括了通过标准先进性评价并纳入“上海品牌”标准管理体系的标准，主要解决对各类产品或服务进行“上海品牌”认证的检验检测方法的标准化问题。

4. 地方标准

深圳发布了三项品牌培育管理地方标准。深圳市市场监督管理局借助标准化手段，牵头编制了《品牌培育指南》《品牌管理体系、要求及实施》《品牌价值评价》三项深圳地方标准，并正式获批发布。这些标准覆盖了品牌培育、管理、评价与改进的全过程，在全国率先建立起品牌建设标准体系，为企业打造高竞争力的知名品牌提供了路径方法，为打造更具时代引领性的“深圳品牌”助力。三项标准从品牌培育、品牌管理体系化建设和品牌价值评价三方面，为企业搭建起全流程、可持续的良性循环指导体系，填补了品牌标准的空缺。

二、 品牌认证

合格评定是指用来证明产品或服务、管理体系、组织或人员符合规定要求的过程和程序。这些要求通常是ISO(国际标准化组织)等组织制定的国际标准中的规定。国际标准也规定了合格评定活动本身所需遵循的要求,这有助于确保标准在世界范围内的一致性以及对结果的跨境接受。在品牌认证实践经验方面,目前国家层面先后批复了5个地区性第三方品牌认证,分别是“浙江制造”“深圳标准”“上海品牌”“泰山品质”“蒙字标”。这些合格评定活动,主要是向消费者提供信心,这也是对品牌建设作出的贡献,地方政府对此保持高度的积极性,目前已经在向地级市如“苏州制造”认证进行拓展。

例如“上海品牌”认证,采用国际化、市场化的合格评定方式,在政府引导规制下,由具有专业资质的第三方认证机构,以“上海品牌”标准及相关规则规定为依据,对各行业具有优势与引领性的企业及其产品或服务进行评价认定。认证的本质属性是“传递信任、服务发展”,被称为质量管理的“体检证”、市场经济的“信用证”、国际贸易的“通行证”。

三、 品牌活动

企业需要构建中国品牌健康成长的生态系统。从传播的功能角度,以“活动”为核心的传播形式,比其他方式更有利于社会公众品牌的建立。“活动”是利用复合媒介传播的重要手段。如“中国品牌日”活动,2017年4月24日,国务院正式批复国家发展改革委《关于设立“中国品牌日”的请示》,同意自2017年起,将每年的5月10日设定为“中国品牌日”。“中国品牌日”以5月10日作为传播的关键时机,同时把5月10日前后的系列活动作为品牌传播阶段。作为“增强品牌建设动力、推动品牌发展合作、优化供给”的核心主体,企业通过三个方面参与“中国品牌日”的传播:一是企业形象的传播，二是企业品牌的展播和交易，三是新子品牌的市场发布。企业成为“中国品牌日”重要的传播主体。在全球化背景中，中国企业勇于探索，通过科技创新、管理创新，建立了品牌，并逐步迈向国际化。在国际上建立中国品牌的形象，这不是推动少数几个品牌发展所能承载的任务。

四、品牌展会

在社会经济中，会展活动发挥着服务于三个产业的作用，会展业的发展是与服务业的发展紧密相关的。以“中国自主品牌博览会”和“老字号博览会”为例，在2021年中国自主品牌博览会上，百联展厅以“老牌新品，致敬百年”为主题，展示了品牌焕新过程中让老字号创新赋能“新消费”的系列举措，用传承和创新，向建党百年致敬。展区的一侧，第一百货、永安百货、时装商店、上海妇女用品商店赫然在目；而另一侧，新生代“高择”设计潮选店的logo与南京东路两侧亨达利、吴良材、茂昌眼镜的老字号灯牌交相辉映，吸引了众多观众驻足围观。在第十五届中华老字号博览会上，百联集团携旗下知名品牌亮相博览会。第一百货、第一医药、吴良材等一众老字号与三联公司新生品牌“Gozcm高择”眼镜表饰·设计潮选店、怀旧复古融合年轻潮酷的太阳眼镜自主品牌“奈特”等相辉映。它们通过照片墙、实物展陈、线上线下互动等多种组合形式，共同展示了百联悠久的商业文化积淀及焕新后的丰沛活力。

五、品牌资产评估

随着信息技术的发展，品牌等无形资产成为很多企业的核心竞争力，影响着企业的战略布局。品牌资产评估可以加强企业的品牌影响力，并能起到广告宣传的效果。品牌资产的概念最早被美国的广告界运用，之后受到学者和管理人员的广泛关注。品牌兼并的兴起和收购热潮加强了企业对品牌资产的认可。如世界品牌实验室利用的是经济适用法，利用财务方法判断企业盈利能力，利用其独特的经济附加值法来评估该企业的盈利水平，计算公司的品牌对于利润的贡献，并预测接下来品牌带来的盈利情况，最后综合分析市场和行业所处的竞争环境，计算出该品牌在当前所具有的价值。2016 年 6 月，国务院办公厅发布了《关于发挥品牌引领作用推动供需结构升级的意见》，该文件明确指出：开展品牌评价标准建设工作，完善品牌评价相关国家标准；积极参与品牌评价相关国际标准制定，推动建立全球统一的品牌评价体系。2017 年，国家工商总局相关会议指出，企业在日常品牌管理的基础上，应深入开展商标资本化运作，在企业并购、股权流转等活动中加强资产评估管理，要求服务机构不断提升评估水平，兼顾产品市场和资本市场，确保品牌高质量发展。也就意味着，企业对于品牌资产的管理不应当仅仅满足于效益提升、提高品牌市场占有率，更应该深入参与资本市场，为企业、其他利益相关方以及社会等带来价值。

六、 品牌交易

品牌交易对于发挥品牌价值、优化企业资源配置具有重要作用。以老字号为例，如今大部分老字号面临着由辉煌走向衰败的结局，也有一些老字号则历久弥新，距今已有四百多年的老字号“张小泉”也成功在创业板上市。新中国成立以后，张小泉经历了三次转变。第一次是公私合营，由家族作坊转变为工业化生产；第二次是整体转制，从国有企业转向投资主体多元化的有限责任公司；第三次则是在 2007 年，富春控股集团通过增资扩股协议控股杭州张小泉，随后又分几步将上海张小泉合并过来，结束了因历史原因遗留下来的品牌纠纷。国盛集团通过旗下国改基金，参与老凤祥专项基金投资，解决了老凤祥长期遗留的股权固化僵局问题，公司的营业收入和利润分别由 2018 年 437.84 亿元、10.83 亿元，提升至 2020 年底的 517.22 亿元、15.14 亿元，利润年增长率达到 15.17%。上海联合产权交易所全力服务老字号、老品牌的传承与振兴工作，在其交易平台设立“品牌服务专板”，围绕"服务老字号品牌激活，助力老字号企业经营"开展服务工作，使尘封老字号品牌对接到优质社会资源，顺利流转，焕发新生。

第二节　全球品牌评价标准的中国贡献

很多机构开始了对品牌价值的评估和排名。目前研究较为成熟、影响较大的包括英国 Interbrand 公司、英国华通明略公司、Brand Finance、《福布斯》杂志、世界品牌实验室等。品牌价值评价的方法多种多样，主要有基于财务要素、消费者要素和市场因素的品牌资产价值评估方法等。2010 年，国际标准化组织首次颁布了《品牌价值评估》(ISO 10668)国际标准，从财务、行为和法律三个方面为品牌价值评估提供了一个规范框架。2012 年，中国成立了全国品牌价值及价值测算标准化技术委员会(TC 532)，2016 年改名为全国品牌评价标准化技术委员会。全国品牌评价标准化技术委员会(SAC/TC 532)负责全国品牌评价标准化的技术归口工作，到目前为止，已发布国家标准 38 项，这些标准都获得了广泛应用，取得了良好的社会效益。

根据 GB/T 29185—2012《品牌价值术语》中的定义，品牌资产是"与品牌、品牌名称或标志相联系，能够增加或减少品牌所有者销售产品或服务的价值的一系列资产与负债，包括品牌忠诚度、品牌认知、感知质量、品牌联想及其他专有资产，亦称品牌权益"。品牌价值是"以可转让的货币单位表示的品牌经济价值"。

一、　品牌价值的构成要素

根据 GB/T 29186—2012《品牌价值要素》，品牌价值包括以下构成要素：

1. 品牌价值创建要素：质量能力、财务状况、创新能力、社会责任、法律保护。

2. 品牌价值传递要素：市场竞争力、市场稳定性、品牌营销渠道、品牌文化、品牌供应链。

3. 品牌价值实现与维护要素：顾客满意度、品牌形象、顾客期望、感知质量、感知价值、品牌忠诚度、顾客投诉。

二、 品牌价值评价的国际实践

品牌价值评价是特定目的下按照规定程序对测算品牌在测算基准日的价值进行分析、估算、得出测算结果的行为和过程。企业应采取合适的评价途径和方法，反映品牌的价值；对品牌价值评估结果及其变化趋势进行分析，并与国内外同类产品（服务）的品牌进行比对分析。

国际上有很多机构，如英国 Interbrand 公司、英国华通明略公司、世界品牌实验室等，对企业品牌价值开展评估和排名。中国品牌建设促进会已连续三年举办中国品牌价值评价信息发布会。企业可自行根据各机构的评价标准评估，或委托第三方权威机构开展评价。

1. Interbrand 评估。英国 Interbrand 公司成立于 1974 年，是全球最大的综合性品牌咨询公司，自 2000 年起每年发布全球最佳品牌 100 强榜单。Interbrand 品牌价值评估方法是以市场表现为主要的评估依据，将品牌价值定义为可以归为品牌自身的未来预期收益的净现值，认为营销和财务分析对于决定品牌价值具有同等重要性。该方法在评估过程中首先要确定反映品牌价值的各种参数，对影响品牌价值的这些参数采用综合评分法分别评出相应的数值，根据评分的数值和各个参数的权重实施加权，求出该品牌强度，再根据品牌强度推算出倍数，然后乘上该品牌当期净利润额得出品牌的价值。

品牌强度分析师用品牌强度系数来评估某品牌与其同产业中其他品牌的相对低位，目的是衡量品牌实现其可能未来收益的风险性。越强势的品牌，其实现、创造未来收益的可能性越高，未实现的风险越低。Interbrand 公司通过调查给出了一个品牌强度指标因素的量表,通过专家打分的方式来确定品牌强度分数。强度分数的指标分布如表 8.1 所示:

表 8.1 Interbrand 品牌强度系数

品牌实力	含　义	最大分值
领导力	品牌的市场地位	25
趋势力	品牌对行业发展方向的影响力	10
稳定性	品牌维护消费者权益的能力	15
地域影响力	品牌穿越地理文化边界的能力	25
市场力	品牌所处市场的成长和稳定情况	10
品牌所获支持	品牌获得持续发展投资和重点支持程度	10
品牌法律保护	品牌的合法性和爱护品牌的程度	5

从表中可以发现领导力、地域影响力分值最大,这说明领导力表明战略的准确性,而地域影响力是表征品牌的绩效。

2. BrandZ 评估。BrandZ 是由英国华通明略公司(Millward Brown Optimor)为 WPP 旗下运营公司执行的研究项目,自 2007 年起发布全球最具价值品牌百强榜。BrandZ TM 品牌估值方法类似于财务分析师和会计师评价企业的方法,可以称为"经济适用"法,即 BrandZ 计算的是未来收入的现值,预测未来该品牌而非整个企业的销售额和利润增长的比例。此外,该方法不同于其他竞争对手单纯依赖专家组意见的估值法,或者仅以财务数据和书面资料研究为基础的估值法。它通过开展覆盖 30 多个国家,涉及 200 万消费者及 1 万多个品牌的大量的实地定量调查,了解消费者观点,确定品牌贡献大小。

2015 年,BrandZ 发布了 2015 年"全球最具价值品牌百强榜",华为公司首度入围,排名第 70 位。这是华为继 2014 年进入 Interbrand"最佳全球品牌”百强榜之后,再一次进入世界级的企业品牌百强榜,成为同时进入两大全球权威品牌榜的中国企业。BrandZ 全球总裁王幸(Doreen Wang)表示:“今年首次进榜的华为公司,在其长期深耕全球运营商业务的基础上,积极拓展企业行业与消费者业务,其收入的 70% 以上来自海外,是中国最具全球化的品牌,本次入围实至名归。”

3. 世界品牌实验室评估。世界品牌实验室于 2003 年成立于美国纽约。世界品牌实验室独创了“品牌附加值工具箱”(BVA Tools),在此基础上,世界品牌实验室建立起了自身独特的评估模型——WBL 模型。该模型通过对企业的销售收入、利润等数据的综合分析,判断企业目前的盈利状况,运用“经济附加值法”(EVA)确定企业的盈利水平。该模型对品牌价值的分析过程如图 8－1 所示:

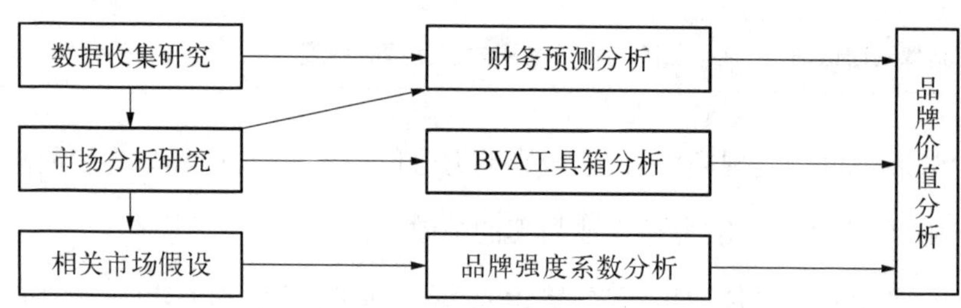

图 8－1 WBL 模型的品牌价值分析过程

同时,世界品牌实验室运用其独创的“品牌附加值工具箱”计算出品牌对收益的贡献程度,通过数理分析方法,客观地预测企业今后一段时间内的盈利趋势以及品牌贡献在未来收入中的比例,最后通过对市场、行业竞争环境的风险分析,计算出品牌的当前价值。该模型的重点在于将收入回报视作拥有品牌的结果,即品牌对企业在现在以及未来的贡献率。这个评估模型建立在对现金流的折现分析的基础之上,通过对预期财务收益折现分析,将结果分类并入相关的价值因素中去。它的计算过程如图 8－2 所示。

该模型的计算方法如下面公式所示:

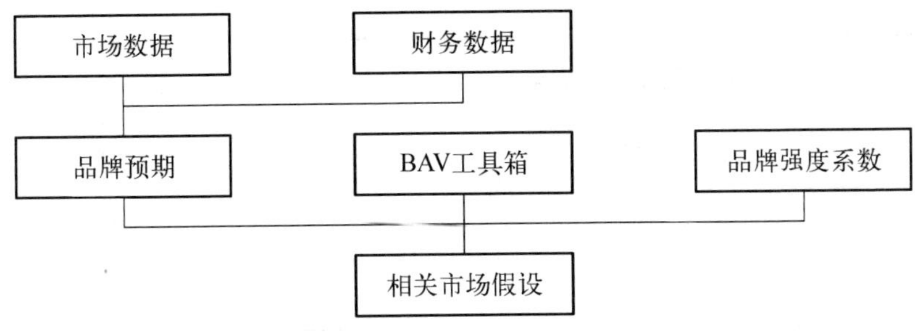

图 8-2　WBL 模型计算过程

$$品牌价值=E\times BI\times S$$

E 为调整后的年业务收益额，它是通过对包括当年在内的前二年的营业收益及今后两年的预测收益加以不同权重后得出的。

BI 为品牌附加值指数，它是运用“品牌附加值工具箱”计算出的品牌对目前收入的贡献程度，表现为品牌附加值占业务收益的比例，这其中包含了对品牌附加值在经济附加值中的比例的计算。

S 为品牌强度系数。该模型在考虑到中国行业及市场经济发展的独特性的基础上，做出了一个新的综合，提出了品牌强度系数的八个因素，即行业性质、外部支持、品牌认知度、品牌忠诚度、领导地位、品牌管理、扩张能力及品牌年龄。品牌强度系数因素如表 8.2 所示：

表 8.2　品牌强度系数因素表

品牌强度系数因素	分　值
行业性质	0—20
外部支持	0—10
品牌认知度	0—15
品牌忠诚度	0—15
领导地位	0—10

续 表

品牌强度系数因素	分 值
品牌管理	0—10
扩张能力	0—10
品牌年龄	0—10
总分	0—100

以上三种评估方法各有特点，中国品牌在运用国家标准进行评估的同时，更多的也融入了全球品牌价值评估。

三、 品牌评价的中国实践

为了建立科学公正的品牌评价国际标准体系，2012 年我国联合美国、德国共同提出品牌价值发展理论，得到世界各国支持。为提升中国品牌国际话语权，2014 年我国推动 ISO 成立了品牌评价技术委员会（ISO/TC 289），中国是秘书国，秘书处设在中国品牌建设促进会，目前有 11 个成员国、26 个观察员国。该会经过 5 年的努力，通过 6 次工作组会议和 5 次全体会议，于 2019 年正式发布了品牌评价国际标准。新的品牌评价标准融合了品牌价值发展理论和市场营销理论，对于生产者、销售者、消费者、咨询服务机构、品牌价值评价机构开展品牌培育、促进品牌价值提升、发挥品牌引领消费作用、拓展营销市场具有重要作用，对于世界各国的品牌发展战略也具有指导意义。

2019 年 1 月 21—23 日，国际标准化组织品牌评价技术委员会实施指南工作组（ISO/TC289/WG2）在意大利罗马召开了第一次会议。该工作组于 2018 年正式成立，负责品牌评价实施指南类国际标准的制定工作。本次工作组会议上，来自意大利、中国、美国、奥地利、俄罗斯、加拿大、英国的 10 余名专家，就《品牌评价 地理标志产品》国际标准框架进行了全面讨论，形成了工作组草案稿。中国品牌建设促进会作为 ISO/TC289 秘书处所在单位和国内技术对口单位，组织了此次会议。《品牌评价 地理标志产品》国际标准提案由中国提出，是中国在品牌评价国际标准化领域迈出的又一步，其制定将对我国品牌评价工作具有重要意义，也必将推动我国地理标志产品的保护和发展工作。

按照党中央、国务院的要求，原国家质检总局及时作出部署，实施品牌战略已经成为今后一个时期抓质量工作的重心和切入点。2013 年以来，在原国家质检总局和国家标准委的具体指导下，中国品牌建设促进会采取国际国内两条腿走路、标准和实践同步推进的做法，遵循“品牌要在市场竞争中产生、品牌最终要被消费者认可”的基本准则，依据在国际上达成共识的品牌价值“五要素”理论，连续 6 年开展公益性的中国品牌价值评价发布工作，初步建立起有中国特色的品牌价值评价机制。

2019 年，参与中国品牌建设促进会品牌价值评价的企业有 1 293 家，发布的品牌有 598 个，发布的总品牌价值达 7.41 万亿元。引人关注的是，中国工商银行以 2 931.29 亿元的品牌价值位居企业品牌价值榜首位；贵州茅台酒以 2 885.75 亿元的品牌价值拔得地理标志区域品牌的头筹；吉利控股集团有限公司以 313.99 亿元的品牌价值在产品品牌价值里占据最高位置；达利食品集团以 202.39 亿元的品牌价值在技术创新品牌中价值最高；青岛啤酒以 434.49 亿元的品牌价值在中华老字号品牌里遥遥领先。

2019 年中国品牌价值评价范围为企业品牌、产品品牌、区域品牌和技术创新品牌、中华老字号品牌。其中，企业品牌、产品品牌主要面向我国具有产业优势、占国民经济生产总值比重较高、品牌建设基础较好、品牌评价条件成熟的相关行业。特别值得一提的是，为了弘扬中华传统文化和民族品牌，重振老字号雄风，中华老字号品牌作为独立版块，单独申报，单独评价。金融业继 2018 年探索部分主动评价后，于 2019 年完全实行主动评价，该方法也已拓展到其他领域。

2020 年，在参评条件要求较高的前提下，申报评价的品牌数量达到了

1 266个,包括了大部分行业的龙头企业。本次发布品牌数量达695个,总品牌价值为83 746亿元(不含100个地级城市),品牌价值均值比上一年增长了7.9%。其中品牌价值超过千亿元有16家,值得关注的是,中国工商银行以3 130.12亿元的品牌价值位居企业品牌价值榜首位,中国石化以3 085.91亿元品牌价值在能源化工领域排名第一,中国中车以1 260.15亿元品牌价值在机械设备制造领域排名第一,贵州茅台酒以3 090.15亿元品牌价值在轻工领域排名第一,中国建筑股份以1 695.76亿元品牌价值在建筑建材领域排名第一,雅戈尔以295.38亿元品牌价值在纺织服装领域排名第一,山东魏桥创业集团以255.26亿元品牌价值在冶金有色领域排名第一,首都机场以351.49亿元品牌价值拔得交通运输领域的头筹,海天调味、片仔癀分别以496.71亿元和349.46亿元品牌价值在中华老字号品牌中名列前茅;安溪铁观音、洋河大曲在地理标志区域品牌价值评价中表现抢眼;嘉兴市、延安市、衢州市在城市品牌建设中富有特色。逐年提升的品牌价值和品牌影响力,印证了中国品牌在推动高质量发展进程中取得的丰硕成果。

从2013年申报品牌461个到2017年申报品牌1 346个,再到如今的覆盖一二三产业的全面发布,几年的实践证明,遵循国际上达成共识的有形资产、质量、服务、创新和无形资产“五要素”评价理论,坚持“科学、公正、公开、公认”工作原则的中国品牌价值评价工作越来越得到社会的关注和认可。

第三节 媒体发布的品牌发展指数

一、《人民日报》“中国品牌发展指数”

为进一步推动中国品牌建设,发挥品牌带动作用,推动经济转型升级、持续健康发展,人民日报社发起“中国品牌发展指数”编制项目。人民日报社高度重视品牌的研究、传播和推广工作，不断加强对中国品牌的宣传和舆论引导，于 2018 年发起“中国品牌发展指数”编制项目，以权威、公信、引领为使命，致力于搭建品牌建设、传播、评估、研究的权威平台，助力中国品牌迈向全球产业链中高端，促进中国品牌生态健康持续发展。《人民日报》“中国品牌发展指数”是以推动中国经济高质量发展为基本出发点，从促进品牌经济的维度对中国企业乃至国家竞争力进行量化评价，它是衡量社会美好生活的发展水平和高质量发展的基本能力的综合统计测度，既是反映中国品牌经济发展的宏观趋势性指数，也是反映中国品牌经济发展微观主体竞争能力的结构性指数。

2019 年 12 月 18 日，由人民日报社发起并编制的《人民日报》“中国品牌发展指数”正式发布。指数显示，2019 年第三季度中国品牌发展（宏观）指数为 107.82，居于绿色稳定发展区间，指数已经连续两个季度高于基期标准，接近趋热发展区间。

研发创新：指数体系三位一体，首次全面应用大数据工具。《人民日报》“中国品牌发展指数”通过建立宏观指数、企业指数和诊断体系三位一体的指数系统，改变了一般意义上的指数重宏观趋势轻微观指导的状况，在凸显宏观经济分析价值的同时，重视对微观经济主题的价值引领和问题诊断。

宏观指数以 2017 年 1 月 1 日为基准日，每季度发布一次，是动态评价中国企业品牌创建能力和竞争能力的指数体系，反映了中国品牌经济作为市场经济高级形态的发育程度，是对中国经济高质量发展和建设美好生活程度的量化表现。

企业指数的时间区间定为 2018 年 11 月 1 日至 2019 年 10 月 31 日，首期发布 100 个企业品牌指数数值。针对企业“创新引领、综合实力、市场认同、盈利能力、社会责任和用户美誉”六个维度的结果性指标对企业品牌创建能力进行评价。根据《人民日报》“中国品牌发展（企业）指数 100 榜单”的评价准则，华为、阿里巴巴、上汽集团、腾讯、中国移动、中国石油、格力、国家电网、中国工商银行、中国建筑等100家企业品牌入围。

诊断体系是针对企业指数结果，对数值进行影响因子“关键要素”拟合，抽象提炼出包括“资本力、市场力、传播力、创新力、贡献力”在内的“五力”模型，汇总形成提升品牌发展水平的操作体系。

值得一提的是，《人民日报》“中国品牌发展指数”评价工作全面运用大数据挖掘和分析技术，将“词向量”技术引入品牌评价领域，摒弃传统研究中“专家优先”的研究思路，以结果性数据替代先验性指标，从研究工作的底层逻辑上实现对传统评价方式的颠覆，这也是对于品牌评价研究方法的前沿创新和积极探索。

指数价值：贯彻落实新发展理念，引领中国经济向高质量发展。《人民日报》“中国品牌发展指数”是对习近平总书记“推动中国制造向中国创造转变、中国速度向中国质量转变、中国产品向中国品牌转变”重要指示的实践创新。在品牌评价工作中，指数设计坚持贯彻创新、协调、绿色、开放、共享的新发展理念，实现新发展理念与创新引领、综合实力、市场认同、盈利能力、社会责任和用户美誉六大指标体系的融合。指数坚持以实现美好生活为宗旨，将创新引领和综合实力作为跨越发展的根本途径，将市场认同和盈利能力作为品牌增长的基本主张，将社会责任和用户美誉作为企业品牌创建的价值内涵。

《人民日报》“中国品牌发展指数”是反映中国经济高质量发展的趋势性指数，通过对全要素生产率关键指标的考察，客观反映中国经济新旧动能转换的发展水平，同时也是反映中国企业品牌竞争力的结构性指数，对企业内部生态系统均衡发展的总体态势和外部营商环境的适应能力进行客观评价。

二、“中证新华社民族品牌工程指数”

2020年1月14日，“中证新华社民族品牌工程指数”（下称“民族品牌工程指数”）正式上线，投资者可以在股票交易软件中实时查看指数的行情走势。“民族品牌工程指数”由新华社民族品牌工程办公室委托《上海证券报》与中证指数有限公司合作研发，经监管部门批准发布。

“新华社民族品牌工程”是响应品牌强国战略的综合服务体系，旨在“服务民族企业发展，助力中国品牌建设”，目前已服务70多家世界500强、中国500强和行业领先企业。资料显示，民族品牌工程指数选取入选新华社民族品牌工程的代表性上市公司股票作为样本股，采用自由流通市值加权，以反映选定集团上市公司股票的整体走势。

“新华社民族品牌工程”服务的企业集团旗下上市公司的具体筛选标准为：1. 企业集团是上市公司的实际控制人；2. 企业集团是上市公司的第一大股东或企业集团作为一致行动人持股之和为第一大股东。截至2019年12月1日，“民族品牌工程指数”成分股29只，合计市值规模3.6万亿元，占沪深A股比例为8.0%（依照中证指数公司的统计口径）。历史回溯显示，“民族品牌工程指数”自基日以来，年化收益高达17.2%，跑赢上证综指、沪深300、中证500等市场主流宽基指数。

第四节　用信息化打造品牌

中国传媒大学张树庭副校长认为，品牌已经成为构建国家形象的重要组成部分，因此，品牌建设要有“五度”。首先，品牌建设要有高度。其次，品牌建设要有广度，可跨文化传播扩散和渗透。再次，品牌建设要有效度，大数据驱动使品牌管理工作更加精准。第四，品牌建设要有温度，在人工智能时代，不要让品牌变得冷冰冰。最后，品牌建设要有信度，互联网赋能使消费者的监督能力越来越强，品牌应更加爱惜自己的羽毛。品牌建设中的数字化转型是品牌建设的重要一极。特别是在制造、服务企业建设实践中，运用信息化工具，不仅可优化服务流程，产品质量也有根本性提升，信息化提升了产品、服务整体水平。

2012 年，江南造船公司率先提出将焊接管理理念由“人管机器”转向“机器管人”，谋求质量与效率的质变。在焊接过程中，“机、料、法、环、测”五个方面已可控，唯独“人”这一因素，受个人技能、责任意识、工作状态等因素影响，存在极大变量。如何对“人”这一因素进行有效控制，让多种材质并行作业时焊接参数能准确控制，随时能根据材质进行参数调整，同时实现管理提升带来的效率提升，是“机器管人”研究的主要方向。

对于焊接质量情况，江南造船公司要随时了解焊缝是谁焊的、哪天焊的、用了哪组工艺参数，在以往，这些信息需要翻阅大量的纸质记录进行查询。这其中，参数选择是否符合规范、是否为本人焊接等并无有效求证办法，而管控系统的信息化预设功能很好地解决这些问题。

纵观国内外造船行业，“机器管人”这一理念并无应用先例。国外先进的机器人焊接技术虽早已投入使用，但也仅限于某一标准件作业中，尚未形成规模化效应，绝大多数焊接还是依靠人工作业。因此，江南造船公司推行“机器管人”模式就只能依靠自己，在没有经验、没有参照的基础上，如何实现“机器管人”？部门现有焊机 3 000 余台，多少焊机工作中、多少焊机停机中、状态如何等全面依靠管理人员点对点的检查与统计，管理成本巨大，且准确性较差。能否借用现今其他行业主流的“网络+”技术进行物联网管控，成为公司在焊接管理方面主攻方向。

数字化管控应用后，江南造船模式某高新产品的射线探伤检测一次合格率由 94.4%上升至 95.5%，超声波探伤检测一次合格率由 95.6%上升至 96.5%，优于该船质量保证大纲及中船集团对江南造船模式考核指标的要求。指标的提升，也验证了焊接管控系统质量评估功能的可行性，为焊缝探伤量下降、成本下降奠定了基础。2017 年，江南造船模式承制的某高新产品圆满下水，其船体外板线型控制水平远超未使用数字化焊接管控的船只，得到了各级领导的高度认可。通过数字化焊接管控的管理改善，江南造船模式在焊接效率提升、焊接质量改善、能源消耗降低等方面实现了巨大进步。对比实施前后，由于提高了焊工作业效率，减少了焊接热输入，减少了焊缝探伤工作量，降低了设备能源消耗，公司实现了较为可观的经济效益，1 年中实现 2 290.24 万元的成本节约。

这个项目给我们的启示是，技术的进步降低了对人的技能水平的要求。传统的工匠培养速度慢，其主要原因是隐性知识显性化受到许多条件限制。公司通过近年来的逐步迭代，系统中注册的Ⅰ、Ⅱ类焊工由 2015 年的 80% 逐步上升至目前的 90%，Ⅲ类高等级焊工需求量显著减少，实现了人机融合的管理模式。这说明，工匠在现代社会完全可以通过信息化手段进行复制，信息化使工匠的培训和培育可以成批量进行，而将工匠的知识从隐性化迅速显性化只有在信息化环境下才能做到。

第五节　用智能化打造品牌

近年来，受内外部多重因素影响，国内宏观经济发展继续承压，居民收入增速有所放缓，消费动力明显不足，由此导致汽车消费持续疲软，国内车市走势持续低迷，行业整体深度下行。面对宏观经济进入承压期、汽车行业进入变革期、国内市场进入调整期"三期叠加"的严峻考验，各大车企在销售、利润等多项重要经营指标方面都受到了巨大的挑战。

与此同时，劳动力、仓储、运输成本不断上涨等各种因素，导致了物流成本大幅提高。传统的精益体系导入及深化改进对企业的生产及物流管理、运行效率和经济效益的改善成效逐年趋缓，现已收效甚微。除了精益管理，企业更需要通过模式变革、技术创新作为掘金工具，提升物流管理新能级，在车市严冬和汽车行业物流成本加剧的重重压力下，撬动成本效益冰山下的惊人价值。

在技术快速迭代升级的外部大环境下，汽车行业物流在业务模式相对稳定的情况下，若不及时寻求突破业务发展瓶颈，就会陷入故步自封、被竞争对手逐步取代的局面；相应地，若能做到紧跟行业步伐，将感知定位、视觉识别、智能分拣等硬件技术，与物联网、大数据、建模算法、模拟仿真、人工智能、机器学习等软件技术充分融合，围绕物流业务的主要环节，进行全面的智能化改造，则又将迎来一片成本掘金的大好局面。

智能一体化物流仓储管理实践是上汽通用汽车利用在上海金桥厂区周边新建物流生产准备车间的契机，走出土地资源高质量利用新路，打破传统低效分散的汽车物流运作模式，运用自动化及数字化的智能技术赋能汽车物流，形成全新智能一体化物流仓储管理的大胆实践。

上汽通用汽车陇桥路项目，通过“整零合一”的土地集约型综合利用实践，不仅解决了上汽通用汽车潜在的中长期业务发展适配资源缺口，其创新的物流车间设计应用方案，为汽车行业乃至其他行业，在面临土地资源问题时，带来了全新解题思路。同时由于该项目带来的业务功能叠加，有力提升了金桥地区的就业机会，提升该地块的产值每年近亿元。智能化物流仓储运作后，预计可完成上汽通用金桥凯迪拉克工厂 50%物流大件业务、100%小件业务、90%木箱运作以及实现多个主要排序零件的全过程自动化运作。项目满产后预计可显著提升现场操作人员效率近 50%，实现面积优化节省近 4 000 平方米。

第六节　用智慧供应链平台（SRM 系统）打造品牌

SRM 系统由四个模块组成，分别是供应商管理模块、订单协调模块、招标寻源管理平台和电子商城平台。供应商管理模块是最早推行和实施的模块，目前已经在电站集团内实现全覆盖，SRM 系统成为所有供应商进入 SAP 系统的唯一入口。通过 SRM 订单协调模块可以全视角地看到订单执行的全过程，全面掌握订单签订、订单执行、交货验收、合格入库、发票开具到付款的全流程。对于长周期的采购订单，可以设置节点，请供应商对关键工艺或工序进行信息维护，从而实现订单跟踪。招标寻源管理平台已经构建完成，大部分企业已经完成宣贯工作，部分企业已经开始上线。电子商城平台，2020 年开始全面开展实施，对于电子商城的规划主要分为三个阶段，目标是达到生产物资的电子商城采购、适用技术标准清晰、生产市场竞争充分、内部流程清晰。

SRM 系统的上线使得管理效益非常明显。由于供应商管理模块已经运营数年，从数据分析看，管理效益尤为显著，主要效益有：供应商总量缩减 55%：2016 年电站集团 SAP 系统内供应商数量超过 8 000 家，经过几年的梳理合并、管理提升，截至 2018 年底，SAP 有效供应商数量为 4 061 家，减少比例为 51%。新产业准入流程占比明显提升，随着新产业的发展，供应商共享机制发挥了很大的作用，新产业可以从系统中选择企业的“老供应商”作为新供应商，无论在信息注册，还是供应商准入等方面都提高了便利。准入流程周期明显缩短：通过系统开展供应商准入工作后，2018 年生产性资源类供方准入流程周期缩短了 46%，电站集团总体流程周期缩短 45.6%（103—56 天），管理效益明显。供应商准入标准的提升，使得供应商产品质量有显著的提升，电站集团整体 NCR 比例和废损率都有不同程度的改善。2018 年，市场形势对采购成本的控制极其不利，各企业面对困难，借助智慧供应链平台，除采取传统的降本方式外，更注重分析市场形势、快速获取市场信息、整合供应链，进行成本控制与优化，并取得了较好的结果，采购降本超过 12 亿。

在一些关键领域，企业用了十多年的精益管理，在没有智能化支持的情况下，已经走到尽头，将感知定位、视觉识别、智能分拣等硬件技术，与物联网、大数据、建模算法、模拟仿真、人工智能、机器学习等软件技术充分融合，则又将迎来一片成本掘金的大好局面。但是仅仅只有信息化工具，而没有管理理念的支持，就不会收到好的效果。如电站集团的物料采购，就是在集中化原则的指导下，与信息化进行了融合，才出现了创新成果。

第七节　用数字化管理助力品牌文化推广

大数据时代的恒源祥品牌文化数字化管理以品牌经营循环法为理论指导，旨在依托信息化支撑技术，实现品牌管理执行的全过程和品牌管理知识的循环利用，改进恒源祥集团内部及其与加盟厂、加盟商、消费者之间的信息互动机制，提升执行层、管理层、决策层的执行效率、管理水平和决策质量，降低运营成本，提升品牌价值，克服服装制造企业在品牌管理中所面临的核心问题。同时，恒源祥通过品牌经营循环法将优秀传统文化与现代商业文明有机融合，让产品植入中国文化元素和文化基因，让品牌更具气质与韵味，提升恒源祥经营品牌的能力，提高企业核心竞争力。

过去，恒源祥集团的经验和历史主要集中在音像资料、相关书籍、个人档案甚至个人记忆当中，没有系统地对这些历史与经验进行有效的梳理，员工很难得到系统的学习和认知。通过项目创新，品牌文化数字化管理平台很好地将这些散落的信息进行了归纳整理，并通过统一的界面呈现给了每一个员工，员工通过系统的学习，能够更好地认识恒源祥、认知恒源祥、认同恒源祥，从而大大缩减了传承这些经验的时间和成本。品牌案例管理子系统可根据使用者提供的当前品牌管理相关信息（包括消费者需求现状、品牌推广目标，可利用的媒体、事件、人员、资金，等等），综合考虑品牌管理各个层面的相似性（背景相似性、功能相似性、技术相似性等），实现案例的自动检索和排序，把具有较高参考价值的案例呈现给使用者，以便品牌管理执行时参考。因此,该系统能便于恒源祥故事的管理与汇编,员工可以通过搜索,快速找到需要的故事资料与内部资源,以信息化支撑协助企业文化故事的传承。

2016 年,在阿里研究院首次通过大数据方式对老字号品牌进行电子商务维度测评的"2016 年度中华老字号电商百强排行榜"上,恒源祥荣登榜首。2017 年,恒源祥以覆盖 188 个国家和地区的强大影响力再次荣登"天猫海外成交覆盖国家地区数最多的十大老字号榜单"榜首。2018 年,据阿里研究院联合北京大学光华管理学院王锐教授共同完成的《中华老字号品牌发展指数》研究报告,恒源祥以总指数 81.9 荣登老字号品牌发展指数 TOP100 榜单(2018)榜眼。2020 年,恒源祥集团荣获"2020 上海市首发经济引领性本土品牌"称号和"2020 中华老字号博览会最佳人气奖"等荣誉。

由此可见,在互联网时代,打造一个品牌 10 年到 15 年,就能快速成功,如 BAT。而欧美的一些传统品牌都是要经过上百年才能打造成功。这中间的主要原因是传播的手段和传播的速度出现了巨大的变革。作为一个上百年的老品牌恒源祥,在传播中也使用了数字化工具,其效果是明显的。

近年来,企业管理创新在支撑上海制造品牌竞争力方面有几个新的趋势。一是经济下行,使得公司外部 VUCA 环境(V,指 Volatility 易变;U,指 Uncertainty 不确定;C,指 Complexity 复杂;A,指 Ambiguity 模糊)不断加剧。公司按照以往的思路去做战略规划变得越发困难,想要生存与发展,必须具有更主动的客户意识、更强的前瞻和适应的能力,必须建设能够驱动持续自我管理创新的敏捷组织企业。应对外部环境变化和经济下行时,传统的战略制定方法失效,上汽、造船、航空等公司运用管理创新进行应对。从一般管理创新到组织机制、结构创新,企业打破原先的组织,以适应新的竞争环境。二是触网与赋能类持续占比上升,信息化与各行各业的管理创新都能找到一个很好的接口,一个企业流程优化软件固化与迭代离不开信息化;更多互联网公司的加入,使信息化平台产品越来越多,它已经成了主动促进管理创新的重要手段。这种创新主要体现在供应链管理、员工技能管理、设计开发管理、品牌文化推广管理、质量基础设施管理等各个方面。三是近年来,铁路、电信企业的市场化程度大幅提升,量本利再造与组织激励方式手段创新等相关的主题越来越多,创新性质也从存量创新转为增量创新。四是注意运用质量基础设施手段将创新成果系统化,将计量、标准、检测、认证多方位组合,融为一体,使成果的可复制性加强。

参考文献

何佳讯主编,《品牌的智慧》,格致出版社,2020 年 11 月第 1 版。

韩中和著,《中国企业品牌国际化实证研究》,复旦大学出版社,2014 年 8 月第 1 版。

刘光明主编,《品牌文化》,经济管理出版社,2013 年 1 月第 1 版。

刘瑞旗、李平等著,《国家品牌与国家文化软实力研究》,经济管理出版社,2014 年 12 月第 1 版。

肖亚庆,《新征程上再创工业和信息化发展新篇章》,《求是》,2021 年第 24 期。

邢丽菊、赵婧,《新媒体与中国国家形象的国际传播》,《现代国际关系》,2021 年第 11 期。

李巍、张梦琨,《空客崛起的政治基础——技术整合、市场拓展与战略性企业的成长》,《世界经济与政治》,2021 年第 11 期。

安德拉斯·朗茨/文　吴万伟译　《意义与目标丧失:西方文化的必要性、领导力及潜在的极权主义因素》,《国外社会科学前沿》,2021 年第 10 期。

姜卫红,《推进我国品牌建设法治化发展的思考与建议》,《中国品牌》,2022 年第 2 期。

后　记

2019年夏天，在品牌中国战略规划院创始人刘振华的办公室里，刘振华与姜卫红对当下中国品牌建设的理论研究以及实践的现状作了深入而愉快的交流。随着中美之间进入全面战略竞争，中国经济驶入高质量发展快车道以及中国发出“一带一路”倡议，在全球化中的话语力不断提升，中国加快推进品牌强国建设的重要性、迫切性越来越显著，据此，他们谋划编写本书，并专门成立课题组予以落实。

三年来，新冠疫情暴发，并且世界依然处于新冠疫情之中，世界格局又发生新的急剧变化，正如习近平总书记所言，“放眼世界，我们面对的是百年未有之大变局。”中国品牌强国何为？面对国际大环境的急遽变化，以及中国新的应对之策，为本书编写增加了新的时代视角以及新的理论视角。

本书聚集了深耕品牌研究、质量研究、社会学研究以及品牌历史研究的专家学者共同编写，编写过程中多次座谈研讨，其中本书有15%的内容引用了上海黄浦江南品牌文化促进中心的多项最新研究成果，例如《用法治思维法治方式推动上海品牌建设法治化进程研究》《“上海品牌”认证制度研究》《长三角老字号品牌创新合作发展报告》等。

本书共分八章，按照品牌强国战略意义、品牌强国历史回顾、品牌强国路径构建、品牌强国战略要素的逻辑进行编写，其亮点有四：其一，创造性地提出了我国品牌强国体系，围绕体育、教育、文化、交通、科技等13个国家层面的强国战略到品牌强国再到社会主义现代化强国这一强国路径，层层递进，将品牌强国作为高质量发展的终极目标。其二，通过30多个实践的案例来解读政策实施,案例涵盖国家、城市、区域、集群、企业、产品六个层面,以科学翔实的数据,深入浅出、通俗易懂的概念,阐释品牌强国的具体做法,从一个侧面反映了我国品牌强国的阶段性成果,所选案例具有较好的典型性、示范性。其三,对品牌强国路径的绘制从纵向上分为两个层面,一个是以政府为主体的公共意义上的品牌建设者,即政府如何推进品牌建设;另一个是市场主体,即企业如何推进品牌建设,并具有全球市场竞争力。根据这两个层面将我国品牌体系构建梳理为国家品牌、区域品牌、城市品牌、产业品牌、企业品牌和产品品牌六个层次,这六个层次互为支撑。其四,本书对品牌强国路径的绘制又从横向上分成三个要素,即从战略要素、文化要素和技术要素,加强专业化建设,有效推进品牌强国实施,旨在为品牌强国的打造指明可操作的行为方式。

本书序言由刘振华撰写,刘振华系品牌中国战略规划院创始人,山西省原省长,中共第十四届、十五届中央候补委员,第十六届中央委员。第一章由姜卫红、邓壮撰写。姜卫红系上海社会科学院学者、上海品牌发展研究中心执行主任、品牌中国战略规划院副秘书长兼长三角研究中心主任、长三角城市经济协调会品牌建设专业委员会创始秘书长、新华社民族品牌工程咨询专家,邓壮系品牌中国战略规划院长三角研究中心研究助理、上海黄浦江南品牌文化促进中心研究部主任。第二章及第三章由万元撰写。万元系上海建桥学院工商管理系教师、高顿财经 CFA(特许金融分析师)、法国南锡商学院兼职教师。第四章由姜卫红、臧得顺、金国强撰写。臧得顺系上海社会科学院社会学研究所副研究员、社会学研究室副主任、《社会学》(智库报告)执行主编,中国社会科学院社会学专业博士;金国强系上海质量科学研究院原院长、副研究员、高级经济师、上海黄浦江南品牌文化促进中心特聘专家。第五章由姜卫红、金国强、顾荣芳、李文静撰写。顾荣芳系中国航空工业集团公司派出专职监事、品牌中国战略规划院专家咨询委员会委员,李文静系上海黄浦江南品牌文化促进中心研究人员。第六章由金国强撰写。

第七章由曾燕波、邓壮撰写。曾燕波系上海社会科学院青少年研究所研究员。第八章由金国强撰写。全书由姜卫红、金国强、邓壮统稿并审读。各位作者在撰写中倾注了自己宝贵的精力和心血,数易其稿,精益求精。编辑人员还包括秦力磊、程振红、姜圣洁、黄笑天。上海黄浦江南品牌文化促进中心承担了一定组织协调工作。

时代在飞速发展,因此本课题组对品牌强国的探讨希望这只是开始,以此抛砖引玉,不妥之处,敬请读者不吝赐教,以使课题组在未来研究中不断提高完善。本书既可作为政府、行业协会、企业的相关工作人员阅读,又可供品牌研究的相关学者参考。

课题组

2022 年 2 月 28 日